Der Schutz der Grundrechte in der Rechtsordnung der Europäischen Union

Manfred A. Dauses

Der Schutz der Grundrechte in der Rechtsordnung der Europäischen Union

Unter besonderer Berücksichtigung des institutionellen Schutzes dieser Rechte

PETER LANG
Frankfurt am Main · Berlin · Bern · Bruxelles · New York · Oxford · Wien

Bibliografische Information der Deutschen Nationalbibliothek
Die Deutsche Nationalbibliothek verzeichnet diese Publikation in der Deutschen Nationalbibliografie; detaillierte bibliografische Daten sind im Internet über http://dnb.d-nb.de abrufbar.

Umschlaggestaltung:
Olaf Glöckler, Atelier Platen, Friedberg

Gedruckt auf alterungsbeständigem,
säurefreiem Papier.

ISBN 978-3-631-59607-4

www.peterlang.de

Inhaltsübersicht

Inhaltsverzeichnis

Abkürzungsverzeichnis

a. A.	anderer Ansicht
aaO.	am angegebenen Ort
ABl.	Amtsblatt (der Europäischen Gemeinschaften)
Abs.	Absatz
a. F.	alte(r) Fassung
AöR	Archiv des öffentlichen Rechts (Zeitschrift)
Art.	Artikel
Bd.	Band
BVerfG	(Deutsches) Bundesverfassungsgericht
BVerfGE	Entscheidungssammlung des (deutschen) Bundesverfassungsgerichts
bzw.	beziehungsweise
ders.	derselbe
d.h.	das heißt
DÖV	Die Öffentliche Verwaltung (Zeitschrift)
DVBl	Deutsches Verwaltungsblatt (Zeitschrift)
EAG	Europäische Atomgemeinschaft
EAGV	Vertrag zur Gründung der Europäischen Atomgemeinschaft
EG	Europäische Gemeinschaft(en)
EGKS	Europäische Gemeinschaft für Kohle und Stahl
EGKSV	Vertrag über die Gründung der Europäischen Gemeinschaft für Kohle und Stahl
EGMR	Europäischer Gerichtshof für Menschenrechte
EGV	Vertrag zur Gründung der Europäischen Gemeinschaft (Bezeichnung des EWG-Vertrags in der Fassung des Maastrichter Unionsvertrags)
ELR	European Law Review (Zeitschrift)
EMRK	Europäische Menschenrechtskonvention
EP/PE	Europäisches Parlament
etc.	et cetera
EU	Europäische Union
EuG	Gericht erster Instanz der Europäischen Gemeinschaften
EuGE	Entscheidungssammlung des Gerichts erster Instanz der Europäischen Gemeinschaften (Teil II der amtlichen Sammlung)

EuGH	Gerichtshof der Europäischen Gemeinschaften
EuGHE	Entscheidungssammlung des Gerichtshofs der Europäischen Gemeinschaften (seit 1990: Teil I der amtlichen Sammlung)
EuGRZ	Europäische Grundrechte - Zeitschrift
EuR	Europarecht (Zeitschrift)
EUV	Vertrag über die Europäische Union
EuZW	Europäische Zeitschrift für Wirtschaftsrecht
EWG	Europäische Wirtschaftsgemeinschaft
EWGV	Vertrag zur Gründung der Europäischen Wirtschaftsgemeinschaft
f.	folgende
ff.	fortfolgende
GG	Grundgesetz
ggf.	gegebenenfalls
Hrsg.	Herausgeber
i. d. F.	in der Fassung
i. V. m.	in Verbindung mit
JÖR	Jahrbuch des Öffentlichen Rechts der Gegenwart
JuS	Juristische Schulung (Zeitschrift)
JZ	Juristenzeitung (Zeitschrift)
n. F.	neue(r) Fassung
NJW	Neue Juristische Wochenschrift (Zeitschrift)
Nr. / N°	Nummer
NVwZ	Neue Zeitschrift für Verwaltungsrecht
Rdnr.	Randnummer
Rs.	Rechtssache
s.	siehe
S.	Seite
SJZ	Schweizerische Juristenzeitung (Zeitschrift)
Slg.	Sammlung
sog.	sogenannt(e, er, es)
u. a.	und andere; unter anderem
UAbs.	Unterabsatz
u. a. m.	und andere(s) mehr
u. E.	unseres Erachtens
UNTS	United Nations Treaty Series
u. U.	unter Umständen
verb.	verbunden(e)
VerfO	Verfahrensordnung
vgl.	vergleiche
vs.	versus

z. B.	zum Beispiel
ZEuS	Zeitschrift für europarechtliche Studien
ZRP	Zeitschrift für Rechtspolitik

1. Einleitung: Die Bedeutung internationaler Grundrechte in der heutigen Zeit

Der Schutz der Grundrechte in der Rechtsordnung der Europäischen Gemeinschaften/Europäischen Union ist seit längerem Gegenstand einer ebenso lebhaften wie kritischen Diskussion. Folgende Gründe dürften für die wachsende Grundrechtssensibilität verantwortlich sein:

Einmal hat die besorgniserregende Zunahme von Intoleranz, Verfolgung und Gewalt, die in weiten Regionen der Welt die politische Auseinandersetzung bestimmen, den Blick für die Anliegen des Grund- und Menschenrechtsschutzes geschärft. Die am 21.11.1990 von den Staats- und Regierungschefs der KSZE-Staaten in Paris verabschiedete „Charta für ein neues Europa" führt dies klar vor Augen: „Menschenrechte und Grundfreiheiten sind allen Menschen von Geburt an eigen; sie sind unveräußerlich und werden durch das Recht gewährleistet. Sie zu schützen und zu fördern ist vornehmste Pflicht jeder Regierung. Ihre Achtung ist wesentlicher Schutz gegen staatliche Übermacht. Ihre Einhaltung und uneingeschränkte Ausübung bilden die Grundlage für Freiheit, Gerechtigkeit und Frieden".[1]

Ein weiterer Grund für die hohe Aktualität der Grundrechtsdiskussion dürfte in der engen Verknüpfung der Problematik mit der Forderung nach Rechtsstaatlichkeit und Demokratie zu suchen sein. Europa ist in einem tiefgreifenden gesellschaftlichen und politischen Wandel begriffen. Die jahrzehntelang gehegten Hoffnungen und Erwartungen aller europäischen Völker auf demokratische Regierungsformen, die sich zu Menschenrechten und Grundfreiheiten bekennen, scheinen nunmehr in Erfüllung zu gehen. So heißt es in der am 19.11.1999 in Istanbul verabschiedeten „Charta für Europäische Sicherheit" der nunmehrigen OSZE, dass „die Staats- und Regierungschefs der Mitgliedstaaten ... sich zur Achtung der Menschenrechte und Grundfreiheiten, der Demokratie und der Herrschaft des Rechts als Kern eines umfassenden Sicherheitskonzepts bekennen" (Punkt 19 der Charta).[2]

1 Englischer Originaltext: "Human rights and fundamental freedoms are the birthright of all human beings, are inalienable and are guaranteed by law. Their protection and promotion is the first responsibility of government. Respect for them is an essential safeguard against an overmighty State. Their observance and full exercise are the foundation of freedom, justice and peace."

2 Charter for European Security (OSCE Istanbul Summit): „The Heads of State or Government of the participating States ... reaffirm that respect for human rights and

Ein dritter Punkt betrifft den Wandel des Grundrechtsverständnisses in der modernen Gesellschaft. Standen in den klassischen Grundrechtskatalogen der Verfassungen die liberalen Grund- und Menschenrechte wie der Schutz der persönlichen Freiheit vor staatlicher Bevormundung und Reglementierung im Vordergrund, so nehmen heute die sozialen Grundrechte wie das Recht auf Arbeit, soziale Sicherheit, Bildung und Kultur mehr und mehr einen zentralen Platz ein. Ihre Funktion besteht nicht so sehr darin, dem Einzelnen Freiheitsräume zu sichern als vielmehr, Leistungsansprüche gegenüber Staat und Gesellschaft, soziale Mitbestimmungs- und Teilhaberechte zu begründen.

Besondere Aufmerksamkeit erfährt die Frage der Grundrechte im Rahmen der Rechtsordnung der Europäischen Gemeinschaften/Europäischen Union. Grundrechte sind traditionell ein Attribut von Staaten. Die EG/EU ist nach allgemeiner Auffassung (noch) kein Staatswesen, sondern eine aus dem funktionell begrenzten Zusammenschluss souveräner Staaten entstandene supranationale Organisation. Sie verfügt nicht über die drei klassischen Elemente der Staatlichkeit, nämlich Staatsgebiet, Staatsvolk und Staatsmacht[3]: Ihr Gebiet ist die Summe der Gebiete der Mitgliedstaaten, und ihre Gebietsgrenzen fallen mit deren Außengrenzen zusammen; ihre Bevölkerung ist die Gesamtheit der Völker der Mitgliedstaaten. Die von ihr ausgeübte Hoheitsgewalt ist nicht originär, sondern resultiert aus dem partiellen Transfer souveräner Rechte von den Mitgliedstaaten auf die EG/EU.

Gleichwohl besitzt die EG/EU bereits staatsähnliche Züge; sie übt quasistaatliche Gewalt aus, die sich vor allem in folgenden zentralen Aspekten niederschlägt: Sie verfügt über eine eigene autonome Rechtsordnung, die sie von der durch gewöhnliche völkerrechtliche Verträge geschaffenen Rechtsordnung wesenhaft unterscheidet; ihre Vorschriften können unmittelbare Wirkung entfalten, und zwar nicht nur gegenüber den sie konstituierenden Mitgliedstaaten, sondern auch gegenüber den Einzelnen[4], und sie genießen Anwendungsvorrang vor jeglichem nationalen Recht.[5] Angesichts dieser Besonderheiten des Gemeinschafts-/Unionsrechts gebietet der Grundsatz der *rule of law*, dass die EG/EU die Grundrechte in ähnlicher Weise achtet und schützt wie ein Staatswesen.

---

fundamental freedoms, democracy and the rule of law is at the core of OSCE's comprehensive concept of security" (Point 19 of the Charter).

3 So die berühmte „Allgemeine Staatslehre" von Georg Jellinek, 3.Auflage 1914, Abdruck 1966, S. 394 ff.

4 Urteil vom 5.2.1963, van Gend & Loos, Rs. 26/62, EuGHE 1963, 1.

5 Urteil vom 15.7.1964, Costa./E.N.E.L., Rs. 6/64, EuGHE 1964, 1251.

2. Das Defizit umfassender Grundrechtsgarantien im geschriebenen Gemeinschafts-/Unionsrecht

2.1. Die Lückenhaftigkeit des bestehenden schriftlichen Grundrechtsschutzes

Bekanntlich hat der Schutz der Grundrechte der Person seine feste Verankerung in den teilweise auf lange Tradition zurückblickenden Verfassungsordnungen aller Mitgliedstaaten der Europäischen Union. Die meisten der Mitgliedstaaten bekennen sich in ihren geschriebenen Verfassungen zu katalogartig aufgelisteten Verbürgungen elementarer Menschen- und Grundrechte. Eine formale Sonderlage kennzeichnet das Vereinigte Königreich und Frankreich.

Das Vereinigte Königreich, dem ein dogmatisches Grundrechtskonzept mangels formellen Verfassungsbegriffs unbekannt ist, erkennt implizite in Schrifttum und Judikatur gewisse „fundamental liberties“ und „civil rights“ als Bestandteil seines demokratisch-rechtsstaatlichen Selbstverständnisses an. Die französische Verfassung der 5. Republik von 1958 verzichtet auf die Aufzählung einzelner Grundrechte, verweist jedoch in ihrem Vorspruch auf die historische Deklaration der Menschen- und Bürgerrechte von 1789 und ihre Bekräftigung in der Präambel zur Verfassung der 4. Republik von 1946.

Gemeinsam ist allen EU-Mitgliedstaaten ohne Ausnahme, dass sie der Konvention zum Schutze der Menschenrechte und Grundfreiheiten vom 4.11.1950 (Europäische Menschenrechtskonvention, EMRK)[6] angehören.

Hingegen kannte die Europäische Gemeinschaft bis zur Verabschiedung der Europäischen Grundrechtecharta am 7.12.2000[7] keinen geschlossenen Grundrechtskatalog, der dem Grundrechtsteil einer demokratisch-rechtsstaatlichen Staatsverfassung vergleichbar wäre.[8] Auch sind weder die Gemeinschaften noch die Union Vertragsparteien der EMRK. Das schon lange gehegte Vorhaben, das

---

6 Internationale Quelle: UNTS Band 213, S. 221.

7 ABl. 2000, C 364/1.

8 Die Europäische Grundrechtecharta ist zwar nach Intention und Inhalt als vollständige Aufzählung der geltenden Unionsgrundrechte anzusehen, hat jedoch, ungeachtet ihres hohen Symbolwertes, zur Zeit nur den Charakter einer juristisch unverbindlichen Proklamation. Diese Rechtslage wird sich erst ändern, wenn mit Inkrafttreten des Reformvertrags von Lissabon der neu gefasste Art. 6 Abs. 1 EUV auf die Europäische Grundrechtecharta als rechtsverbindliches Dokument verweisen wird (siehe unten Punkt 5).

bestehende Grundrechtskatalogdefizit im Wege eines Beitritts der Gemeinschaft/Union zur EMRK zu beheben, konnte bis heute nicht realisiert werden.[9]

Dieser Befund schließt indessen nicht aus, dass einzelnen Bestimmungen der Gemeinschafts-/Unionsverträge, insbesondere solchen mit Bezug auf die Binnenmarktfreiheiten, die Gleichheitsrechte (Diskriminierungsverbote) und die Unionsbürgerschaft, materieller Grundrechtsgehalt zukommt.

Die im EG-Vertrag ausdrücklich erwähnten Freiheitsrechte fließen einerseits aus dem Binnenmarktkonzept („... ein Raum ohne Binnengrenzen, in dem der freie Verkehr von Waren, Personen, Dienstleistungen und Kapital ... gewährleistet ist", Art. 14 Abs. 2 EGV), anderseits aus dem Unionsbürgerrecht, welches, unabhängig von einer beruflichen Tätigkeit, das Recht der Unionsbürger einschließt, „sich im Hoheitsgebiet der Mitgliedstaaten ... frei zu bewegen und aufzuhalten" (Art. 18 Abs. 1 EGV). Die personellen Freizügigkeitsrechte weisen ersichtlich den engsten Bezug zu den Grundrechten auf.

Ausprägungen des Diskriminierungsverbots finden sich z. B. in

- Art. 34 Abs. 2 Satz 2 EGV (Verbot jeder Diskriminierung zwischen Erzeugern und Verbrauchern im Bereich der Gemeinsamen Organisation der Agrarmärkte);
- Art. 39 Abs. 2 EGV (Abschaffung jeder auf der Staatsangehörigkeit beruhenden unterschiedlichen Behandlung der Arbeitnehmer im Bereich der Freizügigkeit);
- Art. 43 Abs. 2 EGV, Art. 50 Abs. 3 EGV (Aufnahme und Ausübung selbständiger Erwerbstätigkeiten bzw. Erbringung grenzüberschreitender Dienstleistungen nach den Bestimmungen des Gaststaats „für seine eigenen Angehörigen");
- Art. 90 EGV (Verbot diskriminierender oder protektionistischer inländischer Abgaben);
- Artikel 141 EGV (Grundsatz des gleichen Entgelts für Männer und Frauen bei gleicher oder gleichwertiger Arbeit).[10]

---

9 Nachdem der EuGH mit seinem Gutachten vom 28.3.1996 („Beitritt der Gemeinschaft zur Konvention zum Schutze der Menschenrechte und Grundfreiheiten") entschieden hatte, dass ohne eine Änderung des institutionellen Rechtsschutzgefüges der Verträge ein Beitritt der EG zum EMRK unzulässig sei (Gutachten 2/94, EuGHE 1996, I-1759), werden die rechtlichen Hindernisse für einen solchen Beitritt erst durch Art. 6 Abs. 2 EUV in der Fassung des Reformvertrags von Lissabon ausgeräumt werden können. Mit der genannten Vorschrift wird der Union aufgegeben, der EMRK beizutreten.

10 Art. 141 (ex-Art. 119) EGV wurde durch Richtlinie 75/117/EWG vom 10.2.1975 (ABl. 1975, L 45/19), neu gefasst durch Richtlinie 2006/54/EG vom 5.7.2006 (ABl. 2006, L 204/23), konkretisiert. Mehrere weitere arbeitsrechtliche Richtlinien enthalten Diskriminierungsverbote im Umfeld der primärrechtlichen Regelung des Art. 141 EGV.

Darüber hinaus sieht der EG-Vertrag drei allgemeine Gruppen von Diskriminierungsverboten vor, die unbeschadet besonderer Bestimmungen des Vertrags gelten:

- Art. 2 EGV (allgemeines Gebot der Gleichstellung von Männern und Frauen);
- Art. 12 EGV (Verbot jeder Diskriminierung aus Gründen der Staatsangehörigkeit im Anwendungsbereich des Vertrags);
- Art. 13 EGV (Verbot von „Diskriminierungen aus Gründen des Geschlechts, der Rasse, der ethnischen Herkunft, der Religion oder der Weltanschauung, einer Behinderung, des Alters oder der sexuellen Ausrichtung"). Diese letztere Vorschrift gilt allerdings nicht unmittelbar, sondern ermächtigt vielmehr den Gemeinschaftsgesetzgeber, im Rahmen der Gemeinschaftszuständigkeiten geeignete Vorkehrungen zu treffen, um solche Diskriminierungen zu bekämpfen.[11]

Als weitere Kategorie grundrechtsverwandter Vorschriften des EG-Vertrags wird auf Ansätze demokratischer Prinzipien in den Regelungen über die Unionsbürgerschaft hingewiesen:

- Art. 19 Abs. 1 EGV (Teilnahme der Unionsbürger an den Kommunalwahlen im Wohnsitzstaat);
- Art. 19 Abs. 2 EGV (Teilnahme der Unionsbürger an den Wahlen zum Europäischen Parlament im Wohnsitzstaat);
- Art. 21 EGV (Petitionsrecht der Unionsbürger beim Europäischen Parlament, dem Bürgerbeauftragten und den Organen und Einrichtungen der Union).

Wenn die Gemeinschafts-/Unionsverträge somit auch von Anfang an einzelne spezifische grundrechtsrelevante Bestimmungen enthalten, so ist das relative Schweigen dieser Texte in Bezug auf umfassende Grundrechtsgehalte gleichwohl unübersehbar. Es erklärt sich aus der Historie der Gemeinschaft/Union als einer

---

Die wichtigste davon ist Richtlinie 76/207/EWG vom 9.2.1976 zur Verwirklichung des Grundsatzes der Gleichbehandlung von Männern und Frauen hinsichtlich des Zugangs zur Beschäftigung, zur Berufsbildung und zum beruflichen Aufstieg sowie in Bezug auf die Arbeitsbedingungen (ABl. 1976, L 39/40), geändert durch Richtlinie 2002/73/EG vom 23.9.2002 (ABl. 2002, L 269/15), neu gefasst durch Richtlinie 2006/54/EG vom 5.7.2006, aaO.

11 Art. 13 EGV bildet die Rechtsgrundlage der allgemeinen Antidiskriminierungs-Richtlinien 2000/43/EG vom 29.6.2000 (ABl. 2000, L 180/22), 2000/78/EG vom 27.11.2000 (ABl. 2000, L 303/16), 2002/73/EG vom 23.9.2002 (ABl. 2002, L 269/15) und 2004/113/EG vom 13.12.2004 (ABl. 2004, L 373/37).

ursprünglich als reine Fachorganisation konzipierten Organisationseinheit. Zunächst stand der weitgehend wirtschaftstechnische Charakter der 1951 errichteten Europäischen Gemeinschaft für Kohle und Stahl (EGKS) im Vordergrund, der Beeinträchtigungen grundrechtswerter Positionen durch die Gemeinschaftsgewalt als wenig realistisch erscheinen ließ. Bei der Gründung der Europäischen Wirtschaftsgemeinschaft (EWG) und Europäischen Atomgemeinschaft (EAG) durch die Römischen Verträge von 1957 kam als politischer Faktor die Erfahrung des politischen Scheiterns hinzu. Die weitgespannten Pläne einer Europäischen Verteidigungsgemeinschaft und einer Europäischen (Politischen) Gemeinschaft waren fehlgeschlagen; die anfängliche Euphorie wich nüchternem Zweckdenken und verstellte den Blick auf die übergreifende Idee der Grund- und Menschenrechte. Eine rechtsstaatliche Notwendigkeit für einen kommunitären Grundrechtskatalog wurde vor diesem Hintergrund nicht gesehen.[12]

Erst durch den Maastricht-Vertrag vom 7.2.1992 wurden in größerem Umfang nicht-wirtschaftliche Aufgaben und Kompetenzen in das neu geschaffene Drei-Säulen-Konstrukt der Europäischen Union eingegliedert. Die Gewichtsverlagerung weg von dem bloßen Konzept eines integrierten Wirtschaftsraums und hin zu einem einheitlichen Rechtsraum gab der Forderung nach grundrechtlichem Individualschutz Nahrung. Als entscheidender Fortschritt wurde in den neuen Unionsvertrag ein allgemeines Bekenntnis zu den Grundrechten aufgenommen, das sich nach Inhalt und Formulierung an die mittlerweile herausgebildete Rechtsprechung des Gerichtshofes der Europäischen Gemeinschaften (EuGH) anlehnt (Art. 6 Abs. 2 EUV):

> „Die Union achtet die Grundrechte, wie sie in der am 4.November 1950 in Rom unterzeichneten Europäischen Konvention zum Schutze der Menschenrechte und Grundfreiheiten gewährleistet sind und wie sie sich aus den gemeinsamen Verfassungsüberlieferungen der Mitgliedstaaten als allgemeine Grundsätze des Gemeinschaftsrechts ergeben."

Dieser Passus macht klar, dass die Europäische Union die Grundrechte zu achten hat, und klärt zugleich die Rechtsquellen, aus denen die Grundrechte der Union fließen: Diese gelten als ungeschriebene allgemeine Grundsätze der Gemeinschaftsrechts, deren Inhalt und Geltungsumfang sich aus der Europäischen Menschenrechtskonvention und den Verfassungstraditionen der Mitgliedstaaten ergeben. In anderen Worten, die Grundrechte sind Bestandteil der allgemeinen Grundsätze des Gemeinschaftsrechts; diese bilden die primäre Rechtsquelle der Grundrechte. Zu ihrer Inhaltsbestimmung ist einerseits auf die Europäische Men-

12 Diese Auffassung vertrat zunächst auch der EuGH, der noch 1960 in der Rechtssache „Präsident" die Existenz europäischer Grundrechte kategorisch verneinte: Urteil vom 15.7.1960, Präsident, Rs. 36/59, 37/59, 38/59 und 40/59, EuGHE 1960, 887, 920 f.

schenrechtskonvention, andererseits auf die gemeinsamen Verfassungsüberlieferungen der Mitgliedstaaten als Rechtserkenntnisquellen (sekundäre Rechtsquellen) zurückzugreifen.

Einen umfassenden Katalog spezifizierter einzelner Grundrechte lässt jedoch auch der Maastricht-Vertrag vermissen.

2.2. Das Erfordernis eines umfassenden prätorischen Grundrechtsschutzes

Die Diskussion um das Fehlen ausdrücklicher und umfassender Grundrechtsverbürgungen in den Verträgen, von Vertretern des Schrifttums als „Grundrechtsindifferenz" gegeißelt[13], hat deutlich vor Augen geführt, dass der Grundrechtsschutz in der Europäischen Gemeinschaft keineswegs ein marginales Problem darstellt. Die Gefahren mangelnder Grundrechtsbindung und -durchdringung sind offensichtlich. Sie wachsen in dem Maße der fortschreitenden Einbindung des Einzelnen in das soziale Geflecht einer technologischen Massengesellschaft.

Als geradezu axiomatisches Postulat der Rechtsstaatlichkeit ist anerkannt, dass die Übertragung von Hoheitsrechten auf die Gemeinschaft durch Ausgliederung aus den nationalen Hoheitssphären nicht zu einer Minderung des nach den nationalen Verfassungsordnungen verbürgten Grundrechtsstandards führen darf. Hoheitsrechte dürfen demnach nur auf die Gemeinschaft transferiert werden – hinsichtlich der Bundesrepublik Deutschland auf der verfassungsrechtlichen Grundlage des Art. 23 Abs. 1 GG (vormals Art. 24 Abs. 1 GG) –, wenn ein dem nationalen Standard adäquater, zumindest aber kongruenter Grundrechtsschutz gewährleistet ist. Die Forderung nach Kongruenz im Grundrechtsbereich wiederum enthüllt sich als eine spezifische Ausdrucksform der weiterreichenden generellen Forderung nach struktureller Homogenität, zumindest aber struktureller Kongruenz im Verhältnis der Gemeinschaftsrechtsordnung zu den freiheitlich-demokratischen Rechtsordnungen der Mitgliedstaaten.

Die Essenz der gemeinschaftsrechtlichen Grundrechtsproblematik besteht mithin darin, sicherzustellen, dass ungeachtet des viel kritisierten Fehlens eines Grundrechtskatalogs in den Verträgen der kommunitäre Grundrechtsschutz nicht hinter dem der demokratisch-rechtsstaatlichen Verfassungsordnungen der Mitgliedstaaten zurückbleibt. Die Bewältigung dieser Aufgabe war der rechtsschöpferischen Judikatur des Gerichtshofes der Europäischen Gemeinschaften (EuGH) überlassen, der, ausgehend von den gemeinsamen demokratisch-rechtsstaatlichen

13 Hans Peter Ipsen, Europäisches Gemeinschaftsrecht 1972, S. 723; ders., Der deutsche Jurist und das Europäische Gemeinschaftsrecht, Verhandlungen des 45. Deutschen Juristentages, Karlsruhe 1964, Bd. II, S. L 1, L 15.

Verfassungsüberlieferungen der Mitgliedstaaten und den von ihnen abgeschlossenen Konventionen zum Schutz der Menschenrechte, die Grundrechte als allgemeine Rechtsgrundsätze des Gemeinschaftsrechts schützt.

3. Dogmatische Grundlagen der Grundrechtsrechtsprechung des EuGH

3.1. Entstehung der Grundrechtsrechtsprechung des EuGH

Die Ermittlung und verbindliche Festlegung der kommunitären Grundrechte als allgemeine Rechtsgrundsätze obliegt somit in erster Linie dem EuGH im Rahmen seiner Funktion als Hüter des Gemeinschaftsrechts. Dieser Prozess vollzieht sich über einen wertenden Rechtsvergleich. Das bedeutet, dass der Gerichtshof den vorhandenen Normenbestand aus den unterschiedlichen Rechtserkenntnisquellen in einer evaluierenden Gesamtschau erfasst und mit den Zielen der Gemeinschaft in Einklang zu bringen sucht.[14]

Ohne auf Einzelheiten der zugrundeliegenden Sachverhalte eingehen zu wollen, seien nachstehend vier grundlegende Urteile hervorgehoben, durch die die wesentlichen dogmatischen Fundamente des prätorischen Grundrechtsschutzes gelegt wurden:

- Die einschlägige Rechtsprechung wurde mit dem Urteil vom 12.11.1969 in der Rechtssache Stauder[15] eingeleitet. In ihm hat der EuGH mit der prägnanten Formel, dass die „streitige Vorschrift nichts [enthält], was die in den allgemeinen Grundsätzen der Gemeinschaftsrechtsordnung, deren Wahrung der Gerichtshof zu sichern hat, enthaltenen Grundrechte der Person in Frage stellen könnte“, die Grundrechte zu den allgemeinen Grundsätzen der Gemeinschaftsrechtsordnung gezählt und zugleich seine Zuständigkeit zur Wahrung dieser Rechte bejaht.
- Der Geltungsgrund der Grundrechte in der Gemeinschaftsrechtsordnung und ihr Verhältnis zu den nationalen Grundrechtsverbürgungen standen im Mit-

---

14 Hans-Werner Rengeling/Peter Szczekalla, Grundrechte in der Europäischen Union – Charta der Grundrechte und allgemeine Rechtsgrundsätze, 2004, S. 95; Ingolf Pernice, Grundrechtsgehalte im europäischen Gemeinschaftsrecht, Ein Beitrag zum gemeinschaftsimmanenten Grundrechtsschutz durch den Europäischen Gerichtshof, 1979, S. 135; Dieter Feger, Die Normsetzung auf dem Gebiet der Grundrechte in den Europäischen Gemeinschaften – Der Europäische Gerichtshof (EuGH) als Rechtsetzungsorgan, in: DÖV 1987, S. 322. Siehe auch: Pierre Pescatore, Bestand und Bedeutung der Grundrechte im Recht der Europäischen Gemeinschaften, in: EuR 1979, S. 1.

15 Rs. 29/69 EuGHE, 1969, 419.

telpunkt des Urteils vom 17.12.1970 (Internationale Handelsgesellschaft).[16] Der EuGH hat es in diesem Judikat, entgegen der Auffassung des vorlegenden Instanzgerichtes, abgelehnt, die Grundrechtskompatibilität abgeleiteten Gemeinschaftsrechts unmittelbar am Maßstab des nationalen Verfassungsrechts zu messen, hat jedoch das Bestehen allgemeiner Rechtsgrundsätze zum Schutz der Grundrechte in der Gemeinschaftsrechtsordnung selbst bestätigt und weiter präzisiert, dass die Gewährleistung dieser Rechte von den gemeinsamen Verfassungsüberlieferungen der Mitgliedstaaten getragen sein muss, sich jedoch auch in die Struktur und Ziele der Gemeinschaft einfügen muss. Er hat mit dieser Wendung die autonome Rechtsquelle und den autonomen Geltungsgrund des Grundrechtsschutzes gegen Akte der Gemeinschaftsgewalt anerkannt, hat jedoch zugelassen, dass zu deren Ermittlung auf die Grundprinzipien der nationalen Rechtsordnungen als Rechtsfindungsquellen (*fontes cognoscendi*) zurückgegriffen wird.

– Mit den Urteilen vom 14.5.1974 (Nold)[17] und vom 13.12.1979 (Hauer)[18] wurde diese Rechtsprechung weiter gefestigt und vertieft. Die EuGH hat in ihnen das Verhältnis der kommunitären Grundrechtsverbürgungen zu den grundrechtsbezogenen Strukturprinzipien der nationalen Verfassungsordnungen noch deutlicher herausgestellt. Er hat unterstrichen, dass er „keine Maßnahmen als rechtens anerkennen [kann], die unvereinbar sind mit den von den Verfassungen [der Mitgliedstaaten] anerkannten und geschützten Grundrechten". Die beiden Urteile sind auch unter dem weiteren Gesichtspunkt aufschlussreich, dass sie die Rolle völkervertraglicher Grundrechtsgarantien, insbesondere der unterdessen von allen EG-Mitgliedstaaten ratifizierten Konvention zum Schutze der Menschenrechte und Grundfreiheiten (EMRK) vom 4.11.1950, klargestellt haben. Sie haben der EMRK zwar nicht unmittelbar bindende Wirkung, jedoch eine wichtige Orientierungsfunktion und Legitimationshilfe zuerkannt: „... die internationalen Verträge über den Schutz der Menschenrechte, an deren Abschluss die Mitgliedstaaten beteiligt waren oder denen sie beigetreten sind, können Hinweise geben, die im Rahmen des Gemeinschaftsrechts zu berücksichtigen sind". Die bereits im Urteil Internationale Handelsgesellschaft begründete Lehre von den immanenten Grundrechtsschranken wurde weiter ausgebaut. Die in Frage stehenden Grundrechte (es handelt sich um die Freiheiten der Arbeit, des Handels und anderer Berufstätigkeiten in dem Urteil Nold und um das Eigentumsrecht und die Berufsfreiheit in dem Urteil Hauer) seien „weit davon entfernt, uneingeschränkten Vorrang zu ge-

16 Rs. 11/70, EuGHE 1970, 1125.
17 Rs. 4/73, EuGHE 1974, 491.
18 Rs. 44/79, EuGHE 1979, 3727.

nießen“, sondern müssten „im Hinblick auf die soziale Funktion der geschützten Rechtsgüter und Tätigkeiten“ gesehen werden. Die Eingriffen in grundrechtswerte Positionen gesetzten Schranken, im Urteil Hauer besonders klar herausgestellt, sind dreifacher Natur:

- Rechtfertigung des Eingriffs durch die dem allgemeinen Wohl dienenden Ziele der Gemeinschaft,
- Verhältnismäßigkeit des Eingriffs im Hinblick auf den verfolgten Zweck,
- Garantie des Wesensgehaltes („*substance*“) des geschützten Rechts.

Das Schwergewicht der anfänglichen Rechtsprechung des Gerichtshofes lag naturgemäß bei den Rechtsquellen und der Stellung der Grundrechte im Gesamtgefüge des Gemeinschaftsrechts, wogegen die materiell-rechtliche Ausgestaltung einzelner Grundrechtsgarantien erst nach und nach in den Vordergrund trat. Entsprechend den überwiegend wirtschaftlichen Zielsetzungen der Gemeinschaft bilden die Grundrechtsverbürgungen mit wirtschaftlichem und sozialem Bezug den Hauptgegenstand der anfänglichen Rechtsprechung.

Eingriffe der Gemeinschaftsgewalt in das Eigentumsrecht und die Wirtschafts- und Berufsfreiheit waren Gegenstand der angeführten Urteile Internationale Handelsgesellschaft, Nold und Hauer. An ihrem Beispiel hat der EuGH seine Lehre von den immanenten Grundrechtsschranken entwickelt. Diese wurden in den Urteilen Internationale Handelsgesellschaft (Kautionsregelung im Rahmen eines Ausfuhrlizenzsystems) und Nold (Ausschluss eines Kohlenhändlers von der Direktbelieferung) noch ziemlich undifferenziert als die Trennungslinie zwischen rechtlich geschützten vermögenswerten Positionen und bloßen wirtschaftlichen Interessen und Aussichten identifiziert. Im Urteil Hauer (Verbot der Neuanpflanzung von Weinreben) wurden sie mit Hilfe der Begriffe des Gemeinwohls, der Verhältnismäßigkeit des Eingriffs und der – wohl aus der deutschen Verfassungsrechtsprechung entlehnten – Wesensgehaltsgarantie näher umschrieben und präzisiert.

3.2. Rechtsquellen im Lichte der Grundrechtsrechtsprechung des EuGH

Wie bereits dargestellt, sind gemäß Art. 6 Abs. 2 EUV die Grundrechte der Union Bestandteil der allgemeinen Rechtsgrundsätze des Gemeinschaftsrechts, zu deren Bestimmung einerseits auf die Europäische Konvention zum Schutze der Menschenrechte und Grundfreiheiten (EMRK), andererseits auf die gemeinsamen Verfassungsüberlieferungen der EU-Mitgliedstaaten als *fontes cognoscendi* zurückzugreifen ist.

3.2.1. Primäre Rechtsquellen: die allgemeinen Grundsätze des Gemeinschaftsrechts

Die ungeschriebenen allgemeinen Grundsätze des Gemeinschaftsrechts bilden die primäre Rechtsquelle, aus der die Unionsgrundrechte fließen. Diese Grundsätze stehen – ebenso wie die Vorschriften der Gemeinschafts-/Unionsverträge – im System der Normenabstufung als Primärrecht an der Spitze der kommunitären Normenhierarchie.[19]

Unter Zuhilfenahme dieser Grundsätze können in der Gemeinschaftsrechtsordnung vorhandene Lücken geschlossen und diese Rechtsordnung zu einem stimmigen, kohärenten Gesamtsystem fortentwickelt werden.[20]

Die Unionsgrundrechte bilden eine Unterkategorie der allgemeinen Rechtsgrundsätze, zu denen außerdem die grundrechtsverwandten allgemeinen Sätze des Rechtsstaatsprinzips und des Verfahrensrechts (wie z. B. die Gebote der Rechtssicherheit und des Vertrauensschutzes, die Grundsätze der Gesetzmäßigkeit der Verwaltung und der Verhältnismäßigkeit sowie die allgemeinen strafrechtlichen Maximen „*nullum crimen sine lege*" und „*ne bis in idem*"), des Weiteren die den Rechtsordnungen der Mitgliedstaaten gemeinsamen allgemeinen Rechtsgrundsätze im Bereich der außervertraglichen Haftung der Gemeinschaft (Art. 288 Abs. 2 EGV) zu rechnen sind.

Das Schrifttum hat verschiedentlich versucht, eine terminologische Unterscheidung zwischen unverbindlichen, den Richter nicht unmittelbar verpflichtenden Rechtsgrundsätzen (*principes de droit; principles of law*) und verbindlichen Rechtssätzen (*règles de droit; rules of law*) zu treffen. Nach dieser Differenzierung sollen Rechtsgrundsätze aus dem allgemeinen Rechtsgedanken fließende, prä- und überpositive normative Ideen darstellen, die der positiven Rechtsordnung zugrunde liegen, jedoch selbst nicht Rechtsnormcharakter haben. Sie können Rechte und Pflichten der Rechtsunterworfenen nur insoweit begründen, als

---

19 Diese Feststellung ergibt sich aus der Überlegung, dass die Vorschriften der Gemeinschafts-/Unionsverträge im Lichte der ungeschriebenen allgemeinen Rechtsgrundsätze des Gemeinschafts-/Unionsrechts auszulegen sind. So können z. B. Einschränkungen der im EG-Vertrag garantierten Marktfreiheiten durch Erfordernisse der mitgliedstaatlichen Rechtsordnungen nur gerechtfertigt sein, wenn die Einschränkungen mit den Grundrechten und äquivalenten ungeschriebenen Rechten der Gemeinschaftsordnung in Einklang stehen. Siehe Udo Ostermann, Entwicklung und gegenwärtiger Stand der europäischen Grundrechte nach der Rechtsprechung des Europäischen Gerichtshofs sowie des Gerichts erster Instanz, vom Verfasser der vorliegenden Studie betreute Inauguraldissertation an der Juristischen Fakultät der Universität Erlangen-Nürnberg 2008, S. 12.

20 Vgl. Gunter M. Hoffmann, Grundrechte in Europa – braucht Europa einen Grundrechtskatalog?, 1995, S. 20.

sie durch Gesetzgebungsakt oder rechtsschaffenden Richterspruch „rezipiert“ worden sind. Diese terminologische Gegenüberstellung erscheint für die Deutung der Grundrechtsjurisprudenz des EuGH jedoch nur wenig ergiebig. Eine Analyse des einschlägigen Fallrechts führt vielmehr zu dem Schluss, dass der EuGH die allgemeinen Rechtsprinzipien nicht als unverbindliche rechtliche Leitideen, sondern als unmittelbar verpflichtende, operative Normsätze, wenn auch von größter Allgemeinheit und hohem Abstraktionsgrad, ansieht, die im allgemeinen Rechtsbewusstsein verankert sind und aus denen sich im Wege rechtserkennender richterlicher Konkretisierung Rechte und Pflichten der Rechtsunterworfenen für den Einzelfall herleiten lassen.

Rechtsgrundsatz und Rechtsnorm stehen folgerichtig nicht im Verhältnis der Antinomie zueinander, sondern in der Relation des Unterbegriffes zum Oberbegriff, und zwar in dem Sinne, dass nicht alle Rechtsnormen, sondern nur die auf allgemeinen Rechtsgedanken beruhenden als Rechtsgrundsätze bezeichnet werden können. Mit Recht wird darauf hingewiesen, dass die Besonderheit der allgemeinen Rechtsgrundsätze nicht etwa darin bestehe, keine für den Einzelfall angepasste praktikable Lösung zu ermöglichen, sondern vielmehr darin, die Grundlagen des Gefüges der Rechtsordnung und des Zusammenlebens in der Rechtsgemeinschaft mit der Folge abzustecken, dass ein allgemeiner Rechtsgrundsatz im Gegensatz zum „einfachen“ Rechtssatz nicht außer acht gelassen werden könne, ohne dass damit zugleich die Grundlagen der Rechtsordnung selbst in Frage gestellt würden.[21]

Diese Feststellung ermöglicht zugleich eine Antwort auf die Frage nach der Rechtsquellennatur der allgemeinen Rechtsgrundsätze. Die Argumentation des Gerichtshofes geht unverkennbar dahin, die allgemeinen Rechtsgrundsätze als primäre und von den Verträgen unabhängige Rechtsquelle anzusehen und seine Legitimation, diese zur Rechtsfindung heranzuziehen, aus dem Rechtsgedanken selbst abzuleiten, der in den Verträgen seine allgemeinste Ausprägung in der Formel gefunden hat, dass der Gerichtshof die „Wahrung des Rechts“ bei der Auslegung und Anwendung der Verträge sichert (Art. 220 EGV).

Die These, dass die allgemeinen Rechtsgrundsätze des Gemeinschaftsrechts eine primäre Quelle unmittelbar verbindlichen objektiven Rechts bilden, wird zudem durch die von der überwältigenden Mehrheit des Schrifttums vertretene Auffassung bestätigt, wonach sich die richterliche Rechtstätigkeit auf die bloße Feststellung des bereits als geltend vorausgesetzten objektiven Rechts im Wege der Auslegung und Lückenfüllung beschränkt, die Judikatur also nur Rechtser-

21 Vgl. Helmut Lecheler, Der Europäische Gerichtshof und die allgemeinen Rechtsgrundsätze, 1971, S. 45 ff; siehe auch: Theodor Schilling, Bestand und allgemeine Lehren der bürgerschützenden allgemeinen Rechtsgrundsätze des Gemeinschaftsrechts, in: EuGRZ 2000, S. 3 ff.

kenntnisquelle, nicht aber selbst originärer Rechtsentstehungsgrund ist. Dies aber setzt – zumindest als theoretisches Konzept – voraus, dass die Grundrechte enthaltenden allgemeinen Rechtsgrundsätze bereits in sich hinreichende Aktualität besitzen, um prätorisch mit den anerkannten Methoden der juristischen Hermeneutik einer fallspezifischen Konkretisierung zugeführt zu werden.

In diesem Zusammenhang bedarf die Frage des normenhierarchischen Ranges der grundrechtsbezogenen allgemeinen Rechtsgrundsätze im Stufenbau des Gemeinschaftsrechts einer nochmaligen Erörterung. Unbestritten gehen diese Rechtsgrundsätze sekundärem Gemeinschaftsrecht im Range vor. Dies bedeutet, dass sie als dessen Prüfungsmaßstab mit der Folge heranzuziehen sind, dass mit ihnen unvereinbare Bestimmungen des sekundären Gemeinschaftsrechts vom EuGH – je nach Verfahrensart – für „nichtig" (Art. 230, 231 EGV), „ungültig" (Artikel 234 EGV) oder „unanwendbar" (Art. 241 EGV) zu erklären sind.

Dagegen hat in bisher noch keiner vor den EuGH getragenen Rechtssache die Vereinbarkeit primären Gemeinschaftsrechts mit Grundrechtsverbürgungen zur Entscheidung gestanden, so dass eine authentische Antwort auf die Frage des Rangverhältnisses zwischen den allgemeinen Rechtsgrundsätzen und den Gemeinschaftsverträgen nicht gegeben werden kann. Jedoch dürfte es in der Argumentation der bisherigen Rechtsprechung liegen, den auf übergreifenden Rechtsgedanken beruhenden elementaren Rechtsprinzipien als Grundpfeilern jeder Rechtsgemeinschaft Rangpriorität, zumindest in Form der Anwendungsprävalenz, auch vor dem Vertragsrecht einzuräumen; denn es erschiene mit ihrem Wesen als prä- und überpositive rechtsethische Grundverbürgungen unvereinbar, wenn ihnen ein wie immer geartetes positives Recht vorginge.

3.2.2. Sekundäre Rechtsquellen: mitgliedstaatliche Verfassungsüberlieferungen und EMRK

3.2.2.1. Vorbemerkung

Die Feststellung, dass die Grundrechte in der Gemeinschafts-/Unionsrechtsordnung Bestandteil der allgemeinen Rechtsgrundsätze sind, gibt ihnen zwar eine dogmatische Verankerung, spezifiziert jedoch nicht die einzelnen Rechte und konkretisiert nicht deren Inhalte. Diesbezüglich ist auf die sekundären Rechtsquellen (Rechtserkenntnisquellen: „*fontes cognoscendi*") zu verweisen.

Letztere unterscheiden sich von den primären Rechtsquellen hinsichtlich ihrer Wirkung dadurch, dass sie dem EuGH lediglich als Orientierungshilfe bei der Herleitung und inhaltlichen Ausgestaltung der Grundrechte dienen, für ihn aber nicht unmittelbar verbindlich sind. Als sekundäre Rechtsquellen identifiziert Art.

6 Abs. 2 EUV *de lege lata* ausdrücklich einerseits die EMRK, andererseits die gemeinsamen Verfassungsüberlieferungen der Mitgliedstaaten. Die am 7.12.2000 auf dem Gipfel von Nizza feierlich proklamierte, zur Zeit (bis zum Inkrafttreten des Reformvertrags von Lissabon) aber noch nicht als verbindliches Rechtsinstrument geltende Charta der Grundrechte der Europäischen Union wird in den aktuellen Vertragstexten nicht als eigene sekundäre Rechtsquelle erwähnt, wird jedoch in der neuesten Rechtsprechung der Gemeinschaftsgerichte bereits als zusätzliches Instrument der Rechtsfindung berücksichtigt und herangezogen.[22] Die nachstehende Untersuchung konzentriert sich auf den Einfluss der EMRK und der gemeinsamen Verfassungsüberlieferungen der Mitgliedstaaten als Ausprägungen des kommunitären Grundrechtsschutzes.

Was zunächst das Rangverhältnis der beiden in Art. 6 Abs. 2 EUV genannten sekundären Rechtsquellen anbelangt, so sieht der Vertragstext beide, ungeachtet der syntaktischen Reihenfolge, in der sie aufgeführt werden, als gleichrangig an. In der Tat fällt auf, dass sich in Art. 6 Abs. 2 EUV nicht die in der frühen Judikatur des EuGH verwendete differenzierende Formel wiederfindet, wonach der Gerichtshof „keine Maßnahmen als Rechtens anerkennen [kann], die unvereinbar sind mit den von den Verfassungen [der Mitgliedstaaten] anerkannten und geschützten Grundrechten", wohingegen „die internationalen Verträge über den Schutz der Menschenrechte ... [lediglich, Einfügung des Verfassers] Hinweise geben [können], die im Rahmen des Gemeinschaftsrechts zu berücksichtigen sind".[23]

In der Spruchpraxis des EuGH spielt die EMRK indessen eine signifikant größere Rolle als die Verfassungsüberlieferungen der Mitgliedstaaten, deren Gemeinsamkeiten der Gerichtshof nur in wenigen Einzelfällen rechtsvergleichend herausgeschält hat. Die Gründe für dieses praktische Vorgehen sind nachvollziehbar: Die Konvention beeinflusst die Herausbildung gemeineuropäischer Grundrechte in doppelter Eigenschaft, nämlich einerseits als Widerspiegelung und Zusammenfassung der grundrechtsbezogenen nationalen Verfassungstraditionen und andererseits als eigenständige sekundäre Grundrechtsquelle.

Die EMRK reflektiert so bereits einen grundlegenden Konsens der vertragsschließenden Parteien, zu denen alle EU-Mitgliedstaaten gehören. Damit stellt die Konvention eine tragfähigere Legitimationsbasis zur Verfügung als die einzelnen Verfassungen der Mitgliedstaaten, hinsichtlich deren der EuGH zunächst die gemeinsamen Grundlagen herauszuarbeiten hat.[24]

22 Siehe unten die Ausführungen zur Europäischen Grundrechtecharta (Punkt 4).

23 Urteil vom 14.5.1974, Nold, Rs. 4/73, EuGHE 1974, 491, 507; fast wortgleich Urteil vom 13.12.1979, Hauer, Rs. 44/79, EuGHE 1979, 3727, 3745.

24 Vgl. Udo Ostermann, aaO., S. 23 ff., mit zahlreichen Nachweisen.

Im Nachfolgenden wird sukzessive auf die Stellung und Bedeutung der mitgliedstaatlichen Verfassungsordnungen und der EMRK im Gefüge des Gemeinschafts-/Unionsrechts eingegangen.

3.2.2.2. Zu den mitgliedstaatlichen Verfassungsüberlieferungen

Die gemeinsamen Verfassungsüberlieferungen der Mitgliedstaaten spiegeln übereinstimmende Rechtsüberzeugungen und Wertvorstellungen der zum kommunitären Rechtskreis gehörenden Staaten wider. Diese schlagen sich in einem allgemeinen Konsens nieder, über den die tragenden Prinzipien und Grundstrukturen der nationalen Rechtsordnungen in das Gemeinschafts-/Unionsrecht einfließen.[25] Der zentrale Geltungsgrund der Grundrechte wurzelt somit in der Gemeinsamkeit der mitgliedstaatlichen Verfassungsgrundlagen, deren freiheitlich-demokratischen Grundsätzen die Gemeinschaft als eine „gemeinschaftliche solidarische Seinsweise der Mitgliedstaaten und ihrer Bevölkerungen" verpflichtet ist.[26]

In diesem Zusammenhang erscheint es angebracht, summarisch kurz die Kriterien darzulegen, von denen sich der EuGH bei der Definition und Ausfüllung des Begriffs der „gemeinsamen Verfassungsüberlieferungen der Mitgliedstaaten" leiten lässt.

Auszugehen ist von der Feststellung, dass in Anbetracht der europaweit unterschiedlichen verfassungsgeschichtlichen Entwicklung, die eine unterschiedliche Verwendung des Grundrechtsbegriffs und der Grundrechtsinhalte mit sich bringt, nationale Grundrechtslehren dem Europäischen Gemeinschaftsrecht nicht einfach „übergestülpt" werden können. Eine europäische Grundrechtsdogmatik kann vielmehr nur im Rahmen der autonomen Rechtsordnung der Europäischen Union selbst entwickelt werden,[27] wobei die Verfassungstraditionen der Mitgliedstaaten nur Anhaltspunkte im Sinne eines „gemeinsamen Nenners" für eine gemeinschaftsrechtliche Grundrechtsdogmatik liefern können.

Hinsichtlich der „Gemeinsamkeit" der mitgliedstaatlichen Verfassungsüberlieferungen ist festzustellen, dass diese vom EuGH im Wege wertender Rechtsvergleichung zu ermitteln ist. Dabei ist zu berücksichtigen, dass der Grundrechtsschutz in den einzelnen Mitgliedstaaten keineswegs einheitlich ist. Selbst bei Grundrechten, die allen mitgliedstaatlichen Verfassungen gemein sind, ergeben sich erhebliche Unterschiede. Diese sind einerseits auf verschiedenartige Grund-

25 Hans Kutscher, Thesen zu den Methoden der Auslegung des Gemeinschaftsrechts aus der Sicht eines Richters, Veröffentlichung des EuGH, Luxemburg 1976, S. I–8.

26 Pierre Pescatore, Bestand und Bedeutung der Grundrechte im Recht der Europäischen Gemeinschaften, in: EuR 1979, S. 1,5.

27 Vgl. Hans-Werner Rengeling/Peter Szczekalla, Grundrechte in der Europäischen Union, aaO., S. 46.

rechtsverständnisse zurückzuführen, anderseits aber auch auf diversifizierte geschichtliche Entwicklungen.[28] Deutlich wird dies vor allem bei der hierarchischen Einordnung der Grundrechte in die nationalen Rechtsordnungen und in der fehlenden Übereinstimmung bei der Schutzwirkung von Grundrechten gegenüber Legislativrechten. Vielfach erweist es sich überdies als wirklichkeitsfremd, alle mitgliedstaatlichen Rechtsordnungen in den wertenden Rechtsvergleich einzubeziehen. So begnügte sich der Gerichtshof etwa in dem Urteil „Hauer"[29] damit nachzuweisen, dass ein bestimmtes Grundrecht – dort das Eigentumsrecht – in ausgewählten Verfassungsordnungen der Mitgliedstaaten gewährleistet ist. Ähnlich ging er in der Rechtssache „AM&S" bezüglich des Rechts auf Vertraulichkeit des Schriftverkehrs zwischen Rechtsanwalt und Mandant vor.[30] Andererseits verweigerte der EuGH in dem Urteil „Hoechst"[31] wegen mangelnder Übereinstimmung der (damals 12) nationalen Verfassungsordnungen der Unverletzlichkeit von Geschäftsräumen den grundrechtlichen Schutz.

Im juristischen Schrifttum wird vielfach die sogenannte Maximalstandardtheorie („maximalistische Theorie") vertreten, d.h. der EuGH solle im Falle unterschiedlicher Ansätze in den einzelnen Mitgliedstaaten möglichst denjenigen Ansatz wählen, der das höchste Grundrechtsschutzniveau gewährleistet.[32] Eine modifizierte These läuft auf eine „negative Kontrollfunktion" des EuGH hinaus, der den kommunitären Grundrechtsschutz keinesfalls so weit absenken dürfe, dass gegen unabdingbare Werte auch nur einer nationalen Rechtsordnung verstoßen wird.[33]

Der EuGH hat sich in seiner Rechtsprechung zu keiner dieser Theorien klar bekannt, sondern judiziert pragmatisch unter Abwägung aller Umstände des konkreten Falls und unter Inanspruchnahme eines weiten Beurteilungsspielraums. Er geht dabei keineswegs formalistisch-schematisch vor und folgt keiner starren dogmatischen Regel. Vielmehr strebt er fallbezogen die jeweils „optimale", d.h. vernünftigste und gerechteste Lösung, an, die sich zugleich am besten in die Ziele und Strukturen der Gemeinschaft/Union einfügt.[34]

28 Vgl. Dirk Bornemann, Die Bedeutung der Grundrechtsquellen für den Grundrechtsschutz und die Grundrechtskollisionen in der Rechtsprechung des Europäischen Gerichtshofs, 2002, S. 86.

29 Urteil vom 13. 12.1979, Rs. 44/79, EuGHE, aaO., 3745.

30 So genanntes „*legal privilege*" des Common Law: Urteil vom 18.5.1982, Rs. 155/79, EuGHE 1982, 1575. Siehe auch unten Punkt 3.6.5.

31 Urteil vom 21.9.1989, Rs. 46/87 und 227/88, EuGHE 1989, 2859. Siehe auch unten Punkt 3.6.5.

32 Dazu kritisch: Udo Ostermann, aaO., S. 32 f., mit Nachweisen.

33 Rudolf Streinz, Europarecht, 7. Auflage 2005, Rdnr. 763.

34 Bezüglich der zu berücksichtigenden nationalen Rechtsordnungen stellt der EuGH auch auf deren Gewicht und Bedeutung, eine eventuelle Leitrolle einzelner dieser

Dieser Vorgehensweise des Gerichtshofes ist zuzustimmen. „Wertende“ Rechtsvergleichung bedeutet weder, dass der mathematisch „kleinste gemeinsame Nenner“ noch das Regelungsmaximum aus den Rechtsordnungen der Mitgliedstaaten zu suchen ist, noch auch, dass es darauf ankommt, ob die allgemeinen Rechtsgrundsätze in einer Mehrheit der Mitgliedstaaten nachweisbar sind. Allgemeine Rechtsgrundsätze entwickeln sich nicht eindimensional, sondern werden durch eine Puralität von Faktoren bestimmt. Diese sind im Hinblick auf die Ziele und Strukturen der Gemeinschaft/Union einer kritischen Gesamtwürdigung zu unterziehen.

Schließlich sei darauf hingewiesen, dass nicht nur die mitgliedstaatlichen Verfassungsordnungen zur Schaffung gemeineuropäischer Verfassungsüberlieferungen und damit allgemeiner Grundsätze des Gemeinschaftsrechts beitragen, sondern auch umgekehrt – im Weg des Feedback – die gemeineuropäischen Verfassungstraditionen die nationalen Grundrechtsschutzniveaus der Mitgliedstaaten beeinflussen. Mitgliedstaaten wie die Bundesrepublik Deutschland mit einem hohen Schutzniveau müssen längerfristig Einbußen hinnehmen, während Mitgliedstaaten mit einem eher niedrigen Schutzstandard einen Ausbau ihres nationalen Grundrechtsschutzes erfahren.

3.2.2.3. Zur Europäischen Menschenrechtskonvention (EMRK)

Ebenso wie die mitgliedstaatlichen Verfassungsüberlieferungen ist die am 4.11.1950 in Rom unterzeichnete und seit 3.7.1953 in Kraft befindliche Europäische Menschenrechtskonvention (EMRK) eine sekundäre, keine primäre Quelle der kommunitären/unionalen Grundrechte. Zwar gehören dieser Staatenkonvention alle (zurzeit 45) Mitglieder des Europarats und damit auch alle EU-Mitgliedstaaten an. Jedoch ist die Gemeinschaft bzw. Union selbst der EMRK bisher nicht beigetreten, so dass eine formelle Bindung der Gemeinschaft/Union an diese ausscheidet, insbesondere das gerichtsinstitutionelle System der Konvention gegenüber der Gemeinschaft/Union nicht in Anspruch genommen werden kann. Eine direkte Kontrolle gemeinschaftlicher Rechtsakte durch den Europäischen Gerichthof für Menschenrechte kommt damit nicht in Betracht.[35]

Rechtsordnungen für die Rechtsfortbildung im allgemeinen, ebenso wie auf das politische und ökonomische Gewicht der Mitgliedstaaten, die hinter der jeweiligen Rechtsordnung stehen, ab, vgl. Gunter M. Hoffmann, aaO., S. 16 ff.

35 In diesem Sinne hatte schon am 10.7.1978 die Europäische Kommission für Menschenrechte, ein früheres Organ der EMRK, auf eine Beschwerde der französischen Gewerkschaft CFDT (Confédération Française Démocratique du Travail) gegen die Europäischen Gemeinschaften, hilfsweise gegen die Gesamtheit der EG-Mitgliedstaaten entschieden. Die Beschwerdeführerin hatte geltend gemacht, in ihren durch

Die Feststellung, dass die Rechtsakte der Gemeinschaft/Union nicht unmittelbar der Jurisdiktion des EGMR unterliegen, lässt jedoch die Frage offen, ob nicht eine mittelbare Kontrollbefugnis dieses Gerichts über konventionswidriges Gemeinschafts-/Unionsrecht anzunehmen ist, nämlich dann, wenn EU-Mitgliedstaaten dieses Recht durchführen, z. B. Richtlinien in nationales Recht umsetzen oder Verordnungen administrativ vollziehen. In diesem Falle müssen sie sich nämlich möglicherweise konventionswidriges Gemeinschafts-/Unionsrecht materiell als eigene Rechtsetzung zurechnen lassen. Negativ geht es hierbei um die Frage, ob die Konventionsstaaten durch Übertragung von Hoheitsrechten auf die EG/EU sich einer Kontrolle am Maßstab der von ihnen abgeschlossenen Konvention und damit ihrer völkerrechtlichen Verantwortlichkeit entziehen können. Der EGMR hat dies verneint. Er vertritt diesbezüglich die Auffassung, dass die Konventionsstaaten seiner Kontrolle am Maßstab der Konvention auch dann unterstehen, wenn sie gemeinschaftlich determiniert handeln, also Gemeinschafts-/Unionsrecht durchführen.[36]

Eine davon verschiedene Problematik beschäftigte die Rechtsprechung des EuGH aus der Perspektive des Europäischen Gemeinschaftsrechts. Wie schon dargelegt, betrachtet der EuGH die materiellen Konventionsbestimmungen zwar nicht als unmittelbaren Bestandteil des Gemeinschaftsrechts, wohl aber als Rechtserkenntnisquelle[37], wobei er den Begriff der Konvention so weit fasst, dass er auch konkrete Urteile des Europäischen Gerichtshofs für Menschenrechte einschließt.[38]

Die Aussage, dass die EMRK eine sekundäre Rechtsquelle der Gemeinschafts-/Unionsgrundrechte bildet, schöpft indes nicht die Fülle der Wirkungen aus, die völkerrechtliche Abkommen der Gemeinschaft sowie, ihnen gleichgestellt, solche völkerrechtlichen Abkommen entfalten, die (noch) von den Mitglied-

---

die EMRK verbrieften Rechten dadurch verletzt zu sein, dass sie in einer Entscheidung des Rats der EG nicht als repräsentative Arbeitnehmerorganisation berücksichtigt worden sei. Die Straßburger Kommission hat die Beschwerde als unzulässig verworfen und zwar, soweit sie sich gegen die Europäischen Gemeinschaften richtet, deshalb, weil diese nicht Vertragsparteien seien, soweit sie sich aber gegen die Mitgliedstaaten richtet, deshalb, weil diese durch ihre Beteiligung an der angefochtenen Entscheidung keine Jurisdiktion im Sinne der Konvention ausgeübt hätten: Requête N°. 8030/77.

36 European Commission of Human Rights, Decision of 9 February 1990, Melchers & Co./.Federal Republic of Germany, Yearbook 1990, 46 (52); European Court of Human Rights, Judgment of 18 February 1999, Matthews./.United Kingdom, Yearbook 1999, S. 77 ff.; Abdruck in: EuGRZ 1999, S. 200 ff.

37 Z. B. Urteil vom 28.10.1975, Rutili, Rs. 36/75, EuGHE 1975, 1219; Urteil vom 5.3.1980, Pecastaing, Rs. 98/79, EuGHE 1980, 691. Siehe dazu: Manfred A. Dauses, Grundrechte als Elemente einer Verfassungsordnung der Europäischen Union, in: Winfried Böttcher (Hrsg.), Europäische Perspektiven, 2002, S. 29.

38 Z. B. Urteil vom 26.6.1997, Familiapress, Rs. C-368/95, EuGHE 1997, I-3689, I-3717.

staaten abgeschlossen wurden, sich aber auf Gegenstände beziehen, für welche die Zuständigkeit mittlerweile auf die Gemeinschaft/Union übergegangen ist.

Das Gemeinschaftsrecht kennt keine ausdrücklichen Bestimmungen über den normenhierarchischen Rang der von der Gemeinschaft abgeschlossenen völkerrechtlichen Verträge in der Gemeinschaftsrechtsordnung. Jedoch können einer gefestigten Judikatur der EuGH nützliche Hinweise entnommen werden. Danach zählen völkerrechtliche Abkommen der Gemeinschaft zu den Akten des kommunitären Sekundärrechts, nehmen unter diesen in der Normenhierarchie des EG-/EU-Rechts aber einen höheren Rang ein als „internes" Sekundärrecht, so dass sie folgerichtig als dessen Prüfungsmaßstab herangezogen werden können.[39]

Das Gesagte gilt auch für Abkommen wie das GATT (1947), die noch von den Mitgliedstaaten abgeschlossen wurden, deren Regelungsgegenstand aber nach dem Substitutionsprinzip mittlerweile in die Kompetenzsphäre der Gemeinschaft/Union fällt.[40]

Kombiniert man die *ratio decidendi* der beiden Fallgruppen miteinander, nämlich einerseits die Höherrangigkeit völkerrechtlicher Verträge der Gemeinschaft gegenüber internem Gemeinschaftssekundärrecht, und andererseits die normenhierarchische Gleichstellung völkerrechtlicher Verträge der Mitgliedstaaten im Anwendungsbereich des Gemeinschaftsrechts mit völkerrechtlichen Verträgen der Gemeinschaft selbst, so scheint die Schlussfolgerung nicht von der Hand zu weisen, dass die materiellrechtlichen Vorschriften der EMRK bereits *de lege lata* „Spurenelemente" genuinen Gemeinschaftsprimärrechts aufweisen.[41]

Was andererseits das Schutzniveau der Grundrechtsverbürgungen der EMRK im Verhältnis zu den Grundrechten des Gemeinschafts-/Unionsrechts anbelangt, so kann als Grundposition der Rechtsprechung des EuGH das Bestreben festgestellt werden, dem Gemeinschaftsrecht einen Inhalt zu geben, der den Schutzanforderungen der EMRK als Mindestanforderungen in vollem Umfang entspricht,

---

39 Urteil vom 30.4.1974, Haegeman, Rs. 181/73, EuGHE 1974, 449; Urteil vom 5.2.1976, Bresciani, Rs. 87/75, EuGHE 1976, 129; Urteil vom 30.11.1977, Cayrol, Rs. 52/77; EuGHE 1977, 2261.
Dementsprechend ist „internes" Sekundärrecht nach Möglichkeit in Übereinstimmung mit den von der Gemeinschaft abgeschlossenen Abkommen auszulegen: Urteil vom 10.9.1996, Kommission ./. Deutschland, Rs. C-61/94, EuGHE 1996, I-3989, Rdnr. 52; Urteil vom 19.2.2009, Mehmet Seysal u.a. ./. Deutschland, Rs. C-228/06, Rdnr. 59, noch nicht in amtlicher Slg.

40 Urteil vom 12.12.1972, International Fruit Company, Rs. 21–24/72, EuGHE 1972, 1219, 1226; Urteil vom 19.11.1975, Nederlandse Spoorwegen, Rs. 38/75, EuGHE 1975, 1439, 1450; Urteil vom 16.3.1983, Società Italiana per l' Oleodotto Transalpino (SIOT), Rs. 266/81, EuGHE 1983, 731, 780.

41 Vgl. Manfred A. Dauses, Der Schutz der Grundrechte in der Europäischen Gemeinschaft, in: JÖR 1982, S. 1, 16, mit Nachweisen.

d.h. die Grundrechte auf einem Niveau schützt, welches dem der EMRK als mindestens gleichwertig zu erachten ist.[42]

3.2.2.4. Exkurs: Zum Spannungsverhältnis zwischen Gemeinschaftsrecht und nationalem Recht auf dem Gebiet der Grundrechte

An dieser Stelle sei auf das Verhältnis des Gemeinschaftsrechts zum innerstaatlichen Recht im Lichte der grundrechtsbezogenen Rechtsprechung des Europäischen Gerichtshofes eingegangen. Dieses Verhältnis ist durch die Strukturprinzipien der Autonomie des Gemeinschaftsrechts, seines Vorrangs vor jeglichem innerstaatlichen Recht und seiner unmittelbaren Wirkung („Durchgriffswirkung") in der innerstaatlichen Rechtsordnung gekennzeichnet.

a) Die Europäische Gemeinschaft/Union hat sich zu einer juristisch, soziologisch und ökonomisch eigenständigen Rechtsordnung entwickelt. Sie ist „Ausdruck eines besonderen, durch eine europäische Rechtsgemeinschaft geprägten Wertbewusstseins".[43] Der Grundsatz der Autonomie bedeutet, dass die Gemeinschaftsrechtsordnung aus eigenen Rechtsquellen fließt und sich mit zunehmender Konkretisierung ihrer tragenden Begriffe und Prinzipien sowohl von ihrer völkerrechtlichen Grundlage als auch aus ihrer historischen Verankerung in den Rechtskonzepten der Mitgliedstaaten löst. Allerdings stellt sie sich zur Zeit noch als unvollkommene Teilrechtsordnung dar, die der Ergänzung aus dem Fundus der nationalen Rechtsordnungen bedarf, mit denen sie über die Gemeinsamkeit des historischen Ursprungs vielfältig verschränkt und verflochten ist. Die Problematik der europäischen Grundrechte steht beispielhaft für diese Aussage.

b) Unmittelbare Wirkung („*effet direct*")[44] als tragendes Element der Gemeinschaftsrechtsordnung besagt, dass alle hinreichend klaren, genauen und unbe-

---

42 In diesem Sinne siehe schon Urteil vom 13.12.1979, Hauer, Rs. 44/79, EuGHE 1979, 3727; Urteil vom 28.10.1975, Rutili, aaO. Explizit in diesem Sinne siehe Urteil vom 5.3.1980, Pecastaing, aaO., 716: Der EuGH hat in diesem Judikat anerkannt, dass das geltende Gemeinschaftsrecht den Erfordernissen des Art. 6 EMRK (Recht auf ein faires Verfahren) voll entspreche, so dass es keiner Ausführungen zur logischen Vorfrage der Beachtlichkeit der EMRK in der Gemeinschaftsrechtsordnung bedürfe. Diese Judikatur steht in Einklang mit Art. 52 Abs. 3 Satz 2 der Europäischen Grundrechtecharta, wonach das Unionsrecht einen weiter gehenden Schutz (nicht aber ein niedrigeres Schutzniveau!) als die EMRK vorsehen darf.

43 Ulrich Everling, Sind die Mitgliedstaaten noch Herren der Verträge? Zum Verhältnis von Europäischem Gemeinschaftsrecht und Völkerrecht, in: Festschrift für Hermann Mosler, 1983, S. 173, 177.

44 Begriff und Tragweite der unmittelbaren Wirkung des Gemeinschaftsrechts wurden vom EuGH erstmals in dem Leiturteil vom 5.2.1963, Van Gend & Loos, Rs. 26/62, EuGHE 1963, 1, 24, herausgearbeitet: Gemeinschaftsrecht sei mehr als klassisches Völkerrecht, das lediglich auf zwischenstaatliche Zusammenarbeit gerichtet sei und

dingten kommunitären Rechtssätze – zu denen auch die Gemeinschaftsgrundrechte gehören – „durchgriffsfähig“ in dem Sinne sind, dass sie unmittelbare Rechtsbeziehungen in der nationalen Rechtssphäre zwischen der Staatsgewalt und den Einzelnen, ja unter Umständen sogar im Verhältnis der Einzelnen untereinander kreieren. Die unmittelbare Wirkung entsteht aufgrund des Geltungsanspruchs des Gemeinschaftsrechts selbst, ohne dass es der vorherigen Übernahme der fraglichen Norm in das innerstaatliche Recht durch einen Transformationsakt oder einen Vollzugsbefehl bedürfte. Damit unterscheidet sich der gemeinschaftsrechtliche Begriff des *„effet direct“* vom völkerrechtlichen Begriff der *„self-executing“* wirkenden Verträge. Letzterer qualifiziert lediglich die grundsätzliche inhaltliche Eignung einer Vertragsbestimmung, im nationalen Recht der Vertragspartner Anwendung zu finden, besagt jedoch nichts über die tatsächliche Wirkung der Bestimmung in der jeweiligen nationalen Rechtssphäre.

c) Der Grundsatz der unmittelbaren Wirkung ist eng mit dem des Vorrangs des Gemeinschaftsrechts verknüpft, kann doch die Unanwendbarkeit entgegenstehenden innerstaatlichen Rechts im Rechtsstreit nur eingewandt werden, wenn das kommunitäre Recht in der Normenhierarchie einen höheren Rang bekleidet als das nationale Recht. Nach ständiger Rechtsprechung des EuGH[45] beinhaltet das Vorrangprinzip im Gemeinschaftsrecht, anders als im Völkerrecht, nicht nur die Verpflichtung der Mitgliedstaaten, ihr nationales Recht mit dem höherrangigen Gemeinschaftsrecht in Einklang zu bringen, sondern erfordert darüber hinaus – in Verbindung mit dem Grundsatz der unmittelbaren Wirkung – dass alle nationalen Behörden und Gerichte im Rahmen der bei ihnen anhängigen Verfahren entgegenstehendes innerstaatliches Recht, sofern es nicht gemeinschaftsrechtskonform ausgelegt werden kann, unangewendet lassen.[46] Zwar reicht dieses Konzept nicht so weit, dass gemeinschaftsrechtswidriges nationales Recht *eo ipso* seine Gültigkeit verliert (Geltungsvorrang), jedoch erfordert es, dass solches Recht im Kollisionsfall außer acht zu bleiben hat (Anwendungsvorrang).

Das Vorrangprinzip ist ebenso wie der Grundsatz der unmittelbaren Wirkung das Werk der schöpferischen Rechtsfortbildung durch den EuGH, der dazu in dem *leading case* Costa/ENEL ausgeführt hat, „dass dem vom Vertrag geschaf-

---

nur wechselseitige Verpflichtungen zwischen den vertragschließenden Staaten begründe. Die Gemeinschaft sei vielmehr nach dem Willen ihrer Gründer ein Zusammenschluss europäischer Staaten mit einer eigenen und eigenständigen Rechtsordnung, deren Rechtssubjekte nicht nur die Mitgliedstaaten selbst, sondern auch die Einzelnen seien.

45 Die Rechtsprechung zum Vorrang des Gemeinschaftsrechts wurde eingeleitet mit dem Leiturteil vom 15.7.1964, Costa./.ENEL, Rs. 6/64, EuGHE 1964, 1251, 1268 ff.

46 Vgl. Urteil vom 4.2.1988, Murphy, Rs. 175/86, EuGHE 1988, 673; siehe auch Urteil vom 11.7.1989, Ford España, Rs. 170/88, EuGHE 1989, 2307.

fenen, somit aus einer autonomen Rechtsquelle fließenden Recht wegen dieser seiner Eigenständigkeit keine wie immer gearteten innerstaatlichen Rechtsvorschriften vorgehen können, wenn ihm nicht sein Charakter als Gemeinschaftsrecht aberkannt und wenn nicht die Rechtsgrundlage der Gemeinschaft selbst in Frage gestellt werden soll".[47]

Diese Rechtsprechung wurde in einer Vielzahl späterer Entscheidungen gefestigt und weiter ausgebaut. Der EuGH hat darin unterstrichen, dass der normenhierarchische Vorrang für sämtliches Gemeinschaftsrecht gilt, unabhängig von der Qualität des jeweiligen Rechtssatzes. Aus der Sicht des Gemeinschaftsgerichts kommt das Vorrangprinzip auch gegenüber nationalem Verfassungsrecht zum Zug und zwar selbst dann, wenn das betreffende innerstaatliche Recht zeitlich später als das fragliche Gemeinschaftsrecht ergangen ist (*lex posterior*).

Es mag den erfreulichen Stand der Durchsetzung des Gemeinschaftsrechts kennzeichnen, dass das Vorrangprinzip heute in allen Mitgliedstaaten anerkannt und von den nationalen Gerichten strikt beachtet wird. Verschiedene Mitgliedstaaten haben in ihre Verfassungen ausdrückliche Bestimmungen aufgenommen, die entweder allgemein den Vorrang des Völkerrechts (bzw. des Völkervertragsrechts) vor innerstaatlichem Gesetzesrecht oder sogar speziell den Primat des Gemeinschaftsrechts deklarieren.

d) Widerstände grundsätzlicher Art gegen den Primat des Gemeinschaftsrechts bestanden wohl nur im Bereich der Grundrechte. So hat die italienische *Corte Costituzionale* in frühen Entscheidungen (1973, 1975 und 1984) zwar den Vorrang des Gemeinschaftsrechts vor italienischem Recht einschließlich der Verfassung anerkannt, jedoch Bedenken für den Fall einer Verletzung des Grundrechtsteils der Verfassung durch Akte der Gemeinschaftsorgane angemeldet.[48]

Vorbehalte hat auch das deutsche Bundesverfassungsgericht (BVerfG) in dem umstrittenen "*Solange I*"-Beschluss vom 29.5. 1974[49] geäußert. Der methodische

47 Urteil vom 15.7.1964, Costa./.ENEL, aaO., 1270.

48 Urteil der *Corte Costituzionale* vom 27.12.1973, in: Giurisprudenza Italiana 1974, I, Spalte 315; Urteil der *Corte Costituzionale* vom 30.10. 1975, in: Foro Italiano 1975, I, Spalte 2661; Urteil der *Corte Costituzionale* vom 8.6.1984, in: Foro Italiano 1984, I, Spalte 1251.

49 BVerfGE Bd. 37, S. 271. In diesem Beschluss wurde die Richtervorlage im Normenkontrollverfahren des Art. 100 Abs. 1 GG für zulässig erachtet, soweit mit ihr die Klärung des Verhältnisses zwischen den Grundrechtsgarantien des Grundgesetzes und Vorschriften des sekundären Gemeinschaftsrechts erstrebt wird. Die Gemeinschaft bilde zwar eine eigenständige, aus autonomer Rechtsquelle fließende Rechtsordnung, jedoch sei keine hinreichende Rechtsgewissheit über einen wirksamen Grundrechtsschutz gewährleistet, „solange" die Gemeinschaftsordnung noch über keinen von einem Parlament beschlossenen, formulierten Katalog von Grundrechten verfüge, der dem Grundrechtskatalog des Grundgesetzes adäquat sei.

Ansatzpunkt dürfte in der Forderung zu sehen sein, dass die Übertragung von Hoheitsrechten auf die Gemeinschaft nicht zu einer Minderung des nach nationalem Verfassungsrecht gewährleisteten Grundrechtsschutzes führen darf. Hoheitsrechte dürfen somit nur an die Gemeinschaft abgegeben werden, wenn dort ein dem nationalen Standard kongruenter Grundrechtsschutz gewährleistet ist.

Mittlerweile ist dieser Konflikt weitgehend entschärft. Seit dem „*Solange II*"-Beschluss vom 22.10.1986 anerkennt das BVerfG nunmehr, dass der EuGH inzwischen einen wirksamen Grundrechtsschutz gewährleistet, der dem vom deutschen Grundgesetz gebotenen im Wesentlichen gleichzuachten ist, so dass das BVerfG seine Gerichtsbarkeit über die Anwendbarkeit von sekundärem Gemeinschaftsrecht in der Bundesrepublik Deutschland grundsätzlich nicht mehr ausübt:[50]

„Solange die Europäischen Gemeinschaften, insbesondere die Rechtsprechung des Gerichtshofs der Gemeinschaften, einen wirksamen Schutz der Grundrechte gegenüber der Hoheitsgewalt der Gemeinschaften generell gewährleisten, der dem vom Grundgesetz als unabdingbar gebotenen Grundrechtsschutz im wesentlichen gleichzuachten ist, zumal den Wesensgehalt der Grundrechte generell verbürgt, wird das Bundesverfassungsgericht seine Gerichtsbarkeit über die Anwendbarkeit von abgeleitetem Gemeinschaftsrecht, das als Rechtsgrundlage für ein Verhalten deutscher Gerichte oder Behörden im Hoheitsgebiet der Bundesrepublik Deutschland in Anspruch genommen wird, nicht mehr ausüben und dieses Recht mithin nicht mehr am Maßstab der Grundrechte des Grundgesetzes überprüfen; entsprechende Vorlagen nach Art. 100 Abs. 1 GG sind somit unzulässig."

Mit dieser Entscheidung scheint allerdings der Kompetenzkonflikt zwischen dem obersten deutschen Gericht und dem EuGH noch nicht endgültig ausgetragen zu sein. So hat das BVerfG am 12.5.1989 statuiert, dass bei Verletzungen des kommunitären Grundrechtsstandards durch eine Gemeinschaftsrichtlinie zwar an erster Stelle der EuGH Rechtsschutz zu gewähren hat, dass jedoch der Kompetenz des Gemeinschaftsgerichts durch den vom Grundgesetz als unabdingbar gebotenen Schutzstandard Grenzen gezogen sind, deren Überprüfung letztlich der Gerichtsbarkeit des BVerfG unterliegt.[51]

Das jüngere einschlägige Urteil vom 12.10.1993 (sog. „Maastricht-Urteil", betreffend das Zustimmungsgesetz zu Unionsvertrag) lässt wiederum eine Ak-

---

50 BVerfG Bd. 73, S. 339; siehe dazu Meinhard Hilf, Solange II: Wie lange noch Solange?, in: EuGRZ 1987, S. 1; Hubertus Gersdorf, Funktionen der Gemeinschaftsgrundrechte im Lichte des Solange II-Beschlusses des Bundesverfassungsgerichts, in: AÖR 1994, S. 400.

51 Sog. "*Wenn nicht*"-Beschluss, in: EuGRZ 1989, S. 339 ff.; siehe dazu Gert Nicolaysen, Tabakrauch, Gemeinschaftsrecht und Grundgesetz, in: EuR 1989, S. 215; Rupert Scholz, Wie lange bis „Solange III"?, in: NJW 1990, S. 941; vgl. auch BVerfGE Bd. 75, S. 223, 235; Bd. 80, S. 74, 80 f. Vgl. auch Rudolf Streinz, Bundesverfassungsgerichtlicher Grundrechtsschutz und Europäisches Gemeinschaftsrecht, 1989.

zentsetzung im Sinne einer verstärkten Tendenz zur „Renationalisierung“ des Grundrechtsschutzes gegenüber der Hoheitsgewalt der Gemeinschaft erkennen. Das BVerfG bekräftigt darin seine Zuständigkeit zur generellen Gewährleistung eines wirksamen Grundrechtsschutzes im Geltungsbereich des Grundgesetzes, betont allerdings, seine Gerichtsbarkeit in einem „Kooperationsverhältnis“ zum EuGH ausüben zu wollen, „in dem der Europäische Gerichtshof den Grundrechtsschutz in jedem Einzelfall für das gesamte Gebiet der Europäischen Gemeinschaften garantiert, das Bundesverfassungsgericht sich deshalb auf eine generelle Gewährleistung des unabdingbaren Grundrechtsstandards ... beschränken kann“.[52]

Obwohl das Bundesverfassungsgericht bisher noch in keinem Fall die Unanwendbarkeit sekundären Gemeinschaftsrechts für den Bereich der Bundesrepublik Deutschland wegen Verletzung unabdingbarer Grundrechte des deutschen Grundgesetzes ausgesprochen hat, bleibt der in der "*Solange*"-Judikatur aufgestellte Grundsatz der „bedingten Nichtausübung“ der Gerichtsbarkeit des BVerfG eine unverhohlene Warnung an die Gemeinschaftsorgane. Das deutsche Verfassungsverständnis ist, wohl auch weiterhin, von der Maxime geprägt, dass die Integrationskompetenz des Grundgesetzes (Art. 23 GG) ihre Schranken in der Aufgabe der „Identität der geltenden Verfassungsordnung durch Einbruch in ihr Grundgefüge, in die sie konstituierenden Strukturen“ findet.[53]

3.3. Definition und Klassifizierung der Grundrechte im Lichte der Rechtsprechung des EuGH

Das geltende Europarecht enthält keine allgemeine Definition des Begriffs „Grundrechte“. Nützliche Anhaltspunkte, die überwiegend auf bestimmte Funktionen der Grundrechte hindeuten, ergeben sich aus der Judikatur des EuGH und der Rechtsdoktrin. Im Folgenden sollen die wichtigsten Gegenüberstellungen und Abgrenzungen herausgearbeitet werden.

3.3.1. Grundrechte und Grundfreiheiten

Eine erste Klassifizierung betrifft die Unterscheidung zwischen Grundrechten und Grundfreiheiten im Sinne der konstituierenden Freiheiten des Gemeinsamen

52 BVerfGE Bd. 89, S. 155.

53 BVerfGE Bd. 37, S. 271, 279; Bd. 73, S. 339, 375 f.; Bd. 85, S. 191, 203 f. Siehe zum Streitstand: Ulrich Everling, Brauchen wir „Solange III“?, in: EuR 1990, S. 195; Christian Tomuschat, Aller guten Dinge sind III?, in: EuR 1990, S. 340.

Marktes/Binnenmarktes (Freiverkehr von Waren, Personen, Dienstleistungen und Kapital, Art. 14 Abs. 2 EGV).
Phänotypisch stellen die Grundfreiheiten, im Gegensatz zu den Grundrechten, Chancen gewährende Rechte dar. Sie eröffnen den Marktteilnehmern wirtschaftliche Handlungsfreiheiten und sichern diese gegen nicht gerechtfertigte Beschränkungen, in erster Linie durch die Mitgliedstaaten. Hingegen ist die Gewährleistung individueller Verhaltensfreiheit im Hinblick auf die Zielverwirklichung des Binnenmarktes nur ein Nebenziel, insofern als die Binnenmarktöffnung nicht ohne die Verleihung subjektiver Rechte auf grenzüberschreitende wirtschaftliche Betätigung verwirklicht werden kann.

Eine weitere, sekundäre Unterscheidung zwischen Grundrechten und Grundfreiheiten knüpft an den grenzüberschreitenden bzw. innerstaatlichen Wirkungskreis der betroffenen Sachverhalte an: Die Grundfreiheiten erfassen vornehmlich grenzüberschreitende Situationen, für die ein Behinderungsverbot gilt. Adressaten dieses Verbots sind in erster Linie die Mitgliedstaaten, nicht die Organe und Einrichtungen der Gemeinschaft/Union. Hingegen beziehen sich die Grundrechte in der Regel unterschiedslos auf grenzüberschreitende und rein mitgliedstaatsinterne Situationen; Adressaten etwaiger Verbote sind in erster Linie die Organe und Einrichtungen der Gemeinschaft/Union und erst an zweiter Stelle die Mitgliedstaaten im Anwendungsbereich des Unionsrechts.[54]

Andererseits weisen Grundrechte und Grundfreiheiten diverse Berührungspunkte auf. Sie überschneiden sich, fallen aber nicht miteinander zusammen. Zunächst ist hervorzuheben, dass Grundfreiheiten grundrechtliche Aspekte enthalten können.[55] Dies gilt an erster Stelle für die Freizügigkeitsrechte der Arbeitnehmer und selbstständigen Berufstätigen. Des weiteren ist zu beachten, dass auch Einschränkungen der Grundfreiheiten, wie der Freizügigkeitsrechte, durch Eingriffe mitgliedstaatlicher Stellen ihrerseits grundrechtsgeprägten Schranken, den sogenannten Schranken-Schranken, unterliegen. Konkret bedeutet dies, dass, wenn ein Mitgliedstaat in eine Grundfreiheit des Binnenmarktes eingreift, um zwingenden Erfordernissen seiner nationalen Rechtsordnung zur Geltung zu verhelfen, die betreffende Maßnahme nur gerechtfertigt sein kann, soweit sie mit den Grundrechten des Gemeinschaftsrechts in Einklang steht. Auf diese Weise

54 Udo Ostermann, Entwicklung und gegenwärtiger Stand der europäischen Grundrechte nach der Rechtsprechung des Europäischen Gerichtshofs sowie des Gerichts erster Instanz, aaO., S. 9 ff., mit Nachweisen.

55 Alexander Brigola, Das System der EG-Grundfreiheiten: Vom Diskriminierungsverbot zum spezifischen Beschränkungsverbot, vom Verfasser der vorliegenden Studie betreute Inauguraldissertation an der Juristischen Fakultät der Universität Erlangen-Nürnberg, 2004, S. 216 f.; vgl. auch Manfred A. Dauses, Der Schutz der Grundrechte in der Europäischen Gemeinschaft, aaO., S. 2.

begrenzen Grundrechte mitgliedstaatliche Einschränkungen der Marktfreiheiten und sichern die effektive Anwendung dieser Freiheiten.

3.3.2. Institutionengarantie vs. subjektives Individualrecht

Grundrechte enthalten einerseits objektive Garantien institutioneller Rechte, andererseits gewährleisten sie subjektive Individualrechte. Die Funktion objektivrechtlicher Institutionengarantie manifestiert sich etwa am Beispiel der Meinungs- und Informationsfreiheit, die nicht nur auf die Verwirklichung individueller Freiräume, sondern auch auf den Bestand und die Entfaltung der Medien als Informationsträger und Kommunikatoren zielt.[56] In diesen letzteren Zusammenhang gehört beispielsweise das Erfordernis, die Medienvielfalt, d.h. den Pluralismus der Medienlandschaft, zu erhalten und zu fördern. Die neuere Rechtsprechung des EuGH legt allerdings immer häufiger den Akzent auf das Bestehen subjektiver Individualrechte und stellt damit verstärkt den Rechtsschutz der Einzelnen in den Vordergrund.[57]

3.3.3. Einklagbares Recht vs. Programmsatz

Eine weitere Klassifizierung unterscheidet zwischen unmittelbar wirkenden, einklagbaren Rechten und unverbindlichen, nicht einklagbaren bloßen Programmsätzen („*soft law*")[58] Diese Differenzierung fällt oft mit derjenigen zwischen subjektiven Individualrechten und objektiven Institutionengarantien zusammen. In der bisherigen Judikatur des EuGH spielen Vorschriften des „*soft law*" keine signifikante Rolle.

---

56 Urteil vom 26.6.1997, Familiapress, Rs. C-368/95, EuGHE 1997, I-3689, I-3715 ff. Vgl. auch Albert Bleckmann/Stefan Ulrich Pieper, Rechtsquellen, in: Manfred A. Dauses (Hrsg.), Handbuch des EU-Wirtschaftsrechts, B. I., Rdnr. 124f.

57 In diesem Sinne qualifizierte der EuGH in dem Urteil vom 11.1.2000 (Kreil, Rs. C-285/98, EuGHE 2000, I-69, I-104) das in der Gleichbehandlungsrichtlinie 76/207 EWG vom 9.2.1976 verbürgte Recht auf gleichen Zugang von Männern und Frauen zur Beschäftigung ausdrücklich als ein „individuelles Recht", auf das die Klägerin des Ausgangsverfahrens, Frau Tanja Kreil, Anspruch habe.

58 Die Einklagbarkeit der Grundrechte als Individualschutzrechte stellt den Regelfall im Gemeinschafts-/Unionsrecht dar. Nur ausnahmsweise kann vom „*soft law*"-Charakter grundrechtsrelevanter Vorschriften ausgegangen werden, so etwa bei Regelungsgehalten im sozialen oder Bildungsbereich.

3.3.4. Abwehrrechte vs. Teilhabe- und Mitwirkungsrechte

Schließlich kann zwischen Abwehrrechten (negatorische Rechte), einerseits, und Teilhabe- und Mitwirkungsrechten, andererseits, differenziert werden.

Negatorische Rechte gewährleisten einen „*status negativus*". Sie schützen vor hoheitlichen Eingriffen des Staates und diesem zuzurechnender Stellen bzw. der Gemeinschafts-/Unionsgewalt in Freiheitsrechte der Einzelnen. Als Beispiel eines solchen Rechts sei wiederum die Meinungs- und Informationsfreiheit als Ausdruck individueller geistiger und politischer Freiheiten genannt.

Negatorische Rechte schaffen und sichern mithin elementare individuelle Freiheitsräume. Dabei werden die entsprechenden Rechte nicht als durch den Staat bzw. die Gesellschaft verliehen, sondern als dem Staat „vorausgehend", dem Individuum allein aufgrund seiner bloßen Existenz zustehend, angesehen.

Teilhabe- und Mitwirkungsrechte hingegen gewährleisten einen vom Staat bzw. der Gesellschaft verliehenen „*status positivus*". Sie treten hauptsächlich als demokratische und soziale Bürgerrechte (z. B. Wahlrecht, Recht auf Bildung, Recht auf Sicherung des Existenzminimums) in Erscheinung.

3.3.5. Gleichheitsrechte

Gleichheitsrechte (Diskriminierungsverbote) gewährleisten Gleichbehandlung in gleichen oder vergleichbaren Situationen. Sie verbürgen als solche keinen absoluten, sondern lediglich einen relativen Standard im Sinne eines Rechts auf Gleichstellung in Bezug auf einen gegebenen Vergleichssachverhalt. Gleichheitsrechte treten jedoch oft im Zusammenwirken mit Abwehrrechten oder Teilhabe- und Mitwirkungsrechten auf. In dieser Kombination können sie selbst konkrete Abwehr-, Teilhabe- oder Mitwirkungsansprüche begründen und so die Beseitigung von Belastungen oder die Verleihung von Begünstigungen bewirken.

Die Gemeinschaftsrechtsordnung kennt verschiedene spezifische, aber auch allgemeine Gleichheitsrechte. Einige davon sind in den Gemeinschaftsverträgen selbst verankert, andere wurden von der Rechtsprechung des EuGH entwickelt.

Spezifische Gleichheitsrechte entfalten ihre Wirkungen in spezifischen, zumeist binnenmarktbezogenen, Situationen. Allgemeine Diskriminierungsverbote hingegen finden in einer Vielzahl verschiedenartiger Situationen Anwendung, so etwa als umfassendes Gebot der Gleichstellung von Männern und Frauen (Art. 2 EGV), als unmittelbar geltendes Verbot der Diskriminierung aus Gründen der Staatsangehörigkeit (Art. 12 EGV) oder als allgemeines, durch Sekundärrecht zu implementierendes Verbot von Diskriminierungen aus Gründen des Geschlechts, der Rasse, der ethnischen Herkunft, der Religion oder der Weltanschauung, einer Behinderung, des Alters oder der sexuellen Ausrichtung (Art. 13 EGV).

Eine umfassende Definition des Gleichheitssatzes kennt das geschriebene Gemeinschaftsrecht hingegen nicht. So war es der Rechtsprechung des EuGH überlassen, einen solchen übergreifenden Generalgrundsatz schrittweise herauszuarbeiten und ihm Konturen zu verleihen. Er hat sich dabei nicht auf einzelne Vertragsbestimmungen gestützt, sondern ein generelles Diskriminierungsverbot als Bestandteil der allgemeinen Grundsätze des Gemeinschaftsrechts hergeleitet.[59]

3.4. Grundrechtsverpflichtung und Grundrechtsberechtigung

Um den Anwendungsbereich der Gemeinschafts-/Unionsgrundrechte *ratione personae* abgrenzen zu können, ist der Kreis der Grundrechtsverpflichteten und Grundrechtsberechtigten zu bestimmen.

3.4.1. Grundrechtsverpflichtung

a) Als Grundrechtsverpflichteter (Grundrechtsadressat) wird bezeichnet, wer durch die Grundrechte gebunden ist. Da die Gemeinschafts-/Unionsgrundrechte vorrangig dazu dienen, den Bürger vor Eingriffen durch Akte der Gemeinschafts-/Unionsgewalt zu schützen, sind in erster Linie die Organe und Einrichtungen der Gemeinschaft/Union bei der Rechtsetzung, Vollziehung, Verwaltung und Rechtsprechung durch diese Grundrechte gebunden. Die Bindung umschließt die Gültigkeitsprüfung der Rechtsakte und jeder sonstigen Ausübung von Hoheitsgewalt der Gemeinschafts-/Unionsorgane ebenso wie die Auslegung des gesamten primären und sekundären Gemeinschafts-/Unionsrechts am Maßstab der Gemeinschafts-/Unionsgrundrechte.[60]

Die Begriffe „Europäische Gemeinschaft“ und „Europäische Union“ sind in diesem Zusammenhang weit auszulegen. Sie umfassen die Europäischen Gemeinschaften bzw. die Europäische Union als die Gesamtheit des 3-Säulen-Konstrukts sowie deren Organe und sonstigen Einrichtungen, wie Ausschüsse oder Agenturen, im Rahmen ihrer jeweiligen vom Europarecht verliehenen Aufgaben und

---

59 Zur Definition und den Rechtswirkungen des allgemeinen Gleichheitssatzes siehe unten Punkt 3.6.6. („Gleicheitssatz“)

60 Hans-Werner Rengeling, Grundrechtsschutz in der Europäischen Gemeinschaft, 1993, S. 186 ff.; vgl. Hans-Werner Rengeling/Peter Szczekalla, Grundrechte in der Europäischen Union – Charta der Grundrechte und allgemeine Rechtsgrundsätze, 2004, S. 137.

Zuständigkeiten. Letzteren steht die Europäische Zentralbank gleich, die, obwohl sie mit eigener Rechtspersönlichkeit ausgestattet ist (Art. 107 Abs. 2 EGV), auf der Grundlage der Gemeinschaftsverträge errichtet wurde und Gemeinschaftsaufgaben wahrnimmt (Art. 105 ff. EGV).

b) Die europäischen Grundrechte verpflichten aber nicht nur die Gemeinschaft/Union, sondern unter bestimmten Voraussetzungen auch die Mitgliedstaaten und diesen zuzurechnende nationale Gliederungseinheiten.[61] Zu den letzteren zählen alle staatlichen Organe und Einrichtungen unter staatlicher Kontrolle, wobei es keine Rolle spielt, auf welcher Ebene und durch welche Stellen der betreffende Mitgliedstaat tätig wird. Der Begriff „Mitgliedstaat" kann sich mithin sowohl auf die zentrale als auch die regionale oder lokale Handlungsebene beziehen. Ebenso macht es keinen Unterschied, in welcher Funktion (Rechtsetzung, Vollziehung, Rechtsprechung) die betreffende staatliche Einrichtung tätig wird. Selbst ein indirektes staatliches Tätigwerden, etwa durch rechtlich selbständige öffentlich-rechtliche Körperschaften oder Anstalten, kann dem betreffenden Mitgliedstaat zuzurechnen sein.

Im einzelnen ist noch umstritten, wie weit die Bindungswirkung der europäischen Grundrechte gegenüber den Mitgliedstaaten genau reicht. Grundsätzlich kann festgestellt werden, dass die Mitgliedstaaten und diesen zuzurechnenden Organe und Einrichtungen immer dann den kommunitären/unionalen Grundrechten unterworfen sind, wenn sie im – „realen", d.h. nicht nur „potenziellen" – Anwendungsbereich des Gemeinschafts-/Unionsrechts tätig werden, mithin europarechtlich veranlasst oder determiniert handeln.[62]

Dies ist vornehmlich der Fall, wenn sie Gemeinschafts-/Unionsrecht durchführen,[63] z. B. Gemeinschaftsverordnungen oder -entscheidungen administrativ vollziehen[64] oder Richtlinien in nationales Recht umsetzen. Soweit sie dabei über einen Handlungsspielraum verfügen, müssen sie bei der Ausfüllung dieses Spielraums die europäischen Grundrechte beachten. In diesem Sinne verdient das Urteil des EuGH in der Rechtssache „Karlsson" Beachtung: „Die Mitgliedstaaten müssen bei der Durchführung der gemeinschaftsrechtlichen Regelungen auch die Erfordernisse des Grundrechtsschutzes in der Gemeinschaftsrechtsordnung beachten".[65]

c) Ein dogmatisch umstrittener Diskussionspunkt betrifft die Frage, ob neben der Europäischen Gemeinschaft/Union und ihren Mitgliedstaaten auch natürliche

61 Siehe dazu: Dieter Scheuing, Zur Grundrechtsbindung der EU-Mitgliedstaaten, in: EuR 2005, S. 162.

62 Albert Bleckmann/Stefan Ulrich Pieper, Rechtsquellen, aaO., B.I., Rdnr. 149.

63 Vgl. Art. 51 Abs. 1 Europäische Grundrechtecharta.

64 Urteil vom 25.11.1986, Klensch, Rs. 201/85, EuGHE 1986, 3477; Urteil vom 13.7.1989, Wachauf, Rs. 5/88, EuGHE 1989, 2609.

65 Urteil vom 13.4.2000, Karlsson, Rs. C-292/97, EuGHE 2000, I-2737, Rdnr. 37.

oder juristische Personen, d.h. Einzelne, grundrechtsverpflichtet sein können. Es geht dabei um die Frage, inwieweit die europäischen Grundrechte in privatrechtlichen Beziehungen Wirkung entfalten können. Dieses Phänomen wird in der deutschen Rechtsterminologie als „Drittwirkung", in der gemeinschaftsrechtlichen Terminologie als „Horizontalwirkung" bezeichnet.

Der EuGH hat die Streitfrage, ob und inwieweit die europäischen Grundrechte unmittelbar zwischen Privaten gelten, bisher nicht endgültig beantwortet. Grundsätzlich widerspricht eine solche Horizontalwirkung der originären Bedeutung der Grundrechte: Diese schützen in erster Linie das Individuum vor Übergriffen der öffentlichen Gewalt. Private Rechtsbeziehungen hingegen sind gerade nicht durch das Verhältnis eines Hoheitsträgers zu einem Individuum, sondern durch das auf der Privatautonomie basierende Konsensprinzip gekennzeichnet. Die unmittelbare Horizontalwirkung der Grundrechte ist deshalb als die Ausnahme, nicht als die Regel anzusehen, d.h. die Grundrechte binden Privatpersonen nicht automatisch unmittelbar.[66]

Allerdings gibt es bestimmte Rechtsgebiete, so vornehmlich das Arbeitsrecht, in denen europäischen Grundrechten bereits *de lege lata* eine unmittelbare Horizontalwirkung zugesprochen wird. An erster Stelle kann hier das Verbot unterschiedlichen Entgelts für Männer und Frauen bei gleicher oder gleichwertiger Arbeit (Art. 141 EGV)[67] angeführt werden. Eine unmittelbare Horizontalwirkung kann außerdem von den Diskriminierungsverboten aus Gründen der Staatsangehörigkeit (insbesondere Art. 12 EGV) ausgehen.[68]

Ergänzend sei angemerkt, dass in Abgrenzung zur unmittelbaren Horizontalwirkung, bei der der Einzelne gegenüber einem anderen Privatrechtssubjekt unvermittelt auf die Grundrechte zurückgreifen kann, die mittelbare (indirekte) Horizontalwirkung die Ausstrahlung der Grundrechte auf die unbestimmten Rechtsbegriffe des Privatrechts bezeichnet. Der EuGH hat eine derartige Ausstrahlungswirkung wiederholt anerkannt, so etwa in dem Urteil „von Colson-Kamann", in dem er in einem Rechtsstreit über das Prinzip des gleichen Zugangs von Männern und Frauen zum Beruf judizierte, dass alle Rechtsnormen, die Rechtsbeziehungen zwischen Privaten regeln, im Lichte des vorrangigen Gemeinschaftsrechts und somit auch der europäischen Grundrechte auszulegen seien.[69] Letztere werden demnach, auch soweit sie keine unmittelbare Horizon-

66 In diesem Sinne z. B. Urteil vom 1.10.1987, Vlaamse Reisebureaus, Rs. 311/85, EuGHE 1987, 3801, Rdnr. 30. Zur Horizontalwirkung der Grundrechte siehe allgemein: Albert Bleckmann/Stefan Ulrich Pieper, Rechtsquellen, aaO., B. I., Rdnr. 130 ff.

67 So bezüglich der Vorgängervorschrift des Art. 119 EGV erstmals Urteil vom 8.4.1976, Defrenne, Rs. 43/75, EuGHE 1976, 455.

68 Urteil vom 13.12.1984, Haug-Adrion, Rs. 251/83, EuGHE 1984, 4277.

69 Urteil vom 10.4.1984, Rs. 14/83, EuGHE 1984, 1891, Rdnr. 26, 28. Ähnlich EuGH, Urteil vom 6.6.2000, Angonese, Rs. C-281/98, EuGHE 2000, I-4139, Rdnr. 41 ff.,

talwirkung in Privatrechtsverhältnissen entfalten, mittelbar als Interpretationselemente in solchen Rechtsverhältnissen erheblich.

3.4.2. *Grundrechtsberechtigung*

Als Grundrechtsberechtigte werden Grundrechtsträger bezeichnet. Ihnen stehen Grundrechte zu, die ihren Interessen dienen und ihnen subjektive Rechte vermitteln.

a) Als Grundrechtsträger sind zunächst natürliche Personen, also alle Menschen, unabhängig von ihrem Alter und ihren Fähigkeiten, zu nennen. Die Grundrechtsberechtigung beginnt mit der Geburt und endet mit dem Tod.[70] Ob auch ungeborenes, werdendes Leben Grundrechtsträger sein kann, wurde vom EuGH noch nicht eindeutig entschieden. Wenn somit die Frage der Grundrechtsberechtigung ungeborenen Lebens im Europarecht noch offen ist, so haben zumindest einige Verfassungsgerichte der Mitgliedstaaten dem *nasciturus* den Schutz der Menschenwürdegarantie zuerkannt.[71] Hinsichtlich der Grundrechtsträgerschaft von Kindern und Jugendlichen ist anzumerken, dass diese grundsätzlich bejaht wird, es sei denn, die einschlägige europarechtliche Rechtsgrundlage setze ausdrücklich ein bestimmtes Alter bzw. eine bestimmte Einsichtsfähigkeit voraus.

b) Aber nicht nur natürliche Personen können Grundrechtsträger sein, einzelne Grundrechte stehen auch juristischen Personen des Privatrechts zu. Maßgebend für die Frage, ob eine juristische Person Trägerin eines bestimmten Grundrechts sein kann, ist, ob dieses Grundrecht seinem Wesen nach auf juristische Personen anwendbar ist.

c) Einige Grundrechte, die Unionsbürgerrechte, beschränken sich explizit auf die Unionsbürger, d.h. sie stehen nur den Staatsangehörigen der Mitgliedstaaten zu. Es handelt sich hierbei in erster Linie um politische Freiheiten und Prärogativen oder aber Grundrechte, die eng mit den Grundfreiheiten des Binnenmarktes verbunden sind. Andere Grundrechte wiederum knüpfen an den Wohn- oder Geschäftssitz an; sie kommen außer Unionsbürgern auch Drittstaatsangehörigen mit Wohn- oder Geschäftssitz in einem Mitgliedstaat zugute. Wieder andere begünstigen jedermann, ungeachtet der Staatsangehörigkeit oder des Sitzorts. Es

---

betreffend eine Stellenausschreibung mit faktischer staatsangehörigkeitsbezogener Diskriminierung.

70 Hans D. Jarass, EU-Grundrechte, 2005, S. 43.

71 Hans-Werner Rengeling/Peter Szczekalla, Grundrechte in der Europäischen Union, aaO., S. 197, mit Nachweisen.

handelt sich bei letzteren um genuine Menschenrechte, die unmittelbar aus der universellen menschlichen Natur fließen.

Diese Differenzierung erinnert an die deutsche Verfassungsrechtslehre, die zwischen „Deutschenrechten“ (deren Träger nur „Deutsche“[72] sein können) und „Jedermannsrechten“ (deren Nutznießer jede Person sein kann) unterscheidet.

d) Organe, Einrichtungen und sonstige Stellen der Union, aber auch der Mitgliedstaaten können prinzipiell nicht Grundrechtsträger sein. Etwas anderes kann lediglich im Hinblick auf Verfahrensrechte oder Rechtsschutzgarantien gelten. Außerhalb dieses schmalen Bereichs der prozeduralen Grundrechte hingegen kann eine öffentlich-rechtliche Einrichtung nur ausnahmsweise Grundrechte in Anspruch nehmen, nämlich wenn sie keine Hoheitsgewalt ausübt und bei der Verfolgung ihrer Ziele von Grundrechtsadressaten unabhängig ist.[73]

3.5. Grundrechtsschranken und Grundrechts-Schranken-Schranken

3.5.1. Vorbemerkung

Nach gefestigter Rechtsprechung des Europäischen Gerichtshofes genießen die in der Europäischen Gemeinschaft/Union verbürgten Grundrechte keine uneingeschränkte Geltung, sondern müssen „im Hinblick auf die soziale Funktion der geschützten Rechtsgüter und Tätigkeiten“[74] gesehen werden. Daher kann die Ausübung dieser Rechte mit Rücksicht auf die dem allgemeinen Wohl dienenden Ziele der Gemeinschaft Schranken unterworfen werden. Solche Ziele können z. B. aus den Mechanismen des Gemeinsamen Marktes/Binnenmarktes, der Gemeinsamen Agrarpolitik oder den Erfordernissen sonstiger Gemeinschaftspolitiken wie des Umweltschutzes, des Verbraucherschutzes oder des Gesundheitsschutzes resultieren. Um die vorwiegend wirtschaftlichen Zielsetzungen der Gemein-

---

72 Das deutsche Grundgesetz verwendet in seinem Art. 116 den Begriff „ Deutscher“, der einen weiteren Bedeutungsgehalt hat als der Begriff „deutscher Staatsangehöriger“. Er umfasst, „wer die deutsche Staatsangehörigkeit besitzt oder als Flüchtling oder Vertriebener deutscher Volkszugehörigkeit ... in dem Gebiete des Deutschen Reiches nach dem Stande vom 31. Dezember 1937 Aufnahme gefunden hat“.

73 Hans D. Jarass, EU-Grundrechte, aaO., S. 45 ff.

74 Urteil vom 14.5.1974, Nold, Rs. 4/73, EuGHE 1974, 491, 507; Urteil vom 13.12.1979, Hauer, Rs. 44/79, EuGHE 1979, 3727, 3749; Urteil vom 11.7.1989, Schräder, Rs. 256/87, EuGHE 1989, 2237, 2268; Urteil vom 13.7.1989, Wachauf. Rs. 5/88, EuGHE 1989, 2609, 2639; Urteil vom 24.8.1998, Metronome Musik, Rs. C-200/96, EuGHE 1998, I-1953, I-1978. Siehe dazu: Urs Schildknecht, Grundrechtsschranken in der Europäischen Gemeinschaft, 2000, S. 49.

schaft/Union verwirklichen zu können, bedarf es effizienter Regelungen, deren Durchsetzung nicht immer ohne Eingriffe in die Rechte Einzelner möglich ist.

Da somit ein keinen Regelungen unterworfener Grundrechtsgebrauch zu Konflikten mit den Interessen der Allgemeinheit und auch mit den Grund- und Menschenrechten anderer Rechtsinhaber führen würde,[75] ist es erforderlich, den genauen Inhalt und die Tragweite der Grund- und Menschenrechte zu erschließen. Dabei muss auch auf die Einschränkungsmöglichkeiten dieser Rechte eingegangen werden.

Bei der Beurteilung der Frage, ob ein Grundrecht verletzt wurde, ist zunächst zu klären, ob der Schutzbereich des betreffenden Rechts durch eine als Eingriff zu qualifizierende Maßnahme berührt wurde, und sodann, ob der Eingriff gerechtfertigt werden kann. Der Schutzbereich betrifft das Objekt der Grundrechtsbeeinträchtigung und beschreibt die potenzielle Reichweite eines bestimmten Grundrechts.[76] Als Eingriffe werden Maßnahmen bezeichnet, die eine Beeinträchtigung der Grundrechte darstellen und im weitesten Sinne durch eine belastende oder nachteilige Wirkung gekennzeichnet sind.

Schranken sind Beschränkungen der Grundrechte. Sie sind zulässig, soweit sie gerechtfertigt sind. In der Rechtsprechung des EuGH werden als Rechtfertigungsgründe vor allem die „von der Union anerkannten, dem Gemeinwohl dienenden Zielsetzungen“[77] und die „Erfordernisse des Schutzes der Rechte und Freiheiten anderer“[78] hervorgehoben. Sogenannte „Schranken-Schranken“, an vorderster Stelle der Grundsatz der Verhältnismäßigkeit und die Wesensgehaltsgarantie, bewirken, dass die Grundrechtsschranken ihrerseits wieder Schranken unterliegen, die dafür sorgen, dass Eingriffe in Gemeinschaftsgrundrechte nicht grenzenlos zulässig sind. Je klarer die genannten Elemente im Gemeinschaftsrecht normiert und durch die Rechtsprechung austariert sind, umso eher besteht Rechtssicherheit hinsichtlich der dem Bürger effektiv zuerkannten Freiheitsräume.

Im Nachfolgenden soll auf die Schranken und Schranken-Schranken der Gemeinschafts-/Unionsgrundrechte näher eingegangen werden.

75 Vgl. Detlef Merten/Hans-Jürgen Papier, Handbuch der Grundrechte, 2004, S. 300.

76 Diesbezüglich ist dem EuGH verschiedentlich der Vorwurf gemacht worden, er unterlasse eine klare Festlegung des Schutzbereichs der in Rede stehenden Grundrechte und gehe stattdessen sogleich zur Prüfung eventueller Rechtfertigungsgründe für Eingriffe in das betreffende Recht über: Rudolf Streinz, Bundesverfassungsgerichtlicher Grundrechtsschutz und Europäisches Gemeinschaftsrecht, 1989, S. 403; Albert Bleckmann, Die Rechtsquellen des Europäischen Gemeinschaftsrechts, in: NVwZ 1993, S. 824, 827.

77 Urteil vom 14.5.1974, Nold, aaO.; Urteil vom 13.7.1989, Wachauf, aaO.

78 Urteil vom 26.6.1997, Familiapress, Rs. C-368/95, EuGHE 1997, I-3689, I-3717.

3.5.2. Grundrechtsschranken

Wie schon oben erwähnt, unterliegt die Ausübung der kommunitären/unionalen Grundrechte hauptsachlich zwei immanenten Schranken: Beschränkungen aus Gründen der Wahrung des Allgemeinwohls und Beschränkungen mit Rücksicht auf die Rechte und Freiheiten anderer.

Einer besonderen Kommentierung bedarf die Grundrechtsschranke der „dem allgemeinen Wohl dienenden Ziele des Gemeinschaft". Der EuGH hat diesbezüglich drei Rechtfertigungskriterien entwickelt:

- Der Eingriff in das betreffende Grundrecht muss Ziele des kommunitären Gemeininteresses verfolgen;
- der Eingriff muss im Hinblick auf diese Ziele verhältnismäßig sein;
- der Wesensgehalt der geschützten Rechte muss unangetastet bleiben.[79]

Diese Kriterien können nicht schematisch angewandt werden, sondern sind in ihrem konkreten und individuellen Zusammenhang zu bewerten. Letztlich muss ein Ausgleich zwischen den Erfordernissen der betroffenen Grundrechte und den Gründen des öffentlichen Interesses, die Eingriffe in diese Rechte rechtfertigen können, hergestellt werden.[80]

Diesbezüglich ist dem EuGH der Vorwurf gemacht worden, er werte die Grundrechtsschranke der „dem allgemeinen Wohl dienenden Ziele der Gemeinschaft" zu einer unbestimmten, wenig aussagekräftigen Leerformel ab, die höchst verschiedenartige Ziele abdecken könne.[81] Tatsächlich ist diese Formel sehr weit gefasst, so dass sie erst mit der Nennung eines konkreten Gemeinwohlziels operabel wird. Dieser Schritt aber unterbleibt häufig; der EuGH hält vielmehr Eingriffe in den Schutzbereich von Grundrechten schon dann für gerechtfertigt, wenn damit nur irgendein Gemeinschaftsziel verfolgt wird. Demzufolge umreißt er das geltend gemachte Gemeinwohlziel oft nur summarisch (Verwirklichung des Binnenmarktes; Stabilisierung der Agrarmärkte etc.), ohne es im Einzelnen zu spezifizieren und auf seine Wertigkeit hin zu analysieren.[82] Dem Gemein-

79 Urteil vom 13.12.1979, Hauer, aaO.; Urteil vom 13.7.1989, Wachauf, aaO.; Urteil vom 17.7.1997, SAM Schifffahrt, Rs. C-248/95 und C-249/95, EuGHE 1997, I-4475, Rdnr. 72.

80 In der deutschen Verfassungslehre wird dieser Ausgleich als „praktische Konkordanz" bezeichnet.

81 Vgl. Dieter Feger, Die Normsetzung auf dem Gebiet der Grundrechte in den Europäischen Gemeinschaften – Der Europäische Gerichtshof (EuGH) als Rechtsetzungsorgan, in: DÖV 1987, S. 322, 330.

82 Urteil vom 17.7.1997, SAM Schifffahrt, aaO.

schaftsgesetzgeber wird so ein weiter Gestaltungsspielraum bei Maßnahmen, die Eingriffe in Grundrechtspositionen mit sich bringen, eingeräumt.

3.5.3. Grundrechts-Schranken-Schranken

Um den mit der Schranke des Gemeinwohls verbundenen Ermessensspielraum einzugrenzen, werden der Verhältnismäßigkeitsgrundsatz und die Wesengehaltsgarantie als allgemeine Schranken-Schranken angeführt. Sie dienen als Korrektiv zur Sicherung gegen übermäßige Eingriffe in Grundrechte.

Ausgangpunkt der Doktrin der Schranken-Schranken ist die Feststellung, dass auch Schrankenbestimmungen nicht beliebig festgesetzt werden können, sondern ihrerseits bestimmten Voraussetzungen unterliegen, die sie wiederum selbst beschränken. Dieses abgestufte Schrankensystem ist Ausfluss des rechtsstaatlichen Prinzips der größtmöglichen Grundrechtseffizienz[83]

3.5.3.1. Schranken-Schranke der Verhältnismäßigkeit

Der zentrale Verhältnismäßigkeitsgrundsatz ermöglicht die Milderung von Härten und den Ausgleich widerstreitender Interessen. Eine umfassende Definition dieses Prinzips findet sich in dem Urteil in der Rechtssache „Schräder“:[84]

> „(...) Der Grundsatz der Verhältnismäßigkeit gehört nach ständiger Rechtsprechung des Gerichtshofes zu den allgemeinen Grundsätzen des Gemeinschaftsrechts. Nach diesem Grundsatz sind Maßnahmen, durch die den Wirtschaftsteilnehmern finanzielle Belastungen auferlegt werden, nur rechtmäßig, wenn sie zur Erreichung der zulässigerweise mit der fraglichen Regelung verfolgten Ziele geeignet und erforderlich sind. Dabei ist, wenn mehrere geeignete Maßnahmen zur Auswahl stehen, die am wenigsten belastende zu wählen; ferner müssen die auferlegten Belastungen in angemessenem Verhältnis zu den angestrebten Zielen stehen. (...)“

Eine Analyse dieses *leading case* lässt folgende Teilelemente des Verhältnismäßigkeitsprinzips erkennen:

– die Geeignetheit, d.h. die in das Grundrecht eingreifende Maßnahme muss zur Verwirklichung von Zielen des Allgemeinwohls geeignet sein;

83 Gunter M. Hoffmann, Grundrechte in Europa – braucht Europa einen Grundrechtskatalog?, 1995, S. 57; vgl. auch Albert Bleckmann, Staatsrecht II – Die Grundrechte, 3. Auflage 1989, S. 301 ff.

84 Urteil vom 11.7.1989, Rs. 265/87, EuGHE 1989, 2237, 2269. Siehe dazu auch unten Punkt 3.6.7. („Verhältnismäßigkeitsgrundsatz“).

- die Erforderlichkeit, d.h. unter mehreren geeigneten Maßnahmen ist diejenige zu wählen, die den Betroffenen am wenigsten belastet: Es darf kein weniger einschneidendes Mittel geben, mit dem das verfolgte Ziel ebenso gut erreicht werden kann;
- die Angemessenheit (Übermaßverbot), d.h. die durch den Eingriff verursachten Nachteile müssen in einem angemessenen Verhältnis zu dem angestrebten Ziel stehen bzw. die Maßnahme darf keinen im Hinblick auf das verfolgte Ziel exzessiven, nicht tragbaren Eingriff darstellen. Dabei ist eine Güterabwägung zwischen dem Gemeinschaftsinteresse an der Verwirklichung der fraglichen Maßnahme und dem individuellen Interesse am Schutz vor Belastungen anzustellen; Vorteile und Nachteile der Maßnahme müssen in einem ausgewogenen Verhältnis zueinander stehen.[85]

Die wesentliche Funktion des Verhältnismäßigkeitsprinzips besteht somit zum einen darin, den Gemeinschaftsgesetzgeber in seinem Ermessensspielraum in Bezug auf Allgemeinwohlvorbehalte zu beschränken,[86] zum andern darin, als allgemeine Schrankenregelung den Maßstab für den bei der Grundrechtsverwirklichung erforderlichen Ausgleich zwischen Individual- und Gemeinwohlinteressen zu liefern. Ein praktisches Problem stellt in diesem Zusammenhang die – von Kritikern oft als zu lasch empfundene – Kontrolldichte dar. Tatsächlich ist nicht zu übersehen, dass der Gerichtshof in seinem Fallrecht bei der Güter- und Interessenabwägung auf dem Gebiet des Grundrechtsschutzes den Gemeinschaftsorganen einen sehr weiten Ermessensspielraum belässt.[87] Dies erweist sich vornehmlich bei komplexen wirtschaftlichen Sachverhalten, bei deren Vorliegen er eine Grundrechtsverletzung zumeist nur äußerst zögerlich bejaht, nämlich wenn die fragliche Maßnahme „offensichtlich ungeeignet“,[88] „offensichtlich irrig“[89] oder „offensichtlich unverhältnismäßig“[90] ist. Anzumerken ist überdies, dass die gerichtliche Kontrolldichte bei Rechtsvorschriften deutlich geringer ist als bei Einzelfallregelungen, die der EuGH im Allgemeinen einer genaueren Kontrolle unterwirft.

85 Zum Übermaßverbot siehe auch: Urteil vom 10.1.1992, Kühn, Rs. C-177/90, EuGHE 1992, I-35; Urteil vom 17.7.1997, Affish, Rs. C-183/95, EuGHE 1997, I-4315.

86 Detlef Merten/Hans-Jürgen Papier, Handbuch der Grundrechte, aaO., S. 896.

87 Vgl. Georg Berrisch, Zum „Bananen“-Urteil des EuGH vom 5.10.1994 – Rs. C-280/93, Deutschland/Rat der Europäischen Union, EuR 1994, S. 461, 466.

88 Urteil vom 11.7.1989, Schräder, aaO.

89 Urteil vom 5.10.1994, Deutschland./.Rat, Rs. C-280/93, EuGHE 1994, I-4973, I-5068 f.

90 Urteil vom 13.12.1994, Winzersekt, Rs. C-306/93, EuGHE 1994, I-5555, I-5583; Urteil vom 6.12.2001, Area Cova, Rs. T-196/99, EuGE 2001, II-3597, II-3643.

3.5.3.2. Schranken-Schranke der Wesensgehaltsgarantie

Ergänzend zu dem zentralen Verhältnismäßigkeitsgrundsatz kann als zweite allgemeine Schranken-Schranke die Wesengehaltsgarantie ausgemacht werden. Nach der im Schrifttum vorherrschenden abstrakt-generellen Betrachtungsweise ist der Wesensgehalt eines Grundrechts dann gewahrt, wenn generell ein unantastbarer Kernbereich verbleibt, d.h. das betreffende Grundrecht als Institution gewährleistet bleibt, selbst wenn es im konkreten Einzelfall seines wesentlichen Gehalts beraubt wird. Hingegen ist nach der konkret-individuellen Betrachtungsweise darauf abzustellen, ob in jedem Einzelfall eine Kern-Grundrechtssicherung erhalten bleibt. Die Äußerungen des EuGH lassen bisher keine eindeutige Präferenz für eine der beiden Thesen erkennen, jedoch finden sich in vereinzelten Judikaten Anhaltspunkte zugunsten einer individuellen Bestimmung des unantastbaren Kerngehalts des jeweils betroffenen Gemeinschaftsgrundrechts.[91]

In diesem Kontext ist darauf hinzuweisen, dass die Kasuistik des EuGH zum Zusammenspiel des Verhältnismäßigkeitsgrundsatzes und der Wesensgehaltsgarantie nicht einheitlich ist. Zwar sieht der Gerichtshof die Wesensgehaltssperre überwiegend als eigene Schranken-Schranke neben dem Verhältnismäßigkeitsprinzip an,[92] jedoch behandelt er sie in verschiedenen anderen Judikaten auch als Bestandteil der Proportionalitätsprüfung und setzt sie insoweit mit der Prüfung der Angemessenheit (Übermaßverbot) gleich, ohne ihr einen eigenständigen Bedeutungsgehalt zuzuerkennen.[93]

3.6. Einzelne von der Rechtsprechung des EuGH anerkannte Grundrechte

Im Folgenden wird auf die wichtigsten der von der Judikatur des Europäischen Gerichtshofes entwickelten Grundrechte des Gemeinschaftsrechts, einschließlich der rechtsstaatlichen Prinzipien und der grundrechtsverwandten allgemeinen Grundsätze des Verwaltungsrechts, eingegangen. Es handelt sich hierbei vornehmlich um folgende Rechte: a) Menschenwürde; b) Eigentumsrecht; c) Freiheit

91 Vgl. Urteil vom 13.7.1989, Wachauf, Rs. 5/88, EuGHE 1989, 2609, 2639 f., bezüglich einer entschädigungslosen Enteignung. Siehe dazu: Ingolf Pernice, Gemeinschaftsverfassung und Grundrechtsschutz – Grundlagen, Bestand, Perspektiven, in: NJW 1990, S. 2409, 2416; Theodor Schilling, Bestand und allgemeine Lehren der bürgerschützenden allgemeinen Rechtsgrundsätze des Gemeinschaftsrechts, in: EuGRZ 2000, S. 3, 12.

92 Rudolf Streinz, Bundesverfassungsgerichtlicher Grundrechtsschutz und Europäisches Gemeinschaftsrecht, 1989, S. 422; Urs Schildknecht, Grundrechtsschranken in der Europäischen Gemeinschaft, aaO., S. 92 ff.

93 Urteil vom 5.10.1994, Deutschland./.Rat, Rs. C-280/93, aaO.

wirtschaftlicher Betätigung; d) Meinungs- und Religionsfreiheit; e) Achtung des Privat- und Familienlebens; f) Gleichheitssatz; g) Verhältnismäßigkeitsgrundsatz; h) Verfahrensgrundrechte.

3.6.1. Menschenwürde

An oberster Stelle in der Hierarchie der von der Rechtsprechung des EuGH entwickelten Grundrechte steht die Menschenwürde. Sie repräsentiert das höchste zu achtende und zu schützende individuelle Rechtsgut. Der EuGH bezieht sich auf den Begriff der Menschenwürde zwar nicht ausdrücklich, lässt jedoch in mindestens zwei Anlassfällen ansatzweise durchblicken, dass seine Entscheidung sich letztlich auf die Bindung an einen obersten humanistischen Grundwert stützt, der alle anderen Werte überhöht, auf sie ausstrahlt und sie durchdringt. Den diesbezüglichen Judikaten lag zum einen eine Diskriminierung aufgrund einer Geschlechtsumwandlung,[94] zum anderen ein Verfahren zur Nichtigerklärung einer Richtlinie über den rechtlichen Schutz biotechnologischer Erfindungen[95] zugrunde.

3.6.2. Eigentumsrecht

Aufgrund der überwiegend wirtschaftlichen Natur der Gemeinschaft betrifft ein nicht unwesentlicher Teil der entschiedenen Grundrechtsfälle den Schutz wirtschaftlicher und sozialer Grundrechte. An vorderster Stelle steht dabei das Recht auf Eigentum.

Das Eigentumsrecht weist einen Doppelcharakter auf: Es ist einerseits ein Bestandteil der objektiven Rechts- und Werteordnung eines Gemeinwesens insofern, als Privateigentum als solches zugelassen und geschützt wird, d.h. erworben, genutzt und übertragen werden kann. In diesem Sinne gewährleistet Art. 295 EGV: „Dieser Vertrag lässt die Eigentumsordnung in den verschiedenen Mitgliedstaaten unberührt.“ Andererseits ist das Eigentum ein subjektiv-individuelles Recht, das Aspekte eines Abwehr- und eines Teilhaberechts in sich vereint. Die Jurisprudenz des EuGH bezieht sich fast ausnahmslos auf diesen letzteren Aspekt.

Als Beispiele sei auf drei frühe Urteile des EuGH eingegangen, auf die bereits oben im Zusammenhang mit der Rechtsquellenlehre im Bereich der Grundrechte hingewiesen wurde, nämlich die Urteile in den Rechtssachen Internationale

94 Urteil vom 30.4.1996, P./.S und Cornwall County Council, Rs. C-13/94, EuGHE 1996, I-2143, I-2165.

95 Urteil vom 9.10.2001, Niederlande./. Parlament und Rat, Rs. C-377/98, EuGHE 2001, I-7079, I-7168.

Handelsgesellschaft,[96] Nold[97] und Hauer.[98] Hiervon ist das Urteil in der Sache Hauer besonders erhellend: Der EuGH hat dort zwischen Enteignung, d.h. Entziehung des Eigentums im Sinne eines Verlusts der Substanz des Eigentums, und bloßen Regelungen von dessen Benutzung unterschieden. Enteignungen können nur durch zwingende Erfordernisse des öffentlichen Interesses gerechtfertigt sein, wohingegen bloße Nutzungsbeschränkungen lediglich vernünftige Erwägungen des öffentlichen Interesses zu ihrer Rechtfertigung erfordern. Der Fall Hauer verdient überdies deswegen Beachtung, weil der EuGH in dieser Sache eine vertiefte Analyse der spezifischen Rechtsquellen, die das Eigentumsrecht garantieren, vornahm, nämlich des Art. 1 des Zusatzprotokolls zur Europäischen Menschenrechtskonvention und der einschlägigen Vorschriften in verschiedenen mitgliedstaatlichen Verfassungen.[99]

Anhand der Urteilserwägungen in der Rechtssache Hauer lässt sich besonders gut das Spannungsfeld zwischen dem gemeinschaftlichen Grundrechtsschutz und den wirtschaftlichen Zielsetzungen der Gemeinschaft aufzeigen. Vor allem vor dem Hintergrund des in Art. 4 EGV enthaltenen Bekenntnisses zum „Grundsatz einer offenen Marktwirtschaft mit freiem Wettbewerb“ ist der Schutz des Eigentums hervorzuheben, denn des Funktionieren marktwirtschaftlicher Mechanismen ist nicht ohne das Vorhandensein von Privateigentum an Produktionsmitteln denkbar. Daher verdient der Schutz individueller Eigentumspositionen gegenüber Hoheitsakten der Gemeinschaft spezielles Interesse im Hinblick auf die Verwirklichung der Wirtschaftsziele der Gemeinschaft. Im Einzelnen führt der EuGH in den Entscheidungsgründen des Urteils Hauer aus:

- Hinsichtlich des streitgegenständlichen kommunitären Verbots der Neuanpflanzung von Weinreben könne nicht von einer Entziehung des Eigentums gesprochen werden, da die Eigentümerin noch immer die Verfügungs- und Nutzungsgewalt über das Grundstück innehabe; sie könne dieses veräußern, verwerten, belasten, zerstören oder auf jede andere, nicht untersagte, Art nutzen. Vielmehr handle es sich bei der fraglichen Grundrechtsbeeinträchtigung um eine bloße Regelung der Benutzung des Eigentums.
- Zur Beurteilung der Rechtmäßigkeit dieser Regelung greift der EuGH sodann auf die Verfassungsbestimmungen und die Verfassungspraxis einzelner Mitgliedstaa-

96 Urteil vom 17.12.1970, Rs. 11/70, aaO.
97 Urteil vom 14.5.1974, Rs. 4/73, aaO.
98 Urteil vom 13.12.1979, Rs. 44/79, aaO. Siehe dazu: Ingolf Pernice, Grundrechtsgehalte im europäischen Gemeinschaftsrecht – Ein Beitrag zum gemeinschaftsimmanenten Grundrechtsschutz durch den Europäischen Gerichtshof, 1979, S. 135; Christine von Milczewski, Der grundrechtliche Schutz des Eigentums im Europäischen Gemeinschaftsrecht, 1994, S. 60; Jürgen Michael Thiel, Europa 1992: Grundrechtlicher Eigentumsschutz im EG-Recht, in: JuS 1991, S. 274.
99 Urteil vom 13.12.1979, Rs. 44/79, aaO., 3745.

ten zurück. Er stellt fest, dass es in allen Wein produzierenden Mitgliedstaaten auf nationaler Ebene Regelungen gebe, die der fraglichen gemeinschaftlichen Regelung ähnlich seien. Wenn aber ein nationaler Gesetzgeber befugt sei, die Benutzung des Privateigentums im Gemeinwohlinteresse zu regeln, sollte Entsprechendes auch der Gemeinschaft zustehen. Eine solche Einschränkung sei dann erlaubt, wenn sie dem Interesse des Allgemeinwohls der Gemeinschaft diene und sich in deren Struktur und Ziele einfüge.

- Um feststellen zu können, ob die genannten Voraussetzungen im Anlassfall vorlagen, prüft der Gerichtshof nunmehr, ob das Neuanpflanzungsverbot, das aus strukturpolitischen Gründen im Rahmen der Gemeinsamen Marktorganisation für Wein beschlossen worden war, tatsächlich „dem allgemeinen Wohl dienenden Zielen der Gemeinschaft" entsprach. In diesem Rahmen rekurriert er auf den Verhältnismäßigkeitsgrundsatz und die Wesensgehaltsgarantie zur Eingriffssicherung: Das Neuanpflanzungsverbot dürfe „[keinen] im Hinblick auf den verfolgten Zweck unverhältnismäßigen, nicht tragbaren Eingriff in die Vorrechte des Eigentümers darstellen, der das Eigentumsrecht in seinem Wesensgehalt antastet".[100]

Ergänzend wird darauf hingewiesen, dass jüngeren Entscheidungen des EuGH zufolge Marktanteile als solche grundsätzlich nicht unter das Eigentumsrecht fallen.[101] Jedoch genießt eine Produktionsquote, die ein Erzeuger als Frucht seiner Arbeit und seiner Investitionen erworben hat, den Schutz des Eigentums; demzufolge kann dem Inhaber einer derartigen Quote diese nicht entschädigungslos genommen werden.[102]

3.6.3. Freiheit wirtschaftlicher Betätigung

Die Freiheit wirtschaftlicher Betätigung hat unter verschiedenen Bezeichnungen Eingang in die Rechtsprechung des EuGH gefunden, so etwa als „Freiheit der Arbeit, des Handels und anderer Berufstätigkeiten"[103] oder als Recht auf „freie Berufsausübung".[104] Diese Freiheiten und Rechte konkurrieren in den meisten Anwendungsfällen mit dem Eigentumsrecht. In diesen Fällen neigt der Gerichtshof dazu, dieselben oder ähnliche Kriterien für die Rechtfertigung von Eingriffen in den Schutzbereich der beiden Kategorien von Grundrechten heranzuziehen.

So hat der EuGH in dem *leading case* Hauer mit großer Deutlichkeit ausgesprochen, dass, soweit das Neuanpflanzungsverbot für Weinreben die freie Ausübung des Winzerberufes beeinträchtigen könne, diese Beeinträchtigung allein

100 Urteil vom 13.12.1979, Hauer, Rs. 44/79, aaO., 3747.
101 Urteil vom 23.10.1991, von Deetzen, Rs. C-44/89, EuGHE 1991, I-5119, I-5156.
102 Urteil vom 13.7.1989, Wachauf, Rs. 5/88, aaO.
103 Urteil vom 14.5.1974, Nold, Rs. 4/73, aaO.,507.
104 Urteil vom 13.12.1979, Hauer, Rs. 44/79, aaO., 3750.

auf die Beschränkung der Ausübung des Eigentumsrechts zurückzuführen sei und folglich mit dieser zusammenfalle. Die Einschränkung der freien Ausübung des Winzerberufes sei somit aus den gleichen Gründen gerechtfertigt wie die Einschränkung der Benutzung des Eigentums.[105] In anderen Fällen hat sich der Gerichtshof schlichtweg darauf beschränkt, behauptete Verletzungen des Eigentumsrechts und der Freiheit wirtschaftlicher Betätigung, die sich auf dieselbe faktische Situation bezogen, einfach zusammen zu prüfen.

Ungeachtet des aufgezeigten methodischen Ansatzes tendiert der Gerichtshof dahin, in Bezug auf Rechtfertigungskriterien für Eingriffe in die Berufsfreiheit (ähnlich wie die Rechtsprechung des deutschen Bundesverfassungsgerichts) zwischen der Freiheit des Berufszugangs[106] und der Freiheit der Berufsausübung[107] zu differenzieren. In beiden Fällen unterliegen Eingriffe dem Verhältnismäßigkeitsprinzip, jedoch werden an die Verwirklichung dieses Leitgrundsatzes höhere Anforderungen gestellt, wenn es um den Berufszugang geht – dessen Beschränkungen besonders schwer wirken –, als wenn es sich um bloße Modalitäten der Berufsausübung handelt.[108]

In diesem Zusammenhang ist darauf hinzuweisen, dass die Judikatur des EuGH sogar Ansatzpunkte einer grundrechtswertigen allgemeinen Handlungsfreiheit erkennen lässt.[109] Im Schrifttum ist noch nicht abschließend geklärt, ob diese als Ausweitung der verschiedenen Formen der Freiheit wirtschaftlicher Betätigung, mithin als ökonomisch begründete Annexfreiheit, oder vielmehr als eigenständiges Auffangrecht zu verstehen ist, das subsidiär eingreift, wenn keine spezifische wirtschaftsbezogene Regelung einschlägig ist.[110]

3.6.4. Meinungs- und Religionsfreiheit

Die Freiheit der Meinungsäußerung, einschließlich der Meinungsfreiheit und der Freiheit, Informationen und Ideen zu empfangen und weiterzugeben, ist detailliert in Art. 10 der Europäischen Menschenrechtskonvention geregelt. Es handelt sich hierbei primär um ein intellektuelles Recht, das aber auch kommerzielle As-

---

105 Urteil vom 13.12.1979, Hauer, Rs. 44/79, aaO.

106 Urteil vom 15.10.1987, Unectef./.Heylens, Rs. 222/86, EuGHE 1987, 4097, 4117.

107 Urteil vom 11.7.1989, Schräder, Rs. 265/87, EuGHE 1989, 2237, 2268.

108 Vgl. Udo Ostermann, Entwicklung und gegenwärtiger Stand der europäischen Grundrechte nach der Rechtsprechung des Europäischen Gerichtshofs sowie des Gerichts erster Instanz, aaO., S. 186, mit Nachweisen aus Rechtsprechung und Schrifttum.

109 Urteil vom 21.5.1987, Rau, Rs. 133-136/85, EuGHE 1987, 2289, 2339.

110 Im letzteren Sinne: Walter Pauly, Strukturfragen des unionsrechtlichen Grundrechtsschutzes, in: EuR 1998, S. 242, 254; Theodor Schilling, aaO., S. 14.

pekte umfasst, so das „*right of commercial speech*". Vor diesem Hintergrund überrascht es nicht, dass der Europäische Gerichtshof in einer Vielzahl von Judikaten, die das gemeinschaftsrechtliche Recht auf Meinungs- und Informationsfreiheit betrafen, ausdrücklich auf die vorgenannte Bestimmung der EMRK und einschlägige Urteile des Europäischen Gerichtshofs für Menschenrechte als Rechtserkenntnisquellen zurückgegriffen hat.[111]

Hinsichtlich der rechtssystematischen Einordnung ist die Meinungs- und Informationsfreiheit in erster Linie als subjektives Individualrecht ausgestaltet, manifestiert sich aber auch als objektivrechtliche Institutionengarantie, denn sie kann ihre nützliche Wirkung nicht ohne funktionierende Mechanismen zur Gewährleistung effektiver und unabhängiger Medien in einer demokratisch-pluralistischen Mediengesellschaft entfalten. In dieser Perspektive hat der EuGH aus dem Individualgrundrecht der Meinungs- und Informationsfreiheit zugleich die objektive Verpflichtung der Mitgliedstaaten hergeleitet, für die Pluralismussicherung im Medienbereich Sorge zu tragen.[112]

Die Gewissens- und Religionsfreiheit (gewährleistet in Art. 9 EMRK) hat mit der Meinungs- und Informationsfreiheit gemein, dass sie ein prototypisch intellektuelles Grundrecht verkörpert. Sie war aufgrund der schwerpunktmäßig wirtschaftlichen Ausrichtung der Gemeinschaft bisher nur in wenigen Rechtssachen vor dem EuGH angesprochen, so in einer frühen EG-Bedienstetenstreitigkeit. Der Gerichtshof war in diesem Fall aufgerufen, über die Klage einer Stellenbewerberin zu entscheiden, die sich weigerte, an einem religiöse Feiertag – der kein gesetzlicher Feiertag in Belgien war – an einem Auswahlverfahren teilzunehmen. Der EuGH unterstrich den hohen Stellenwert der Gewissens- und Religionsfreiheit in der Gemeinschaftsrechtsordnung, wies jedoch das Klagebegehren mit der Begründung zurück, die Kandidatin habe es unterlassen, die Anstellungsbehörde rechtzeitig von ihren religiösen Überzeugungen in Kenntnis zu setzen.[113]

---

111 Nachweise bei Udo Ostermann, aaO., S. 169.

112 Urteil vom 26.6.1997, Familiapress, Rs. C-368/95, EuGHE 1997, I-3689, I-3715 ff.; vgl. auch Urteil vom 25.7.1991,Gouda,Rs. C-288/89, EuGHE 1991, I-4007, I-4043; Jürgen Kühling, Grundrechtskontrolle durch den EuGH: Kommunikationsfreiheit und Pluralismussicherung im Gemeinschaftsrecht, in: EuGRZ 1997, S. 296.

113 Urteil vom 27.10.1976, Prais, Rs. 130/75, EuGHE 1976, 1589, 1598 f. Siehe dazu: Winfried Bausback, Religions- und Weltanschauungsfreiheit als Gemeinschaftsgrundrecht, in: EuR 2000, S. 261.

3.6.5. Achtung des Privat- und Familienlebens

Entsprechend dem Schwerpunkt des Tätigkeitsfeldes der Gemeinschaft ist der Schutz des Privat- und Familienlebens in der Rechtsprechung des EuGH nur schwach ausgeprägt. Abgesehen von einem Fall, der die heimliche Durchführung eines AIDS-Tests und damit die Verletzung des Anspruchs auf Geheimhaltung des Gesundheitszustandes betraf,[114] sind die Anlassfälle fast ausnahmslos mit der Ausübung der Marktfreiheiten oder den Wettbewerbsregeln verknüpft. Dies erklärt sich nicht zuletzt daraus, dass der Gerichtshof den Begriff „Privatleben" derart weit auslegt, dass berufliche Tätigkeiten grundsätzlich davon nicht ausgenommen sind.[115]

So kann etwa das Grundrecht auf Achtung des Familienlebens durch Erschwernisse im Bereich des Nachzugsrechts für die Familienangehörigen von Wanderarbeitnehmern tangiert werden. Eine derartige, unzulässige, Erschwernis kann beispielsweise darin bestehen, dass der Familiennachzug an die Voraussetzung geknüpft wird, dass die Familie im Gastland über eine den normalen Anforderungen des Gastlandes entsprechende Wohnung verfügt.[116]

Das Recht auf Vertraulichkeit der Korrespondenz zwischen einem Rechtsanwalt und seinem Mandanten, das im Rechtskreis des Common Law als „*legal privilege*" bekannt ist und dort als wesentliche Ausprägung des Leitprinzips des „*due process*" angesehen wird, wurde vom EuGH im Zusammenhang mit den Untersuchungsbefugnissen der Kommission im europäischen Wettbewerbsrecht als Gemeinschaftsgrundrecht anerkannt, sofern es sich bei der Vertrauensperson um einen unabhängigen, d.h. nicht vom Mandaten angestellten, Anwalt handelt. Der Kommission wurde folglich untersagt, in die vertraulichen Unterlagen Einblick zu nehmen und diese für das Untersuchungsverfahren zu verwerten.[117]

---

114 Urteil vom 5.10.1994, X./.Kommission, Rs. C-404/92, EuGHE 1994, I-4737, I-4789.

115 Urteil vom 20.5.2003, Österreichischer Rundfunk, Rs. C-465/00, C-138/01 und C-139/01,EuGHE 2003, I-4989, I-5043.

116 Urteil vom 18.5.1989, Kommission./.Deutschland, Rs. 249/86, EuGHE 1989, 1263, 1290. In diesem Urteil legte der EuGH die einschlägigen (mittlerweile aufgehobenen) sekundärrechtlichen Vorschriften über das Nachzugsrecht restriktiv in dem Sinne aus, dass das Erfordernis, in angemessenen Wohnverhältnissen zu leben, zwar bei der ersten Erteilung der Aufenthaltserlaubnis für die Familienangehörigen, nicht aber bei deren Verlängerung geltend gemacht werden durfte.

117 Urteil vom 18.5.1982, AM&S, Rs. 155/79, EuGHE 1982, 1575, 1610 f. In methodischer Hinsicht mag es erstaunen, dass der Gerichtshof in diesem Urteil zur Annahme eines (verfahrensrechtlichen) Gemeinschaftsgrundrechts gelangte. Tatsächlich findet sich kein entsprechendes Recht in der EMRK. Außerdem kann schwerlich von „gemeinsamen Verfassungsüberlieferungen der Mitgliedstaaten" gesprochen werden kann, wenn lediglich zwei Staaten mit Common Law-Tradition (Vereinigtes

Auf einer ähnlichen Linie liegt das EuGH-Urteil in der Rechtssache „Hoechst“ betreffend die Untersuchungsbefugnisse der Kommission als europäische Wettbewerbsaufsichtsbehörde. Der Gerichtshof beschritt einen rechtsmethodisch einwandfreien und ergebnisbezogen salomonischen Mittelweg, indem er, gestützt auf eine rechtsvergleichende Analyse der (damals zwölf) mitgliedstaatlichen Rechtsordnungen, zwar der Unverletzlichkeit von Privatwohnungen, nicht hingegen von Geschäftsräumen Grundrechtsschutz zuerkannte. Nur erstere sind als Bestandteil des Privatlebens grundsätzlich vor behördlichen Durchsuchungen geschützt, während Eingriffe in die Integrität von Geschäftsräumen lediglich gewissen Verfahrensgarantien und dem beherrschenden Grundsatz der Verhältnismäßigkeit unterliegen.[118]

3.6.6. Gleichheitssatz

Eine herausragende Rolle spielt in der Gemeinschaftsrechtsordnung der allgemeine Gleichheitssatz, der als übergreifendes Rechtsprinzip die verschiedenen Diskriminierungsverbote der Verträge umfasst. Wie schon oben (Punkt 3.3.5) angedeutet, enthält das geschriebene Gemeinschaftsrecht zwar verschiedene mehr oder weniger spezifische Gleichbehandlungsgebote, kennt jedoch – ebenso wie die Europäische Menschenrechtskonvention – keinen abstrakt-generellen Gleichheitssatz. Dieser musste vielmehr erst vom EuGH rechtsschöpferisch ausgeformt werden.

Im Rahmen dieses prätorischen Prozesses setzte der EuGH bemerkenswerterweise nicht bei einer vergleichenden Gesamtschau einzelner Vertragsbestimmungen an, sondern anerkannte den Gleichheitssatz als Bestandteil der allgemeinen Grundsätze des Gemeinschaftsrechts, der zu den Grundlagen dieses Rechts gehöre und in den einzelnen Bereichen spezifische Ausprägungen erfahren habe. Über die in den Gemeinschaftsverträgen enthaltenen spezifischen Diskriminierungsverbote hinaus spezifizierte der Gerichtshof als Ausprägungen die „Gleichheit der Betroffenen vor der Wirtschaftsgesetzgebung.“[119] und den „Grundsatz

Königreich und Irland) in ihren nationalen Rechtsordnungen ein „*legal privilege*“ garantieren. Siehe dazu Claudia Seitz, Der Vertraulichkeitsschutz der Anwaltskorrespondenz im europäischen Wettbewerbsverfahren – zu Umfang und Ausgestaltung des Anwaltsgeheimnisses nach der neueren europäischen Rechtsprechung, in: EuZW 2008, S. 204.

118 Urteil vom 21.9.1989, Hoechst, Rs. 46/87 und 227/88, EuGHE 1989, 2859, 2924. Siehe auch oben Punkt 3.2.2.2. („Zu den mitgliedstaatlichen Verfassungsüberlieferungen“).

119 Urteil vom 21.6.1958, Groupement des Hauts Fourneaux et Aciéries belges, Rs. 8/57, EuGHE 1958, 233.

der Gleichheit vor den öffentlichen Lasten".[120] In seiner allgemeinsten Definition besagt der Gleichheitssatz, dass eine unterschiedliche Behandlung nur zulässig ist, „wenn [sie] einer unterschiedlichen Lage entspricht".[121] *Vice versa* dürfen „vergleichbare Sachverhalte nicht unterschiedlich behandelt werden, es sei denn, dass eine Differenzierung objektiv gerechtfertigt wäre".[122] Es liegt auf der Hand, dass die angeführten Formulierungen nur aussagekräftig sind, sofern beide Vergleichssachverhalte im Anwendungsbereich des Gemeinschaftsrechts liegen.

Verletzungen des Gleichheitssatzes werden, wenn die Diskriminierung eine ungerechtfertigte Belastung bewirkt, dadurch beseitigt, dass die diskriminierende Maßnahme durch Richterspruch – je nach Verfahrensart – für „nichtig", „ungültig" oder „unanwendbar" erklärt wird. Dagegen kann bei der Fallgestaltung, dass die Diskriminierung in der Versagung einer Begünstigung besteht, dem Anliegen der Betroffenen nach eigener Besserstellung nicht durch Annullierung der diskriminierenden Regelung entsprochen werden, da damit die Begünstigung allen Berechtigten entzogen würde. Andererseits aber steht die Befugnis der rechtsprechenden Gewalt in Frage, die erstrebte Vergünstigung selbst zu gewähren, da in der Regel mehrere Möglichkeiten bestehen, die Gleichbehandlung wiederherzustellen. Der Gerichtshof hat das Dilemma in der Weise gelöst, dass er die diskriminierende Vorschrift lediglich mit dem Gleichheitssatz für unvereinbar erklärt und den zuständigen politischen Organen aufgegeben hat, die Gleichbehandlung nach ihrer Wahl in eigener Beurteilung der maßgeblichen wirtschaftlichen und politischen Gesichtspunkte wiederherzustellen.[123]

3.6.7. Verhältnismäßigkeitsgrundsatz

Der Grundsatz der Verhältnismäßigkeit als Mittel zur rechtsstaatlich gebotenen Begrenzung hoheitlicher Macht ist ein zentraler Bestandteil jeder nationalen Rechtsordnung. Im Europarecht wurzelt er bereits in der frühen Rechtsprechung

120 Urteil vom 13.7.1961, Meroni, Rs. 14, 16, 17, 20, 24, 26, 27/60, und 1/61, EuGHE 1961, 347, 364 f.

121 Urteil vom 21.6.1958, Groupement des Hauts Fourneaux et Aciéries belges, aaO.

122 Urteil vom 19.10.1977, „Quellmehl", Rs. 117/76 und 16/77, EuGHE 1977, 1753, 1770 f.; Urteil vom 19.10.1977, „Maisgritz", Rs. 124/76 und 20/77, EuGHE 1977, 1795, 1812 f.

123 Ebenda. Unverkennbar ist die Parallele zur Praxis des Bundesverfassungsgerichts, das sich in Fällen, in denen dem Gesetzgeber „mehrere Wege offen [stehen], die von der Verfassung geforderte Gleichheit herzustellen", sogar mit der bloßen Feststellung der Verfassungswidrigkeit begnügt und von einer Nichtigerklärung absieht (z. B. BVerfGE Bd. 22, S. 361; Bd. 23, S. 10; Bd.25, S. 252).

des EuGH.[124] Zunächst kam ihm dabei eine Ersatzfunktion für den damals noch nicht anerkannten Schutz grundrechtswürdiger Individualinteressen zu; er wurde im weitesten Sinn als Ausdruck des übergreifenden Prinzips der Gerechtigkeit verstanden.

In diesem Sinne führte der EuGH in dem Urteil Klöckner und Hoesch aus, dass „die erstrebten Ziele unter den günstigsten Bedingungen und unter möglichst geringen Opfern für die betroffenen Unternehmen" zu erreichen seien.[125] In einer späteren Rechtssache judizierte er, die Organe der Gemeinschaft hätten bei der Wahrnehmung ihrer Befugnisse darüber zu wachen, dass „die den Wirtschaftsteilnehmern auferlegten Belastungen nicht das Maß übersteigen, das erforderlich ist, damit die Verwaltung die ihr gesteckten Ziele zu erreichen vermag."[126]

Bildete der Verhältnismäßigkeitsgrundsatz anfänglich schlichtweg ein Korrektiv gegen exzessive Auswirkungen übermäßig rigiden Rechts, so entwickelte er sich schrittweise zu einem eigenen kommunitären Leitprinzip mit Grundrechts- oder zumindest grundrechtsähnlichem Gehalt. Dies lässt die nachstehende umfassende Definition in dem Urteil in der Rechtssache Schräder erkennen: „Maßnahmen, durch die den Wirtschaftsteilnehmern finanzielle Belastungen auferlegt werden, [sind] nur rechtmäßig, wenn sie zur Erreichung der zulässigerweise mit der fraglichen Regelung verfolgten Ziele geeignet und erforderlich sind. Dabei ist, wenn mehrere geeignete Maßnahmen zur Auswahl stehen, die am wenigsten belastende zu wählen; ferner müssen die auferlegten Belastungen in angemessenem Verhältnis zu den angestrebten Zielen stehen."[127]

Betrachtet man die zitierte Definition, so lässt sich unschwer erkennen, dass sie deutlich weiter reicht als der Anwendungsbereich der Vertragsvorschrift des Art. 5 Abs. 3 EGV, der die Ausübung der Gemeinschaftszuständigkeiten auf das beschränkt, was für die Erreichung der Ziele des EG-Vertrags erforderlich ist.[128] Diese Kompetenznorm beschränkt den Verhältnismäßigkeitstest strikt auf die erste und zweite Prüfungsebene (Geeignetheit und Erforderlichkeit der Maßnahme), unter Ausschluss der dritten Ebene (Angemessenheit der Maßnahme, d.h. Übermaßverbot).

---

124 Zum ersten Mal wurde das Verhältnismäßigkeitsprinzip in dem Urteil „Fedechar" erwähnt: Urteil vom 29.11.1956, Fédération Charbonnière de Belgique./.Hohe Behörde, Rs. 8/55, EuGHE 1955/56, 297, 311.

125 Urteil vom 13.7.1962, Klöckner und Hoesch, Rs. 17/61 und 20/61, EuGHE 1962, 653, 686.

126 Urteil vom 24.10.1973, Balkan, Rs. 5/73, EuGHE 1973, 1091, 1112; Urteil vom 24.10.1973, Schlüter, Rs. 9/73, EuGHE 1973, 1135, 1155.

127 Urteil vom 11.7.1989, Schräder, Rs. 265/87, EuGHE 1989, 2237, 2269. Siehe dazu auch oben Punkt 3.5.3.1. („Schranken-Schranke der Verhältnismäßigkeit").

128 Art. 5 Abs. 3 EGV lautet *verbatim*: „Die Maßnahmen der Gemeinschaft gehen nicht über das für die Erreichung der Ziele dieses Vertrags erforderliche Maß hinaus".

Die vorangehenden Ausführungen sollten verdeutlicht haben, dass dem Verhältnismäßigkeitsgrundsatz nicht nur – wie oben (Punkt 3.5.3.1.) dargestellt – als Schranken-Schranke bei Eingriffen in den Schutzbereich von Grundrechten, sondern auch in seiner Ausprägung als selbstständiger allgemeiner Rechtsgrundsatz mit Grundrechtswertigkeit[129] eine subjektivrechtliche Schutzfunktion zukommt; er begrenzt Eingriffe in individuelle Rechte.[130]

3.6.8. Verfahrensgrundrechte

Einen herausragenden Stellenwert nehmen in Fallrecht des EuGH auch die grundrechtsverwandten allgemeinen Grundsätze der Rechtsstaatlichkeit und des Verfahrensrechts („*due process*"),[131] an erster Stelle die folgenden Grundsätze, ein: a) Rechtssicherheit; b) Vertrauensschutz; c) Rechtliches Gehör; d) Recht, sich nicht selbst belasten zu müssen; e) Verbot der Doppelbestrafung. Auf den Grundsatz der Vertraulichkeit des Schriftverkehrs zwischen einem Rechtsanwalt und seinem Mandanten wird an dieser Stelle nicht nochmals eingegangen; insoweit wird auf die obigen Ausführungen im Rahmen von Punkt 3.6.5. („Achtung des Privat- und Familienlebens") verwiesen.

---

129 Vgl. Udo Ostermann, Entwicklung und gegenwärtiger Stand der europäischen Grundrechte nach der Rechtsprechung des Europäischen Gerichtshofs sowie das Gerichts erster Instanz, aaO., S. 198 f., mit Hinweis u. a. auf Ingolf Pernice/Franz Mayer, in: Eberhard Grabitz/Meinhard Hilf, Das Recht der Europäischen Union, Kommentar, nach Art. 6 EUV, Rdnr. 306. Vgl. auch Urs Schildknecht, Grundrechtsschranken in der Europäischen Gemeinschaft, 2000, S. 49.

130 Im Zusammenhang mit der Verhältnismäßigkeitsprüfung ist dem EuGH immer wieder vorgeworfen worden, er lege nur Lippenbekenntnis zum Verhältnismäßigkeitsprinzip ab, es fehle ihm aber der Mut zur Kassation. Überdies führe die Abwägung zwischen dem Privatinteresse der Grundrechtsbetroffenen und dem Gemeinschaftsinteresse zu einer systematischen Verzerrung zugunsten der Gemeinschaft und zu Lasten der Einzelnen. Kritisiert wird vor allem, dass der EuGH keine stringente Festlegung des Schutzbereichs der Grundrechte und keine Ermittlung und Bewertung geschützter Individualinteressen vornehme, sondern stattdessen häufig sogleich zu der Frage übergehe, ob die angegriffene Maßnahme vom Gemeinschaftsinteresse getragen sei und damit dem Allgemeinwohl diene. Siehe auch Manfred A. Dauses, Grundrechte als Elemente einer Verfassungsordnung der Europäischen Union, in: Winfried Böttcher, Europäische Perspektiven, 2002, S. 29, 38. Vgl. Uwe Kischel, Die Kontrolle der Verhältnismäßigkeit durch den Europäischen Gerichtshof, in: EuR 2000, S. 380; Martin Nettesheim, Grundrechtliche Prüfdichte durch den EuGH, in: EuZW 1995, S. 106.

131 Zu diesem Problemkreis siehe allgemein: Jürgen Schwarze, Europäisches Verwaltungsrecht – Entstehung und Entwicklung im Rahmen der Europäischen Gemeinschaft, 1988.

3.6.8.1. Rechtssicherheit

Das Prinzip der Gerechtigkeit steht an der Spitze der Rechtsnormenpyramide. Es kann jedoch nicht isoliert betrachtet werden, sondern muss im Zusammenhang mit anderen rechtlichen Leitprinzipien, vornehmlich dem Grundsatz der Rechtssicherheit, gewürdigt werden: Im Konfliktfall muss „dieser Gerechtigkeitsgrundsatz ... mit dem Grundsatz der Rechtssicherheit in Einklang gebracht werden, der gleichfalls auf Erfordernissen von Gerechtigkeit und Wirtschaftlichkeit beruht. Die beiden genannten Grundsätze müssen so aufeinander abgestimmt werden, dass sie allen der Hoheitsgewalt der Gemeinschaft unterworfenen Personen ein Mindestmaß an Opfern abverlangen".[132]

Rechtssicherheit ist mithin ein Bestandteil formeller Gerechtigkeit. Der Grundsatz erfordert, dass die für die Beantwortung einer Rechtsfrage einschlägigen Rechtsnormen inhaltlich zumindest in Grundzügen bereits feststehen, bevor die Entscheidung getroffen wird. Diese soll transparent und berechenbar sein, was auf ein Gebot der Vorhersehbarkeit der Handlungen sowohl der Gemeinschaft/Union als auch der mitgliedstaatlichen Stellen im Anwendungsbereich des Gemeinschafts-/Unionsrechts hinausläuft.[133] Die Rechtsunterworfenen sollen ihrer Rechte sicher sein und auf dieser Grundlage in der Lage sein, Dispositionen zu treffen.[134]

Das Prinzip der Rechtssicherheit manifestiert sich in verschiedenen Ausprägungen und Zusammenhängen. So können etwa rechtswidrige begünstigende Verwaltungsakte „in bestimmten Fällen mit Rücksicht auf wohlerworbene Rechte nicht ex tunc", also rückwirkend, widerrufen werden.[135] Die rückwirkende Inkraftsetzung einer Verordnung kann nicht die Rechte von Personen schmälern, deren Ansprüche vor Verkündung der Verordnung entstanden sind.[136] Außer in strafrechtlichen oder ähnlichen (z.B. disziplinarrechtlichen) Fällen[137] gilt das Rückwirkungsverbot für belastende Regelungen jedoch nicht absolut, sondern kann aus Gründen des öffentlichen Interesses eingeschränkt

132 Urteil vom 13.7.1962, Klöckner und Hoesch, aaO.

133 Vgl. Dieter Feger, Die Normsetzung auf dem Gebiet der Grundrechte in den Europäischen Gemeinschaften – Der Europäische Gerichtshof (EuGH) als Rechtsetzungsorgan, in: DÖV 1987, S. 322.

134 Urteil vom 6.12.2001, Area Cova, Rs. T-196/99, EuGE 2001, II-3597, II-3631 ff.; Urteil vom 6.3.2003, Kommission./.Luxemburg, Rs. C-478/01, EuGHE 2003, I-2351, I-2366.

135 Urteil vom 1.6.1961, Simon, Rs. 15/60, EuGHE 1961, 239, 259 f.; Urteil vom 13.7.1965, Lemmerz-Werke, Rs. 111/63, EuGHE 1965, 893, 911.

136 Urteil vom 15.7.1964, van der Veen, Rs. 100/63, EuGHE 1964, 1219, 1233 f.

137 In diesen Fällen gilt das strikte Verbot des „*nullum crimen sine lege*" bzw. „*nulla poena sine lege*", vgl. Art. 7 EMRK.

werden; Ausnahmen kommen in Betracht, sofern das Ziel der Maßnahme es verlangt und dem berechtigten Vertrauen der betroffenen Personen Rechnung getragen wird.[138]

3.6.8.2. Vertrauensschutz

Das Prinzip der Rechtssicherheit ist eng verwandt mit dem Grundsatz des Vertrauensschutzes; beide gehen oft Hand in Hand.[139] Rechtssicherheit und Vertrauensschutz einerseits und der Grundsatz der Gesetzmäßigkeit andererseits stehen wiederum in einem Spannungsverhältnis zueinander, so dass durch Abwägung des öffentlichen Interesses gegen die auf dem Spiel stehenden Privatinteressen festzustellen ist, welcher dieser Grundsätze im Einzelfall überwiegt.[140]

Mit dem Grundsatz des Vertrauensschutzes, der nach der Rechtsprechung des EuGH insbesondere im Bereich der Eigentumssicherung eine bedeutende Rolle spielt, sollen die Wirtschaftsteilnehmer vor einer nachträglichen Entwertung ihrer im Vertrauen auf die bestehende Rechtslage erworbenen Rechtsposition oder getroffenen Dispositionen geschützt werden. Ein solcher Schutz kann aber nur entstehen, wenn die Gemeinschaft oder eine mitgliedstaatliche Stelle im Anwendungsbereich des Gemeinschaftsrechts durch ihr Handeln oder Unterlassen einen Vertrauenstatbestand geschaffen hat, auf den die Einzelnen sich berechtigterweise berufen können. Hinzu kommt als weitere Voraussetzung, dass eine gesicherte Rechtsposition zugunsten des Einzelnen geschaffen wurde, was dann nicht der Fall ist, wenn die Gemeinschaft oder der betreffende Mitgliedstaat die bestehende Rechtslage jederzeit zu Lasten des Betroffenen abändern kann und ein umsichtiger Wirtschaftsteilnehmer mit einer derartigen Änderung rechnen muss.[141]

---

138 Urteil vom 21.2.1991, Zuckerfabrik Süderdithmarschen, Rs. C-143/88 und C-92/89, EuGHE 1991, I-415, I-548. Angemerkt sei in diesem Zusammenhang, dass die so genannte „unechte Rückwirkung" (Retrospektivität), d.h. die Situation, dass eine neue Regelung auf die künftigen Folgen von Sachverhalten angewandt wird, die unter der Geltung der früheren Regelung entstanden waren, von der Rechtsprechung des EuGH bzw. EuG nicht als eine Frage der Rückwirkungsproblematik (Retroaktivität) verstanden wird: Urteil vom 6.12.2001, Area Cova, aaO.

139 Hans-Werner Rengeling/Peter Szczekalla, Grundrechte in der Europäischen Union – Charta der Grundrechte und allgemeine Rechtsgrundsätze, 2004, S. 450.

140 Urteil vom 22.3.1961, SNUPAT, Rs. 42/59 und 45/59, EuGHE 1961, 109, 172.

141 Urteil vom 14.5.1975, CNTA, Rs. 74/74, EuGHE 1975, 533, 548 f.; Urteil vom 27.9.1979, Eridania, Rs. 230/78, EuGHE 1979, 2749, 2768 f.; Urteil vom 21.9.1983, Deutsche Milchkontor, Rs. 205-215/82, EuGHE 1983, 2633, 2664 f.; Urteil vom 19.5.1992, Mulder und Heinemann, Rs. C-104/89 und C-37/90, EuGHE 1992, I-3061, Rdnr. 13 ff; Urteil vom 15.4.1997, Irish Farmers Association, Rs. C-22/94, EuGHE 1997, I-1809, I-1839 f.

Diese Feststellung impliziert, dass grundsätzlich kein individuelles Recht auf den Fortbestand eines einmal verliehenen wirtschaftlichen Vorteils besteht.[142]

Zusammenfassend können die Voraussetzungen für den Eintritt eines gemeinschaftsrechtlichen Vertrauenstatbestandes mithilfe folgender Kriterien definiert werden:[143]

- Bestehen einer Vertrauenslage, die von der Gemeinschaft oder den Mitgliedstaaten im Anwendungsbereich des Gemeinschaftsrechts geschaffen wurde;
- Schutzwürdigkeit des Vertrauens in dem Sinne, dass nur gesicherte Rechtspositionen, d.h. solche, die nicht durch die zuständigen Stellen im Rahmen ihres Ermessens geändert werden können, Vertrauensschutz genießen;
- Abwägung des Individualinteresses mit dem Gemeinschaftsinteresse, d.h. nur bei Überwiegen des Individualinteresses kann das Vertrauen schutzwürdig sein.

3.6.8.3. Rechtliches Gehör

Ein kommunitäres Leitprinzip verfahrensrechtlicher Natur ist das Recht auf ein faires Verfahren („*due process*"), welches eine notwendige Ergänzung der allgemeinen Grundsätze des materiellen Gemeinschaftsrechts bildet. Einschlägige Rechtserkenntnisquellen finden sich sowohl in Bestimmungen der Europäischen Menschenrechtskonvention (Art. 6: Recht auf ein faires Verfahren; Art. 13: Recht auf eine wirksame Beschwerde) als auch in den Verfassungsordnungen verschiedener EU-Mitgliedstaaten.[144] Es mag dahingestellt bleiben, ob es sich bei dem Recht auf ein faires Verfahren um ein prozedurales Grundrecht oder vielmehr ein grundlegendes Verfahrensrecht im Rang eines Grundrechts handelt.[145]

Unverkennbar hat dieses Recht, insbesondere in der Ausprägung als „Recht auf rechtliches Gehör",[146] tragende Bedeutung in der Rechtsprechung des EuGH erlangt. Als solches ist es nicht nur in Verfahren vor dem Gerichtshof selbst, sondern auch in Verwaltungsverfahren vor den Gemeinschaftsorganen und -ein-

142 Urteil vom 6.12.2001, Area Cova, aaO., II-3637 ff.

143 Vgl. Hans-Werner Rengeling, Grundrechtsschutz in der Europäischen Gemeinschaft, 1993, S. 49.

144 Z.B. Art. 19 Abs. 4 Satz 1 des deutschen Grundgesetzes, der gegen alle Akte öffentlicher Gewalt den „Rechtsweg" garantiert.

145 Urteil vom 29.6.1994, Fiskano, Rs. C-135/92, EuGHE 1994, I-2885, I-2909.

146 Englisch: „*right to a hearing*". Die französische Rechtsdoktrin hingegen verwendet vorzugsweise den Begriff „*droits de la défense*". Dieser Terminus hat einerseits einen weiteren gegenständlichen Bedeutungsgehalt als jener des „Rechts auf rechtliches Gehör", beschränkt aber andererseits den Schutz *ratione personae* auf die Rechte des Beklagten im Verfahren.

richtungen zu beachten. Hier erfordert es, dass „den betroffenen Unternehmen im Laufe des Verwaltungsverfahrens Gelegenheit zu geben [ist], zum Vorliegen und zur Erheblichkeit der behaupteten Tatsachen und Umstände sowie zu den ... herangezogenen Unterlagen Stellung zu nehmen“. Können solche Tatsachen und Umstände, etwa aus Gründen der Wahrung des Geschäftsgeheimnisses, nicht weitergegeben werden, so dürfen sie nicht berücksichtigt werden, wenn die betroffenen Unternehmen dadurch in ihrer Verteidigung beschränkt würden.[147]

Das Recht auf rechtliches Gehör schließt das Recht auf Akteneinsicht (Zugang zu den relevanten Dokumenten) als vorbereitendes Hilfsrecht ein.[148]

3.6.8.4. Recht, sich nicht selbst belasten zu müssen

Das Recht, sich nicht selbst belasten zu müssen, insbesondere nicht gezwungen zu sein, gegen sich selbst auszusagen, ist gewissermaßen die Kehrseite des Rechts auf rechtliches Gehör. Ein vergleichender Überblick über die Verfassungsordnungen der Mitgliedstaaten lässt erkennen, dass in diesen Staaten sehr unterschiedliche Regelungen über das Bestehen bzw. den Inhalt und Umfang eines Auskunftsverweigerungsrechts in eigener Sache gelten. Die Rechtssysteme variieren hinsichtlich des Kreises der privilegierten Personen (nur natürliche Personen oder auch juristische Personen), der Verfahrensart (nur Strafverfahren, Disziplinarverfahren und ähnliche Verfahren oder aber auch privat- und verwaltungsrechtliche Streitigkeiten) sowie des normenhierarchischen Rangs der anwendbaren Verbotsvorschriften (Verfassungsrecht oder einfaches Recht).

Vor dem Hintergrund dieser nationalen Regelungsdiversität geht der Gerichtshof von einem abgestuften gemeinschaftsrechtlichen Schutz aus: *Ratione personae* beschränkt sich dieser auf natürliche Personen; *ratione materiae* greift er nur im Rahmen von Straf- oder vergleichbaren Verfahren, unter Ausschluss von Verfahren zur Sanktionierung von Zuwiderhandlungen wirtschaftlicher Natur, insbesondere auf dem Gebiet des Wettbewerbsrechts.[149] Keinesfalls kann ein Verbot der Selbstbezichtigung in Verfahren eingewandt werden, die ausschließlich privatrechtliche Beziehungen betreffen und nicht zur Verhängung straf- oder verwaltungsrechtlicher Sanktionen führen können, selbst wenn der Betroffene damit eine Zuwiderhandlung gegen Wettbewerbsvorschriften eingestehen müsste. Das Auskunftsverweigerungsrecht „dient nämlich hauptsächlich dazu, den einzelnen vor Ermittlungsmaßnahmen zu schützen, die von hoher Hand angeordnet wer-

---

147 Urteil vom 13.2.1979, Hoffmann -La Roche, Rs. 85/76, EuGHE 1979, 461, 511.

148 Vgl. Urteil vom 19.2.1998, Eyckeler und Malt, Rs. T-42/96, EuGE 1998, II-401, II-425.

149 Urteil vom 18.10.1989, Orkem ·/· Kommission, Rs. 374//87, EuGHE 1989, 3283, 3348 ff.

den, um ihn zu zwingen, Verhaltensweisen einzugestehen, für die ihm straf- oder verwaltungsrechtliche Sanktionen drohen.[150]

Unternehmen in Kartellverfahren vor der Kommission genießen mithin nur bedingten Schutz im Hinblick auf eine mögliche Verpflichtung, sich selbst zu belasten. Die Judikatur des EuGH stellt diese Personen jedoch keinesfalls völlig schutzlos. So darf die Kommission von einem Unternehmen nicht verlangen, dass es Zuwiderhandlungen eingesteht, für die die Kommission den Beweis zu erbringen hat.[151]

3.6.8.5. Verbot der Doppelbestrafung

Sanktionen in gemeinschaftlichen Disziplinarverfahren oder Bußgeldverfahren stehen unter der Maxime „*ne bis in idem*" (Verbot der Doppelbestrafung),[152] die ursprünglich für das Strafverfahren entwickelt wurde.

Das Verbot der Doppelbestrafung gilt allerdings nicht unmittelbar im Verhältnis von Sanktionen nach Gemeinschaftsrecht zu solchen des nationalen Rechts wegen Verstoßes gegen Wettbewerbsvorschriften, denn Gemeinschaftsrecht und innerstaatliches Recht bilden zwar interdependente, aber gleichwohl voneinander getrennte Rechtskreise. Allerdings folgt aus der engen Interdependenz, dass die Kommission als Gemeinschaftskartellbehörde bei der Zumessung einer nach Gemeinschaftsrecht zu verhängenden Geldbuße die Sanktionen berücksichtigen muss, die für denselben Sachverhalt bereits in einem Mitgliedstaat aufgrund nationalen Rechts auferlegt wurden.[153]

Zu beachten ist, dass das Verbot der Doppelbestrafung es nicht ausschließt, dass neben einer Verurteilung in einem Strafverfahren (bzw. Bußgeldverfahren) zivilrechtliche Schadensersatzansprüche geltend gemacht werden.[154]

150 Urteil vom 10.11.1993, Otto ·/· Postbank, Rs. C-60/92, EuGHE 1993, I-5686, I-5711 f.

151 Urteil vom 18.10.1989, Orkem ·/· Kommission, Rs. 374/87, aaO., 3351.

152 Urteil vom 15.3.1967, Gutmann, Rs. 18/65 und 35/65, EuGHE 1967, 79, 88.

153 Urteil vom 13.2.1969, Walt Wilhelm u.a./.Bundeskartellamt, Rs. 14/68, EuGHE 1969, 1, 15; Urteil vom 14.12.1972, Boehringer./.Kommission, Rs. 7/72, EuGHE 1972, 1280, 1290.

154 Urteil vom 11.2.2003, Gözütok und Brügge, Rs. C-187/01 und C-385/01, EuGHE 2003, I-1345, I-1395.

4. Vom Richterrecht des EuGH zur Europäischen Grundrechtecharta

Gerichtliches Fallrecht kann zwar den Erfordernissen konkreter Einzelfallgerechtigkeit entsprechen, kann jedoch keine fallübergreifende, umfassende Kodifizierung ersetzen. Dessen wurden sich die Gemeinschaftsorgane und die EU-Mitgliedstaaten spätestens im Zuge der Tendenzen einer Konstitutionalisierung der Europäischen Union schmerzlich bewusst. Dieser Prozess gab Anlass zu Überlegungen über die Verabschiedung eines einheitlichen, in sich geschlossenen Grundrechtskatalogs, was zur Einsetzung und Mandatierung eines eigenen Grundrechtskonvents und, als Ergebnis der Arbeit dieses Konvents, zur schließlichen Proklamation einer sogenannten „Grundrechtecharta" führte.

Im Folgenden sollen der Entstehungsprozess, die Rechtsnatur und der wesentliche Inhalt der Grundrechtecharta dargestellt werden.

4.1. Entstehungsprozess der Grundrechtecharta[155]

Am 4.6.1999 sprach sich der Europäische Rat auf seiner Tagung in Köln dafür aus, die auf der Ebene der Europäischen Union geltenden oder gelten sollenden Grundrechte in einer Charta zusammenzufassen, um so dem wachsenden Kodifikations- und Legitimationsbedürfnis auf europäischer Ebene Rechnung zu tragen.[156] Zu diesem Zweck wurde unter dem Vorsitz des ehemaligen deutschen Bundespräsidenten Roman Herzog ein aus 64 Mitgliedern bestehender Konvent mit dem Auftrag eingesetzt, eine Charta der Grundrechte auszuarbeiten. Die Kodifizierung sollte an erster Stelle die bereits geltenden Rechte, die in den Verträgen sporadisch enthalten sind oder aus der Rechtsprechung des EuGH hervorgehen, widerspiegeln und dem Bürger sichtbar machen. Aber auch den neueren Entwicklungen der Union angepasste innovative Grundrechte sollten in der Charta verankert werden, die im Übrigen neben den bürgerlich-liberalen auch soziale Grundrechte verbriefen sollte.[157]

155 Siehe dazu allgemein: Gráinne de Búrca, The Drafting of the European Union Charter of Fundamental Rights, in: ELR 2001, S. 126.

156 Schlussfolgerungen der Präsidentschaft des Europäischen Rats von Köln, 3. und 4.6.1999, Anhang IV.

157 Vgl. Hans D. Jarass, EU-Grundrechte, 2005, S. 9. Siehe auch Entschließung A5-0064/2000 des Europäischen Parlaments zur Ausarbeitung einer Grundrechtechar-

Wegen unterschiedlicher Rechtstraditionen der Mitgliedstaaten, der damit verbundenen Skepsis gegenüber einem gemeinsamen geschriebenen Grundrechtskatalog und wegen unterschiedlicher Auffassungen zu Inhalt und Auswirkung formulierter Grundrechte, Grundsätze und Werte war der Arbeitsgruppe anfangs keineswegs ein erfolgreiches Ergebnis in Aussicht gestellt. Ein weiterer Stolperstein war die Sorge, dass durch Formulierungen von Grundrechten und Grundsätzen der Union neue Kompetenzen zuwachsen und die Mitgliedstaaten weitere nationale Zuständigkeiten verlieren könnten.

Die Charta wurde im Zuge der seinerzeit angestrebten Konstitutionalisierung der Europäischen Union ausgearbeitet und am 7.12.2000 in Form einer feierlichen, aber unverbindlichen Proklamation durch den Europäischen Rat und die Gemeinschaftsorgane verabschiedet.

4.2. Rechtsnatur der Grundrechtecharta[158]

Der übereinstimmende politische Wille aller beteiligten Kräfte ging indes von Anfang an dahin, es nicht bei einer unverbindlichen Proklamation zu belassen, sondern einen verbindlichen Rechtsakt als Bestandteil des primären Unionsrechts zu schaffen.

---

ta der Europäischen Union: Protokoll der Plenarsitzung vom 16.3.2000; Entschließung B5-767/2000 des Europäischen Parlaments zur Grundrechtecharta: Protokoll der Plenarsitzung vom 3.10.2000.

158 Siehe dazu allgemein: Kommission der Europäischen Gemeinschaften, Mitteilung der Kommission zum Status der Grundrechtscharta der Europäischen Union, Brüssel, 11.10.2000, KOM (2000) 644 endgültig; Siegbert Alber, Die Selbstbindung der europäischen Organe an die Europäische Charta der Grundrechte, in: EuGRZ 2001, S. 349; Herta Däubler-Gmelin, Eine europäische Charta der Grundrechte – Beitrag zur gemeinsamen Identität, in: EuZW 2000, S. 1; Dirk Ehlers, European Fundamental Rights and Freedoms, 2007; Meinhard Hilf, Ein Grundrechtskatalog für die Europäische Gemeinschaft, in: EuR 1991, S. 19; Andrea Iber, Der Status der Grundrechtscharta im Gemeinschaftsrecht – Derzeitige Verbindlichkeit und Zukunftsperspektiven der Charta – insbesondere im Verfassungskonvent, in: ZEuS 2002, S. 483; Mathias H. Knecht, Die Charta der Grundrechte der Europäischen Union: Eine Würdigung der Entstehung und rechtsvergleichende grundrechtsdogmatische Analyse, 2005; Siegfried Magiera, Die Grundrechtecharta der Europäischen Union, in: DÖV 2000, S. 1017; Matthias Mahlmann, Die Grundrechtecharta der Europäischen Union, in: ZEuS 2000, S. 419; Martin Nettesheim, Die Charta der Grundrechte der Europäischen Union: Eine verfassungstheoretische Kritik, in: Integration, 2002, S. 35; Eckhardt Pache, Die Europäische Grundrechtscharta – ein Rückschritt für den Grundrechtsschutz in Europa?, in: EuR 2001, S. 475; Walter Pauly, Strukturfragen des unionsrechtlichen Grundrechtsschutzes, in: EuR 1998, S. 242; Ingolf Pernice, Gemeinschaftsverfassung und Grundrechtsschutz – Grundlagen, Bestand, Per-

Dementsprechend wurde bereits im Stadium der Ausarbeitung die Charta so behandelt, „als ob" sie Bestandteil einer künftigen Unionsverfassung werden sollte. Dieser „als ob"-Ansatz wird durch die Allgemeinen Bestimmungen (Kapitel VII des Texts) untermauert, die überflüssig wären, wenn die Charta lediglich als feierliche politische Erklärung konzipiert worden wäre. Andererseits handelt es sich bei der Europäischen Grundrechtecharta *de lege lata* weder um primäres noch um sekundäres Gemeinschaftsrecht, da diese nicht in einem in den Verträgen verankerten förmlichen Verfahren verabschiedet wurde. Das Dokument dient jedoch als wichtiger Bezugstext bei der Auslegung des Gemeinschaftsrechts durch den EuGH, der ihm zumindest mittelbare Rechtserheblichkeit[159] in dem Sinne beimisst, dass die darin verbürgten und geschützten Grundrechte die europäische Rechtsordnung insgesamt ausrichten und durchwirken.[160] Dies ist ein Charakteristikum einer Rechtserkenntnisquelle des Kommunitärrechts.[161]

Wenn auch viele Bereiche der Grundrechtecharta bereits bestehende allgemeine Rechtsgrundsätze wiedergeben, so ist die Charta doch bis heute nur eine unverbindliche Proklamation geblieben, die zwar einen beträchtlichen Zugewinn an Transparenz für die Rechtsunterworfenen verspricht, deren Funktion jedoch nicht über die einer bloßen Orientierungshilfe im Rahmen einer sekundären Rechtsquelle hinausgeht. Das Bestreben, die Charta in den „Vertrag über eine

---

spektiven, in: NJW 1990, S. 2409; ders., Eine Grundrechte-Charta für die Europäische Union, in: DVBl 2000, S. 847; Nina Philippi, Die Charta der Grundrechte der Europäischen Union, 2002, Georg J. Schmittmann, Rechte und Grundsätze in der Grundrechtecharta, 2007; Thomas Schmitz, Die Grundrechtecharta als Teil der Verfassung der Europäischen Union, in: EuR 2004, S. 691; Albrecht Weber, Die Europäische Grundrechtscharta – auf dem Weg zu einer europäischen Verfassung, in: NJW 2000, S. 537; ders., Charta der Grundrechte der Europäischen Union, 2002.

159 Vgl. Josef Franz Lindner, Grundrechtsschutz gegen gemeinschaftsrechtliche Öffnungsklauseln – zugleich ein Beitrag zum Anwendungsbereich der EU-Grundrechte, in: EuZW 2007, S. 71.

160 Vgl. Rudolf Streinz, in: ders. (Hrsg.), EUV/EGV–Vertrag über die Europäische Union und Vertrag zur Gründung der Europäischen Gemeinschaft, 2003, S. 2573 f. Vgl. Erhard Denninger, Menschenrechte und Staatsaufgaben – ein europäisches Thema, in: JZ 1996, S. 585, 587.

161 Der EuGH bzw. das EuG hat zwar schon wiederholt in Urteilen auf die Grundrechtecharta verwiesen (so etwa Urteil vom 29.4.2004, Tokai Carbon u.a. ./. Kommission, Rs. T-236/01, Rs. T-239/01, T-244/01 bis 246/01, T-251/01 und T-252/01, EuGE 2004, II-1181, II-1238, Rdnr. 119; Urteil vom 8.7.2004, JFE Engineering u.a. ./. Kommission, Rs. T-67/00, T-68/00, T-71/00, und T-78/00, EuGE 2004, II-2501, II-2582, Rdnr. 178), hat sich jedoch, soweit ersichtlich, bisher noch nicht auf die Charta als unmittelbar prozessentscheidendes Recht berufen (vgl. Urteil vom 6.11.2003, Lindqvist, Rs. C-101/01, EuGHE 2003, I-12971, I-13020 ff., Rdnr. 72 ff.)

Verfassung für Europa“ (Verfassungsvertrag) und, nach dessen Scheitern,[162] in den Lissaboner Reformvertrag einzufügen,[163] ist bis heute erfolglos geblieben.

4.3. Inhalt der Grundrechtecharta

4.3.1. Vorbemerkung und Überblick

Die am 7.12.2000 feierlich proklamierte Charta besteht aus 54 Artikeln, die in sieben Kapitel aufgegliedert sind: I – „Würde des Menschen“; II – „Freiheiten“; III – „Gleichheit“; IV – „Solidarität“; V – „Bürgerrechte“; VI – „Justizielle Rechte“; VII – „Allgemeine Bestimmungen“.

Vorgespannt ist eine Präambel[164] in sieben Absätzen, deren erster sich zu einer friedlichen Zukunft auf der Grundlage gemeinsamer Werte im Rahmen einer immer engeren Union bekennt.

Der folgende Absatz stellt die Grundwerte der Union in den Vordergrund. Er enthält zwar keinen ausdrücklichen Gottesbezug, beruft sich jedoch auf das geistig-religiöse und sittliche Erbe der Völker Europas, welches auch deren religiöse Traditionen umfasst. An dieser vorrangigen Stelle wird auch auf die unteilbaren und universellen Werte der Würde des Menschen, der Freiheit, der Gleichheit und der Solidarität Bezug genommen.

Die weiteren Absätze bekräftigen und spezifizieren die vorgenannten gemeinsamen Werte und binden diese in die wirtschaftlichen und sozialen Ziele der Union ein. Die Notwendigkeit der Verabschiedung einer eigenen Grundrechtecharta wird im vierten Absatz der Präambel deutlich gemacht:

> „... ist es notwendig, angesichts der Weiterentwicklung der Gesellschaft, des sozialen Fortschritts und der wissenschaftlichen und technologischen Entwicklungen den Schutz der Grundrechte zu stärken, indem sie in einer Charta sichtbarer gemacht werden.“

---

162 Aufgrund des negativen Ausgangs der Volksabstimmungen in Frankreich und den Niederlanden.

163 Der Reformvertrag vom 13.12.2007 erklärt die Europäische Grundrechtecharta durch einen Querverweis für unmittelbar rechtsverbindlich, und zwar im Rang von kommunitärem Primärrecht. Auch dieser Reformvertrag bedarf jedoch nach seinen Schlussbestimmungen der Ratifizierung durch sämtliche Mitgliedstaaten, um in Kraft treten zu können. Ob nach dem negativen Ausgang des Plebiszits in Irland der Lissabon-Vertrag in seiner derzeitigen Form noch in Kraft treten kann, erscheint fraglich.

164 Siehe dazu: Christian Busse, Eine kritische Würdigung der Präambel der Europäischen Grundrechtecharta, in: EuGRZ 2002, S. 559.

Die Vorschriften der Charta sind größtenteils self-executing, d.h. sie sind so klar und unbedingt formuliert, dass sie im Falle der Rechtsverbindlichkeit der Charta unmittelbar anwendbar wären. Bestimmte Vorschriften beschränken sich auf objektive Institutionengarantien, schaffen jedoch keine subjektiven Rechte zugunsten der betroffenen Einzelnen. Wieder andere Bestimmungen der Charta enthalten nicht-bindende Programmsätze oder rein politische Zielsetzungen, deren Verwirklichung von den finanziellen oder allgemein wirtschaftlichen und politischen Rahmenbedingungen abhängt. Eine weitere Unterscheidung kann zwischen „Jedermannsrechten", d.h. Rechten, die nicht nur Unionsbürgern zugute kommen, und „Unionsbürgerrechten", d.h. Rechten, die an die Unionsbürgerschaft geknüpft sind, getroffen werden.

Den „klassischen" Rechten können Rechte des „modernen" Typs gegenübergestellt werden. *Illustrandi causa* sei hierzu ausgeführt, dass – wie sich aus den Allgemeinen Bestimmungen (Kapitel VII, Art. 51–54) der Charta ergibt – diese kein völlig neues Grundrechtssystem schaffen, sondern vielmehr die bestehenden Grundrechte beibehalten und weiterentwickeln will (vgl. insbesondere den Verweis auf die Europäische Menschenrechtskonvention in Art. 52 Abs. 3, 53 der Charta). Obgleich die allgemeinen Bestimmungen nicht ausdrücklich auf die Judikatur des EuGH Bezug nehmen, wird überwiegend davon ausgegangen, dass die Charta in erster Linie dieses Fallrecht kodifiziert, das die Grundlage und zentrale Säule des Chartarechts und dessen wichtigste Auslegungsquelle bildet. Diese Feststellung steht dem nicht entgegen, dass die Charta im Wege der Rechtsfortbildung neue, „moderne" Rechte vorsieht, die über den Rechtsprechungsacquis des EuGH hinausgehen.

Nachstehend wird ein schematischer Überblick über die Kapitel und Artikel der Europäischen Grundrechtecharta anhand der amtlichen Überschriften gegeben.

Gliederung der Europäischen Grundrechtecharta

Präambel

Kapitel I: Würde des Menschen

- Artikel 1: Würde des Menschen
- Artikel 2: Recht auf Leben
- Artikel 3: Recht auf Unversehrtheit
- Artikel 4: Verbot der Folter und unmenschlicher oder erniedrigender Strafe oder Behandlung
- Artikel 5: Verbot der Sklaverei und der Zwangsarbeit

Kapitel II: Freiheiten

- Artikel 6: Recht auf Freiheit und Sicherheit
- Artikel 7: Achtung des Privat- und Familienlebens
- Artikel 8: Schutz personenbezogener Daten
- Artikel 9: Recht, eine Ehe einzugehen und eine Familie zu gründen
- Artikel 10: Gedanken-, Gewissens- und Religionsfreiheit
- Artikel 11: Freiheit der Meinungsäußerung und Informationsfreiheit
- Artikel 12: Versammlungs- und Vereinigungsfreiheit
- Artikel 13: Freiheit von Kunst und Wissenschaft
- Artikel 14: Recht auf Bildung
- Artikel 15: Berufsfreiheit und Recht zu arbeiten
- Artikel 16: Unternehmerische Freiheit
- Artikel 17: Eigentumsrecht
- Artikel 18: Asylrecht
- Artikel 19: Schutz bei Abschiebung, Ausweisung und Auslieferung

Kapitel III: Gleichheit

- Artikel 20: Gleichheit vor dem Gesetz
- Artikel 21: Nichtdiskriminierung

- Artikel 22: Vielfalt der Kulturen, Religionen und Sprachen
- Artikel 23: Gleichheit von Männern und Frauen
- Artikel 24: Rechte des Kindes
- Artikel 25: Rechte älterer Menschen
- Artikel 26: Integration von Menschen mit Behinderung

Kapitel IV: Solidarität

- Artikel 27: Recht auf Unterrichtung und Anhörung der Arbeitnehmerinnen und Arbeitnehmer im Unternehmen
- Artikel 28: Recht auf Kollektivverhandlungen und Kollektivmaßnahmen
- Artikel 29: Recht auf Zugang zu einem Arbeitsvermittlungsdienst
- Artikel 30: Schutz bei ungerechtfertigter Entlassung
- Artikel 31: Gerechte und angemessene Arbeitsbedingungen
- Artikel 32: Verbot der Kinderarbeit und Schutz der Jugendlichen am Arbeitsplatz
- Artikel 33: Familien-und Berufsleben
- Artikel 34: Soziale Sicherheit und soziale Unterstützung
- Artikel 35: Gesundheitsschutz
- Artikel 36: Zugang zu Dienstleistungen von allgemeinem wirtschaftlichen Interesse
- Artikel 37: Umweltschutz
- Artikel 38: Verbraucherschutz

Kapitel V: Bürgerrechte

- Artikel 39: Aktives und passives Wahlrecht bei den Wahlen zum Europäischen Parlament
- Artikel 40: Aktives und passives Wahlrecht bei den Kommunalwahlen
- Artikel 41: Recht auf eine gute Verwaltung
- Artikel 42: Recht auf Zugang zu Dokumenten
- Artikel 43: Der Bürgerbeauftragte
- Artikel 44: Petitionsrecht
- Artikel 45: Freizügigkeit und Aufenthaltsfreiheit
- Artikel 46: Diplomatischer und konsularischer Schutz

Kapitel VI: Justizielle Rechte

- Artikel 47: Recht auf einen wirksamen Rechtsbehelf und ein unparteiisches Gericht
- Artikel 48: Unschuldsvermutung und Verteidigungsrechte
- Artikel 49: Grundsätze der Gesetzmäßigkeit und der Verhältnismäßigkeit im Zusammenhang mit Straftaten und Strafen
- Artikel 50: Recht, wegen derselben Straftat nicht zweimal strafrechtlich verfolgt oder bestraft zu werden

Kapitel VII: Allgemeine Bestimmungen

- Artikel 51: Anwendungsbereich
- Artikel 52: Tragweite der garantierten Rechte
- Artikel 53: Schutzniveau
- Artikel 54: Verbot des Missbrauchs der Rechte

4.3.2. Würde des Menschen

Die Grundrechtecharta widmet der Würde des Menschen ein eigenes Kapitel an herausgehobener Stelle sogleich am Anfang des Chartatextes (Kapitel I). Bereits in der Präambel wird die Würde des Menschen zu einem unteilbaren und universellen Wert erklärt. Sie stellt „das eigentliche Fundament der Grundrechte“[165] dar. Dabei dürfte es sich einerseits um einen obersten Verfassungsgrundsatz (ähnlich wie in Art. 1 Abs. 1 des deutschen Grundgesetzes)[166] handeln, der auf die nachfolgenden Grundrechte ausstrahlt und sie überhöht, andererseits um ein eigenständiges Grundrecht, das als individuelle Anspruchsnorm herangezogen werden kann.[167]

An zentraler Stelle (Art. 1) wird auf die beiden entscheidenden Dimensionen der Menschenwürdegewährleistung, nämlich die Abwehr- und die Schutzdimension,[168] hingewiesen: „Die Würde des Menschen ist unantastbar. Sie ist zu achten und zu schützen“. Diese doppelte Verbürgung stellt die wichtigste Werteentscheidung der Grundrechtecharta dar.[169] Sie bildet das eigentliche Fundament und Leitbild der nachfolgenden Grundrechte:[170] Diese dienen nicht nur der Abwehr staatlicher Eingriffe, sondern beinhalten auch die Pflicht staatlichen Handelns zum Schutz vor Beeinträchtigungen seitens Dritter.[171] Grundrechtsträger sind alle natürlichen Personen. Eine Einschränkung der Menschenwürdegarantie scheidet aus, da diese zum unantastbaren Wesensgehalt der Grundrechte gehört (vgl. Art. 52 Absatz 1 Grundrechtecharta).

Art. 2 der Grundrechtecharta verbrieft den Schutz des Lebens, einschließlich des Verbots der Todesstrafe. Dieses Verbot bildet somit eine absolute Schranken-Schranke zum Recht auf Leben.[172] Es wurde mit weltweiter Signalwirkung in die Charta aufgenommen, obgleich alle EU-Mitgliedstaaten das entsprechende Verbot bereits mit Ratifizierung des 6. Zusatzprotokolls zur Europäischen

165 Erläuterungen zur Charta der Grundrechte vom 14.12.2007, ABl. 2007, C 303/17.

166 Siehe hierzu Martin Borowsky, in: Jürgen Meyer, Kommentar zur Charta der Grundrechte der Europäischen Union, 2. Auflage 2006, vor Kapitel I, Rdnr. 1a; Art. 1, Rdnr. 27.

167 In diesem Sinne wohl die Urteile des EuGH vom 30.4.1996, P./.S und Cornwall County Council, Rs. C-13/94, EuGH 1996, I-2143, I-2165; Urteil vom 9.10.2001, Niederlande./.Parlament und Rat, Rs. C-377/98, EuGHE 2001, I-7079, 7168 ff.

168 Vgl. Christian Calliess, Die Charta der Grundrechte der Europäischen Union – Fragen der Konzeption, Kompetenz und Verbindlichkeit, EuZW 2001, S. 261, 263.

169 Vgl. Martin Borowsky, aaO., Artikel 1, Rdnr. 39.

170 Dorothee von Arnim, Der Standort der EU-Grundrechtecharta in der Grundrechtsarchitektur Europas, Dissertation, Würzburg 2006, S. 128. Ebenso Georg J. Schmittmann, Rechte und Grundsätze in der Grundrechtecharta, 2007, S. 99, sowie ABl. 2004, C 310/420 (Erläuterungen, Artikel 1).

171 Nina Philippi, Die Charta der Grundrechte der Europäischen Union, 2002, S. 21.

172 Vgl. Hans D. Jarass, EU-Grundrechte, aaO., S. 120.

Menschenrechtskonvention anerkannt haben. In diesem Zusammenhang wurde im Schrifttum verschiedentlich die Frage aufgeworfen, ob der Bann der Todesstrafe in der Grundrechtecharta nicht nur symbolischen Charakter habe, weil der Union die Kompetenz zur Verhängung und Vollstreckung der Todesstrafe fehle.[173] Diese Frage sollte aus zwei Gründen verneint werden: Zunächst ist darauf hinzuweisen, dass, auch wenn die Union im gegenwärtigen Zeitpunkt nicht über entsprechende Kompetenzen im Bereich des Strafrechts verfügt, ohne das Verbot der Todesstrafe nicht auszuschließen wäre, dass der Union zukünftig solche Kompetenzen übertragen werden könnten, so etwa im Rahmen der sog. Dritten Säule (Polizeiliche und Justizielle Zusammenarbeit in Strafsachen). Überdies ist darauf hinzuweisen, dass die Charta nicht nur für die Organe und Einrichtungen der Union, sondern auch für die Mitgliedstaaten bei der Durchführung von Unionsrecht gilt (vgl. Art. 51 Abs. 1 Grundrechtecharta). Ohne das Verbot der Todesstrafe in der Charta wäre z. B. nicht mit absoluter Rechtssicherheit gewährleistet, dass die Mitgliedstaaten bei der Sanktionierung von Verstößen gegen Gemeinschafts-/Unionsrecht keinesfalls das Mittel der Todesstrafe einsetzen dürfen.

Artikel 3 gewährleistet das Recht auf körperliche und geistige Unversehrtheit; Artikel 4 verbietet Folter und unmenschliche oder erniedrigende Strafe oder Behandlung, und Artikel 5 untersagt Sklaverei, Zwangsarbeit und Menschenhandel.

Besondere Erwähnung verdient Art. 3 Abs. 2, der mit einem ethischen Verhaltenskodex im Rahmen der „Medizin und Biologie“ den Bogen zu den modernen Grundrechten schlägt, wonach die Unversehrtheit der Person auch im Kontext der stetigen Weiterentwicklung von Medizin und Biologie geschützt werden soll. Im Vordergrund steht dabei etwa das Verbot eugenischer Praktiken (Art. 3 Abs. 2, zweiter Spiegelstrich) oder das Verbot des reproduktiven Klonens von Menschen (Art. 3 Abs.2, vierter Spiegelstrich), Praktiken, die neuerdings hochkontrovers diskutiert werden.[174] Den genannten Regelungen, die sich an das Übereinkommen über Menschenrechte und Biomedizin des Europarats von 1998 anlehnen, kommt damit im Hinblick auf die Herausforderungen der modernen Biotechnologie eine Signalwirkung zu.

Das Verbot des Menschenhandels (Art. 5 Abs. 3) dürfte bereits in der Menschenwürdegarantie enthalten sein. Der Umstand, dass es gleichwohl gesonderte Erwähnung in der Charta findet, ist vor dem Hintergrund zu sehen, dass die Uni-

---

173 Vgl. Udo Ostermann, Entwicklung und gegenwärtiger Stand der europäischen Grundrechte nach der Rechtsprechung des Europäischen Gerichtshofs sowie des Gerichts erster Instanz, aaO., S. 166.

174 Vgl. Christian Calliess, aaO. Siehe auch: Erläuterungen zur Charta der Grundrechte vom 14.12.2007, ABl. 2007, C 303/18.

on auch neuere Entwicklungen auf dem Gebiet der organisierten Kriminalität, wie z. B. Schleuserkriminalität und Menschenhandel zum Zwecke der sexuellen Ausbeutung, ausdrücklich missbilligt und ihnen den Kampf ansagt.[175]

4.3.3. Freiheiten

Kapitel II der Charta listet, beginnend mit dem allgemeinen Bekenntnis zu einem „Recht auf Freiheit und Sicherheit“ (Art. 6), verschiedene Freiheitsrechte auf. Im Vordergrund stehen dabei die klassisch-liberalen Freiheitsrechte, die schon in der Europäischen Menschenrechtskonvention verankert sind.[176] Diesbezüglich sind hervorzuheben: die Achtung des Privat- und Familienlebens (Art. 7), das Recht auf Ehe und Familie (Art. 9), die Gedanken-, Gewissens- und Religionsfreiheit (Art. 10), die Meinungs- und Informationsfreiheit (Art. 11) sowie die Versammlungs- und Vereinigungsfreiheit (Art. 12).

Zur Achtung des Privat- und Familienlebens (Art. 7) ist anzumerken, dass diese Bestimmung bedeutungsgleich mit Art. 8 EMRK ist, so dass gemäß Art. 52 Abs. 3 der Grundrechtecharta auch die Schranken des Art. 8 Abs. 2 EMRK zum Zuge kommen. Eingriffe in die Ausübung dieses Rechts sind demnach nur statthaft, soweit der Eingriff gesetzlich vorgesehen ist und eine Maßnahme darstellt, die in einer demokratischen Gesellschaft u. a. für die nationale Sicherheit, die öffentliche Ruhe und Ordnung oder zum Schutz der Rechte und Freiheiten anderer notwendig ist. Nach neuerer Rechtsprechung des EuGH darf der Begriff „Privatleben“ nicht eng ausgelegt werden und nicht grundsätzlich berufliche Tätigkeiten ausnehmen.[177] Auch das Recht, eine Ehe einzugehen und eine Familie zu gründen (Art. 9 der Charta), ist der Europäischen Menschenrechtskonvention (Art. 12) entnommen, unterscheidet sich jedoch von deren einschlägigen Bestimmungen dadurch, dass nicht ausdrücklich auf „Männer und Frauen“ Bezug genommen, sondern schlechthin auf die „einzelstaatlichen Gesetze“ verwiesen wird, „welche die Ausübung dieser Rechte regeln“. Damit ist es der Grundsatzentscheidung des nationalen Gesetzgebers überlassen, ob er gleichgeschlechtliche Partnerschaften als Rahmen für eine Familiengründung anerkennt.[178]

---

175 Siehe dazu: Erläuterungen zur Charta der Grundrechte vom 14.12.2007, ABl. 2007, C 303/19. Vgl. auch Dorothee von Arnim, aaO., S. 129.

176 Siehe dazu: Erläuterungen zur Charta der Grundrechte vom 14.12.2007, ABl. 2007, C 303/19 f.

177 Urteil vom 20.5.2003, Rechnungshof ./. Österreichischer Rundfunk, Rs. C 465/00, C-138/01 und C-139/01, EuGHE 2003, I-4989, I-5043.

178 Erläuterungen zur Charta der Grundrechte vom 14.12.2007, ABl. 2007, C 303/21. Vgl. Dorothee von Arnim, aaO., S. 131; Peter J. Tettinger, Die Charta der Grundrechte der Europäischen Union, in: NJW 2001, S. 1010, 1012 f.

Art. 10 der Charta betreffend die Gedanken-, Gewissens- und Religionsfreiheit entspricht fast wortwörtlich Art. 9 Abs. 1 EMRK. Beschränkungen können sich demnach aus Art. 9 Abs. 2 EMRK ergeben: Sie müssen gesetzlich vorgesehen und in einer demokratischen Gesellschaft notwendig sein. Neu ist das in Art. 10 Abs. 2 der Charta verankerte Recht auf Wehrdienstverweigerung aus Gewissensgründen. Art. 10 Abs. 2 ist insofern *ius imperfectum*, als er für die Ausübung dieses Rechts auf die einzelstaatlichen Gesetze verweist.

Art. 11 der Charta, der die Freiheit der Meinungsäußerung und die Informationsfreiheit gewährleistet, orientiert sich weitgehend an Art. 10 EMRK. Die so verbürgten Rechte spiegeln die Relevanz der öffentlichen Meinungsbildung und freien Kommunikation wider. Sie bilden im Lichte der EuGH-Rechtsprechung ein wesentliches Fundament einer demokratischen Gesellschaft und eine wichtige Voraussetzung für deren Fortschritt und für die Verwirklichung jedes einzelnen Individuums.[179] Beschränkungen sind zulässig, soweit sie durch Gesetz geregelt und in einer demokratischen Gesellschaft erforderlich sind.[180]

Ein Recht auf Versammlungs- und Vereinigungsfreiheit (Art. 12 der Charta), in dessen Rahmen insbesondere die gewerkschaftliche Koalitionsfreiheit und das Recht, sich zu politischen Parteien zusammenzuschließen, hervorzuheben sind, ist Art. 11 EMRK nachempfunden.

Ein modernes Freiheitsrecht, der Schutz personenbezogener Daten, wird in Art. 8 der Charta festgeschrieben. Diese Bestimmung ist nicht der EMRK entnommen, sondern lehnt sich an Art. 286 EGV und die kommunitäre Datenschutzrichtlinie 95/46/EG an,[181] deren Grundaussagen sie in den Grundrechtsrang erhebt. Art. 8 Abs. 1 begründet ein Recht jeder Person auf Schutz der sie betreffenden personenbezogenen Daten; Absatz 2 Satz 1 dieses Artikels setzt als Bedingung für die Datenverarbeitung die Einwilligung des Betroffenen oder eine sonstige „gesetzlich geregelte legitime Grundlage" voraus. Absatz 2 Satz 2 begründet einen Anspruch jeder Person auf Auskunft und Berichtigung der sie betreffenden Daten. Dem von verschiedener Seite geäußerten Petitum, den Betroffenen ein Recht auf Anrufung eines Gemeinschaftsdatenschutzbeauftragten einzuräumen, wurde indes bislang nicht entsprochen.[182]

---

179 Urteil vom 6.3.2001, Connolly ./. Kommission, Rs. C-274/99 P, EuGHE 2001, I-1611, I-1675 f.

180 Urteil vom 26.6.1997, Familiapress, Rs. C-368/95, EuGHE 1997, I-3689, I-3717.

181 Richtlinie 95/46/EG des Europäischen Parlaments und des Rates vom 24.10.1995 zum Schutz natürlicher Personen bei der Verarbeitung personenbezogener Daten und zum freien Datenverkehr, ABl. 1995, L 281/31. Siehe dazu: Urteil vom 6.11.2003, Lindqvist, Rs. C-101/01, EuGHE 2003, I-12971, I-12982.

182 Zur Problematik des Schutzes personenbezogener Daten siehe allgemein: Christoph Grabenwarter, Die Charta der Grundrechte für die Europäische Union, in: DVBl. 2001, S. 1, 4; Matthias Mahlmann, Die Grundrechtecharta der Europäischen Union, in: ZEuS 2000, S. 419, 435.

Insgesamt kommt der in Art. 8 der Charta statuierte Datenschutz einem Grundrecht auf informationelle Selbstbestimmung, wie es das deutsche Bundesverfassungsgericht aus Art. 2 Abs. 1 in Verbindung mit Art. 1 Abs. 1 des deutschen Grundgesetzes hergeleitet hat,[183] nahe.

Gleichfalls nicht in der EMRK enthalten ist der Schutz der Kunst und wissenschaftlichen Forschung, einschließlich der akademischen Freiheit (Art. 13 der Charta). Damit verwandt ist das Recht auf Bildung sowie der Zugang zur beruflichen Ausbildung und Weiterbildung. Sofern in einem Mitgliedstaat schulische Einrichtungen existieren, müssen diese im Sinne eines diskriminierungsfreien Zugangs jedermann offen stehen; die Teilnahme am Pflichtschulunterricht muss zudem unentgeltlich ermöglicht werden, womit sozioökonomische Benachteiligungen im Bildungssektor vermieden werden sollen (Art. 14 der Charta).

Es schließt sich das Recht an, zu arbeiten und einen frei gewählten Beruf auszuüben (Art. 15 der Charta), des Weiteren die unternehmerische Freiheit (Art. 16 der Charta):

Art. 15 verbürgt ein umfassendes Grundrecht der Berufsfreiheit sowohl in Form der Berufswahl- als auch der Berufsausübungsfreiheit (Absatz 1). Darüber hinaus wird – für Unionsbürger – deren Recht auf Arbeitssuche, unselbständige Arbeit, Niederlassungs- und Dienstleistungsfreiheit spezifiziert (Absatz 2).

Art. 16, der speziell das Recht auf selbständige, unternehmerische Betätigung verankert, ergänzt Art. 15, dessen Schwerpunkt auf den Rechten der unselbständig Berufstätigen liegt. Die gesonderte Erwähnung der unternehmerischen Freiheit ist ein Novum, das bisher in keinem internationalen Menschenrechtskatalog berücksichtigt wurde. Damit wird der moderne und innovative Charakter der Europäischen Grundrechtecharta erneut deutlich unterstrichen. Allerdings dürfte eine detailscharfe Trennung der beiden einschlägigen Artikel (15 und 16) in der Rechtsanwendungspraxis entbehrlich sein, hat doch der EuGH auch der unternehmerischen Freiheit bereits grundrechtliche Relevanz beigemessen.[184]

Art. 15 und 16 begründen kein Recht auf Arbeit bzw. unternehmerische Tätigkeit im Sinne der Beschaffung eines angemessenen Arbeitsplatzes, kreieren mithin keinen subjektivrechtlichen Anspruch auf einen Arbeitsplatz zur Siche-

---

Gemäß Art. 286 Abs. 1 EGV finden ab 1.1.1999 die Rechtakte der Gemeinschaft über den Schutz natürlicher Personen bei der Verarbeitung und dem freien Verkehr personenbezogener Daten auf die Organe und Einrichtungen der Gemeinschaft Anwendung. Gemäß Abs. 2 dieses Artikels hat der Rat vor dem 1.1.1999 eine unabhängige Kontrollinstanz zu errichten, die für die Überwachung der Anwendung solcher Gemeinschaftsrechtsakte auf die Organe und Einrichtungen der Gemeinschaft verantwortlich ist.

183 Vgl. BVerfGE Bd. 65, S. 1, 41 ff.

184 So z. B. Urteil vom 30.7.1996, Bosphorus, Rs. C-84/95, EuGHE 1996, I-3953, I-3985.

rung des Lebensunterhalts. Ein solcher Anspruch könnte in einem System freier Marktwirtschaft auch nicht gewährleistet werden. Vielmehr beschränkt sich die Garantenpflicht des Staates darauf, dass dieser keine aktiven Schritte unternehmen darf, durch die jemand an der Arbeitsaufnahme oder am Zugang zu einem Beruf gehindert wird.[185]

Hervorzuheben ist, dass die Charta ausdrücklich weder ein allgemeines Recht auf freie Persönlichkeitsentfaltung noch eine allgemeine Handlungsfreiheit kennt. Jedoch dürften diese Generalrechte zumindest teilweise über Art. 7 der Charta (Recht auf Achtung des Privatlebens) herleitbar sein.[186] Das Recht auf Freiheit und Sicherheit (Art. 6) ist jedenfalls nicht einschlägig, denn es deckt nicht die allgemeine Handlungsfreiheit, sondern zielt lediglich auf die körperliche Bewegungsfreiheit, insbesondere den Schutz vor ungerechtfertigter Freiheitsentziehung bzw. Inhaftierung („*habeas corpus*").[187]

Einen umfassenden Schutz des Eigentums sieht Art. 17 der Charta vor. Diese Vorschrift bildet zusammen mit den Bestimmungen über die Berufsfreiheit und die unternehmerische Freiheit das Rückgrat der wirtschaftlichen Grundrechte der Charta. Danach hat jedermann das Recht, „rechtmäßig erworbenes Eigentum zu besitzen, zu nutzen, darüber zu verfügen und es zu vererben. Niemandem darf sein Eigentum entzogen werden, es sei denn aus Gründen des öffentlichen Interesses in den Fällen und unter den Bedingungen, die in einem Gesetz vorgesehen sind, sowie gegen eine rechtzeitige angemessene Entschädigung für den Verlust des Eigentums. Die Nutzung des Eigentums kann gesetzlich geregelt werden, soweit dies für das Wohl der Allgemeinheit erforderlich ist" (Art. 17 Abs. 1).[188] Der Eigentumsschutz stellt somit auf die Nutzung und Verfügung über rechtmäßig er-

---

185 Vgl. Jürgen Meyer/Markus Engels, Aufnahme von sozialen Grundrechten in die europäische Grundrechtecharta?, in: ZRP 2000, S. 368, 370.

186 Vgl. Siegfried Magiera, Die Grundrechtecharta der Europäischen Union, in: DÖV 2000, S. 1017, 1025.

187 Siehe dazu: Erläuterungen zur Charta der Grundrechte vom 14.12.2007, ABl. 2007, C 303/19 f. Vgl. Norbert Bernsdorff, in: Jürgen Meyer, Kommentar zur Charta der Grundrechte der Europäischen Union, aaO., Artikel 6, Rdnr. 10 ff.

188 Gemäß dem Grundsatzurteil des EuGH in der Rechtssache "Hauer" (siehe oben Punkt 3.6.2.) sind Eingriffe in das Eigentumsrecht in zwei Intensitätsstufen möglich: a) als bloße, aus der Sozialbindung des Eigentums resultierende Nutzungsbeschränkung (wenn dem Rechtsinhaber andere Nutzungsmöglichkeiten von substanziellem Gewicht verbleiben); die bloße Beschränkung bei der Ausübung des Eigentumsrechts kann durch vernünftige Erwägungen des Allgemeinwohls gerechtfertigt sein; b) als Enteignung, d.h. als vollständiger oder weitgehender Entzug des Eigentums; eine Enteignung kann nur aus zwingenden Gründen des Allgemeinwohls und nur gegen Entschädigung gerechtfertigt sein: Urteil vom 13.12.1979, Hauer, Rs. 44/79, EuGHE 1979, 3727, 3746; vgl. auch Urteil vom 13.7.1989, Wachauf, Rs. 5/88, EuGHE 1989, 2609, 2639.

worbenes Eigentum ab, wobei von einer formellen Enteignung im Sinne des Art. 17 Abs. 1 Satz 2 gesprochen wird, wenn die Eigentümerstellung auf den Staat oder einen Dritten übergeht. Anders etwa als in Art. 14 Abs. 2 des deutschen Grundgesetzes findet sich in der Grundrechtecharta jedoch kein Bekenntnis zur Sozialpflichtigkeit des Eigentums.[189]

Die beiden abschließenden Artikel des Kapitels II der Charta sind spezifischen Regelungen zum Asylrecht (Art. 18) und zum Schutz bei Abschiebung, Ausweisung und Auslieferung (Art. 19) gewidmet. Asyl ist unter Berücksichtigung der einschlägigen Regeln des Völker- und Gemeinschaftsrechts, namentlich nach Maßgabe des Genfer Abkommens vom 28.7.1951 und des Protokolls vom 31.1.1967 über die Rechtsstellung der Flüchtlinge sowie gemäß dem EG-Vertrag gewährleistet. Umstritten ist dabei, ob Art. 18 der Charta einen subjektiv-individuellen Anspruch auf Asyl für politisch Verfolgte schafft.[190] Der Schutz bei Abschiebung, Ausweisung und Auslieferung, andererseits, umfasst insbesondere das Jedermannsrecht, nicht an einen Staat überstellt zu werden, in dem die Todesstrafe, Folter oder eine andere unmenschliche oder erniedrigende Strafe oder Behandlung droht.

4.3.4. Gleichheit

Kapitel III verbrieft, ausgehend von dem Grundpostulat der „Gleichheit vor dem Gesetz“ (Art. 20), in sieben Artikeln verschiedene Gleichheits- und Nichtdiskriminierungsrechte, die nach ihrem Umfang und in ihrer Konkretheit über Art. 14 EMRK und auch die entsprechenden Regelungen wohl der meisten mitgliedstaatlichen Verfassungen hinausgehen.

Der allgemeine Gleichheitssatz (Art. 20) ist durch die bereits oben dargestellte Rechtsprechung des EuGH grundlegend definitorisch geprägt; auf sie kann an dieser Stelle verwiesen werden.[191] Dieser allgemeine Gleichheitssatz wird an

189 Vgl. Matthias Mahlmann, Die Grundrechtecharta der Europäischen Union, aaO., S. 428.

190 Verneinend: Norbert Bernsdorff, in: Jürgen Meyer, Kommentar zur Charta der Grundrechte der Europäischen Union, aaO., Artikel 18, Rdnr. 11.

191 Vgl. die vom EuGH entwickelte Definition des allgemeinen Gleichheitssatzes, wonach „vergleichbare Sachverhalte nicht unterschiedlich behandelt werden [dürfen], es sei denn, dass eine Differenzierung objektiv gerechtfertigt wäre“: Urteil vom 19.10.1977, „Quellmehl“, Rs. 117/76 und 16/77, EuGHE 1977, 1753, 1770 f.; Urteil vom 19.10.1977, „Maisgritz“, Rs. 124/76 und 20/77, EuGHE 1977, 1795, 1812 f. Danach ist in einem ersten Schritt zu prüfen, ob die jeweiligen Vergleichssituationen im Hinblick auf die einschlägigen Kriterien einander ähnlich, d.h. vergleichbar, sind. Wird dies bejaht, liegt aber gleichwohl eine unterschiedliche Behandlung vor,

erster Stelle durch die Diskriminierungsverbote der Artikel 21 und 23 näher spezifiziert.

Art. 21 Abs. 1 der Charta verbietet kategorisch „Diskriminierungen, insbesondere wegen des Geschlechts, der Rasse, der Hautfarbe, der ethnischen oder sozialen Herkunft, der genetischen Merkmale, der Sprache, der Religion oder der Weltanschauung, der politischen oder sonstigen Anschauung, der Zugehörigkeit zu einer nationalen Minderheit, des Vermögens, der Geburt, einer Behinderung, des Alters oder der sexuellen Ausrichtung". Diese Bestimmung wiederum wird ergänzt durch ein Verbot „jeder Diskriminierung aus Gründen der Staatsangehörigkeit" im Anwendungsbereich des EG- und EU-Vertrags. Letzteres Verbot, das seiner Natur nach nur für die Diskriminierung von Unionsbürgern gilt, ist Art. 12 Abs. 1 EGV nachgebildet. Drittlandsangehörige können jedoch im Zusammenhang mit der Berufsfreiheit ebenfalls einen Anspruch auf Gleichbehandlung haben.[192]

Ein spezielles Diskriminierungsverbot betrifft – über Artikel 141 EGV hinaus – die Gleichheit von Männern und Frauen, die im allen Bereichen, einschließlich der Beschäftigung, der Arbeit und des Arbeitsentgelts, sicherzustellen ist (Art. 23 Satz 1), wobei allerdings präzisiert werden muss, dass der Grundsatz der Gleichheit der Beibehaltung oder Einführung spezifischer Vergünstigungen für das unterrepräsentierte Geschlecht nicht entgegensteht (sog. „positive Diskriminierung", Art. 23 Satz 2).

Hinsichtlich der übrigen vier Artikel des Kapitels III (Art. 22, 24–26) kann die Zuordnung zu den eigentlichen Gleichheitsrechten fraglich erscheinen:

Art. 22 garantiert die Achtung der Vielfalt der Kulturen, Religionen und Sprachen. Er enthält ein Bekenntnis zur „Einheit in Vielfalt", ohne allerdings ausdrücklich konkrete subjektive Rechte, wie nationale Minderheitenrechte, zu verleihen.[193] Im übrigen hätte es dieses Artikels nicht bedurft, da die zentralen Begriffe der Kultur, Religion und Sprache bereits direkt oder indirekt von den

---

so ist in einem weiteren Schritt die objektive Rechtfertigung der Differenzierung zu prüfen. Hierbei stellt der EuGH in seiner neueren Judikatur darauf ab, ob unter Berücksichtigung des Verhältnismäßigkeitsgrundsatzes ein sachlicher Grund von einigem Gewicht vorliegt, der als Rechtfertigungskriterium in Betracht kommt: Urteil vom 11.1.2000, Kreil, Rs. 285/98, EuGHE 2000, I-69, I-105; Urteil vom 13.4.2000, Karlsson, Rs. C-292/97, EuGHE 2000, I-2737, I-2777.

192 Vgl. Art. 15 Abs. 3 der Charta: „Die Staatsangehörigen dritter Länder, die im Hoheitsgebiet der Mitgliedstaaten arbeiten dürfen, haben Anspruch auf Arbeitsbedingungen, die denen der Unionsbürgerinnen und Unionsbürger entsprechen".

193 Nina Philippi, aaO., S. 24; Sven Hölscheidt, in: Jürgen Meyer, Kommentar zur Charta der Grundrechte der Europäischen Union, aaO., Artikel 22, Rdnr. 16; Thorsten Kingreen, in: Christian Callies/Matthias Ruffert, EUV/EGV. Das Verfassungsrecht der Europäischen Union mit Europäischer Grundrechtecharta, Kommentar, 3. Auflage, 2007, Art. 22, Rdnr. 2.

Beispielsfällen des umfassenden Diskriminierungsverbots des Art. 21 abgedeckt sind. Die eigenständige Funktion des Art. 22 besteht allenfalls darin, zu verdeutlichen, dass sich Europa durch die Vielfalt unterschiedlicher Kulturen auszeichnet. Diese Diversität soll möglichst erhalten bleiben, kulturellen Homogenisierungstendenzen soll entgegengewirkt werden.

Auch die drei weiteren Artikel des Kapitels III, die den Rechten des Kindes (Art. 24), den Rechten älterer Menschen (Art. 25) und der Integration von Menschen mit Behinderung (Art. 26) gewidmet sind, tangieren nur am Rande die Gleichheitsrechte. Sie sind nicht vornehmlich auf Gleichbehandlung ausgerichtet, sondern zielen primär auf positive Schutz- und Fördermaßnahmen, durch welche natürliche Nachteile ausgeglichen werden sollen.

Art. 24 über die Rechte des Kindes, insbesondere den Anspruch auf Schutz und Fürsorge, geht auf das Übereinkommen der Vereinten Nationen über die Rechte des Kindes zurück.[194]

Kinder haben ein Anrecht auf freie Meinungsäußerung; ihre Meinung in sie betreffenden Angelegenheiten ist in einer ihrem Alter und Reifegrad entsprechenden Weise zu berücksichtigen. Bei allen Kinder betreffenden Maßnahmen muss das Wohl des Kindes eine vorrangige Erwägung sein. Kinder haben zudem einen grundsätzlichen Anspruch auf regelmäßige persönliche Beziehungen und Kontakte zu beiden Elternteilen, es sei denn, dies steht ihrem Wohl entgegen. Grundrechtsträger dieses Artikels sind mithin Kinder, Grundrechtsadressaten u. a. die betroffenen Bürger, d.h. Art. 24 entfaltet partiell eine unmittelbare Horizontalwirkung.[195]

Art. 25 erkennt ein Recht älterer Menschen auf ein würdiges und unabhängiges Leben und auf Teilnahme am sozialen und kulturellen Leben an. Damit ist – hinausgehend über das allgemeine Diskriminierungsverbot u. a. aufgrund des Alters (Art. 21 Abs.1) – auch das Recht auf aktive Teilnahme am politischen Leben erfasst.

Kapitel III der Charta wird mit Art. 26 („Integration von Menschen mit Behinderung") abgerundet. In dieser Bestimmung bekennt sich die Union zu einem Anspruch behinderter Menschen auf Maßnahmen zur Gewährleistung ihrer Eigenständigkeit, ihrer sozialen und beruflichen Eingliederung und ihrer Teilnahme am Leben der Gemeinschaft. Art. 26 ähnelt nach seiner Schutzrichtung und Struktur dem vorgenannten Art. 25 über soziale Integrationsmaßnahmen zugunsten älterer Menschen.

---

194 Siehe: Erläuterungen zur Charta der Grundrechte vom 14.12.2007, ABl. 2007, C 303/25.

195 Vgl. Hans D. Jarass, EU-Grundrechte, aaO., S. 322.

4.3.5. Solidarität

Der wohl kontroverseste Teil der Charta betrifft die Verankerung einer Reihe wirtschaftlicher und sozialer Gewährleistungen in Kapitel IV („Solidarität"). Die Einbeziehung sozialer Grundrechte bildet bis heute einen Streitpunkt hinsichtlich der Rechtsnatur und Tragweite dieser Rechte.[196]

Hierbei kann einerseits zwischen Mitgliedstaaten, deren Verfassungen soziale Rechte gewährleisten und die der Aufnahme solcher Rechte in die Grundrechtecharta grundsätzlich positiv gegenüberstanden (wie z. B. Deutschland, Frankreich, Italien, Spanien und Portugal) und andererseits Mitgliedstaaten, die in ihren Verfassungen keine sozialen Grundrechte vorsehen und die der Integration solcher Rechte in die Charta eher mit Ablehnung begegneten (wie z. B. das Vereinigte Königreich oder Österreich), unterschieden werden. Besonders hartnäckige Vorbehalte machte das Vereinigte Königreich gegenüber der Ausweitung rechtsverbindlicher sozialer Rechte geltend.[197]

Nicht zu Unrecht kann behauptet werden, dass die Erstreckung der Charta auf soziale Rechte wohl überhaupt nur realisiert werden konnte, weil der Charta keine Rechtsverbindlichkeit zuerkannt wurde. So konnte sich der Grundrechtskonvent ohne besondere Folgenschwere weitgehend an den Vorschriften der Europäischen Sozialcharta sowie der Gemeinschaftscharta der sozialen Grundrechte der Arbeitnehmer orientieren.[198]

Ein Verzicht auf die Aufnahme sozialer Grundrechte in einem umfassenden Grundrechtskatalog der Union hingegen hätte auf internationaler Ebene negative Signale setzen können. Er hätte als Rückschritt gegenüber bestehenden völkerrechtlichen Verpflichtungen der EU-Mitgliedstaaten, etwa aus dem Internationalen Pakt der UNO über wirtschaftliche, soziale und kulturelle Rechte (vom 19.12.1966), missverstanden werden können.

Überdies wird von Befürwortern einer Integration sozialer Grundrechte zutreffenderweise auf die Interdependenz und Wechselwirkung zwischen politi-

---

196 Vgl. Matthias H. Knecht, Die Charta der Grundrechte der Europäischen Union: Eine Würdigung der Entstehung und rechtsvergleichende grundrechtsdogmatische Analyse, 2005, S. 177 ff.; Michael Blank, Soziale Grundrechte in der Europäischen Grundrechtecharta, 2002; Jürgen Meyer/Markus Engels, Aufnahme von sozialen Grundrechten in die Europäische Grundrechtecharta?, in: ZRP 2000, S. 368.

197 Aufgrund dieser Vorbehalte ließ sich das Vereinigte Königreich in einem Protokoll zu dem (noch nicht in Kraft befindlichen) Reformvertrag von Lissabon eine „opting out"-Klausel für die Anwendung der Charta zusichern, siehe unten Punkt 5.3.

198 Vgl. Dorothee von Arnim, Der Standort der EU-Grundrechtecharta in der Grundrechtsarchitektur Europas, aaO., S. 136; Klaus-Dieter Borchardt, in: Manfred A. Dauses (Hrsg.), Handbuch des EU-Wirtschaftsrechts, D. II. Sozialrecht, Rdnr. 11 ff. Siehe dazu auch: Jürgen Meyer/Markus Engels, aaO.

schen und sozialen Rechten hingewiesen. Da politische Rechte nur mit sozialer Gewährleistung ausgeübt werden können, bilden die sozialen Grundrechte deren notwendige Ergänzung; beide Sphären können nicht überschneidungsfrei voneinander abgegrenzt werden.[199]

Der Titel „Solidarität" (Kapitel IV) umfasst zwölf Artikel (Art. 27–38), die sich in vier Kategorien untergliedern lassen:[200]

- Freiheitsrechte mit sozialem Bezug, wie z. B. das Recht auf Kollektivverhandlungen und Kollektivmaßnahmen, einschließlich des Streikrechts (Art. 28);
- Wirtschaftliche und soziale Grundrechte, die Schutzansprüche begründen, wie z. B. Unterrichtungs- und Anhörungsrechte für Arbeitnehmer im Unternehmen (Art. 27), Schutz bei ungerechtfertigter Entlassung (Art. 30), Recht auf gesunde, sichere und würdige Arbeitsbedingungen (Art. 31), Verbot der Kinderarbeit und Schutz der Jugendlichen am Arbeitsplatz (Art. 32) oder der rechtliche, wirtschaftliche und soziale Schutz der Familie, einschließlich des Mutterschaftsschutzes am Arbeitsplatz und des Rechts auf Elternurlaub (Art. 33);
- Wirtschaftliche und soziale Grundrechte, die Teilhaberechte begründen, wie z. B. das Recht auf Zugang zu einem unentgeltlichen Arbeitsvermittlungsdienst (Art. 29), das Recht auf Zugang zu den Leistungen der sozialen Sicherheit (Art. 34), das Recht auf Zugang zur Gesundheitsvorsorge und ärztlichen Versorgung (Art. 35) sowie das Recht auf Zugang zu Dienstleistungen von allgemeinem wirtschaftlichen Interesse (Art. 36);
- Sozialrechtliche Prinzipien, die keine subjektiven Rechte begründen, sondern lediglich bereits bestehende Gemeinschaftszielbestimmungen des EG-Vertrags als Querschnittsbestimmungen in die Grundrechtecharta übernehmen, so z. B. der Gesundheitsschutz (Art. 35), der Umweltschutz (Art. 37) und der Verbraucherschutz (Art. 38).

Bemerkenswert ist der Umstand, dass sozialrechtliche Gewährleistungen im engeren Sinne, wie etwa das Recht auf Wohnung oder das Recht auf Arbeit, nicht in der Charta enthalten sind. Art. 34 Abs. 3 anerkennt lediglich „das Recht auf eine soziale Unterstützung und eine Unterstützung für die Wohnung, die allen, die nicht über ausreichende Mittel verfügen, ein menschenwürdiges Dasein sicher-

199 Siehe dazu: Günter Hirsch, in: Michael Blank, Soziale Grundrechte in der Europäischen Grundrechtecharta, 2002, S. 15.

200 Unterteilung nach Christoph Grabenwarter, Die Charta der Grundrechte für die Europäische Union, aaO., S. 9 f. Eine Dreigliederung (unter Weglassung bloß sozialrechtlicher Prinzipien, die keine subjektiven Rechte beinhalten) findet sich bei Nina Philippi, Die Charta der Grundrechte der Europäischen Union, aaO., S. 30.

stellen sollen". Die betreffende Unterstützung richtet sich nach Gemeinschaftsrecht sowie den einzelstaatlichen Rechtsvorschriften und Gepflogenheiten. Ein Recht auf Arbeit im Sinne eines Rechts auf einen Arbeitsplatz kennt die Charta hingegen nicht; ein derartiges Recht wäre in einer „offenen Marktwirtschaft mit freiem Wettbewerb"[201] praktisch auch nicht realisierbar.[202]

Im Folgenden wird auf die wichtigsten der einzelnen Grundrechtsverbürgerungen des Kapitels IV ("Solidarität") eingegangen.

Das Recht auf Unterrichtung und Anhörung der Arbeitnehmer im Unternehmen (Art. 27 der Charta) geht auf die Europäische Sozialcharta sowie die Gemeinschaftscharta der sozialen Grundrechte der Arbeitnehmer (Nr. 17 und 18) zurück. Nach herrschender Auffassung handelt es sich dabei nicht um ein unmittelbar einklagbares Recht, sondern vielmehr um eine Zielvorgabe, die erst nach Maßgabe implementierenden Gemeinschaftsrechts bzw. einzelstaatlicher Rechtsvorschriften und Gepflogenheiten konkretisiert wird.[203] Zu Recht kann deshalb auch von einer relativen Grundrechtsverbürgung gesprochen werden.[204]

Das in Art. 28 der Charta verankerte Recht auf Kollektivverhandlungen und Kollektivmaßnahmen ist ähnlich ausgestaltet wie das vorgenannte Recht auf Unterrichtung und Anhörung; es ist gewissermaßen dessen rechtslogische Fortsetzung in Richtung auf ein Primärrecht der Koalitionsfreiheit (vgl. Art. 12 Abs.1 der Charta, der seinerseits auf Art. 11 EMRK zurückgeht). Begünstigte dieses Rechts sind nicht nur die individuellen Arbeitnehmer und Arbeitgeber, sondern auch deren jeweilige Organisationen. Diese sind als Tarifpartner – nach Gemeinschaftsrecht und den einzelstaatlichen Rechtsvorschriften und Gepflogenheiten – berechtigt, Tarifverträge auf den geeigneten Ebenen auszuhandeln und zu schließen sowie bei Interessenkonflikten kollektive Maßnahmen zur Verteidigung ihrer Interessen, einschließlich Streiks, zu ergreifen. Das Pendant der Aussperrung als Arbeitskampfmittel der Arbeitgebervereinigungen wird in Art. 28 der Charta nicht eigens erwähnt, dürfte jedoch in der Perspektive des Waffengleichheitsgebotes zu bejahen sein.

Der Zugang zu einem „unentgeltlichen Arbeitsvermittlungsdienst" (Art. 29 der Charta) weist einen engen Bezug zur Berufsfreiheit und zum Recht zu arbeiten (siehe oben Art. 15 der Charta) auf. Die Unentgeltlichkeit der Arbeitsvermittlung stellt ein verfassungsrechtliches Novum dar. Da aus der genannten Bestimmung aber keine Verpflichtung der Mitgliedstaaten oder der Union her-

---

201 Vgl. Art. 4 Abs. 1 und 2 EGV.

202 Matthias Mahlmann, Die Grundrechtecharta der Europäischen Union, aaO., S. 435.

203 Vgl. Hans D. Jarass, EU-Grundrechte, aaO., S. 338; Eibe Riedel, in: Jürgen Meyer, Kommentar zur Charta der Grundrechte der Europäischen Union, 2003, S. 339.

204 Eibe Riedel, aaO., S. 346.

vorgeht, einen wie immer gestalteten Arbeitsvermittlungsdienst einzurichten und zu finanzieren,[205] beschränkt Art. 29 sich *de facto* darauf, diskriminierungsfreien Zugang zu bestehenden – staatlichen oder mit staatlicher Unterstützung geschaffenen – Stellen zu gewährleisten.

Schutz gegen ungerechtfertigte Entlassungen bietet Art. 30, dem allerdings nur beschränkte Effizienz zukommt, weil diese Vorschrift kein objektives Schutzniveau sichert, sondern diesbezüglich auf die bestehenden gemeinschaftsrechtlichen und einzelstaatlichen Vorschriften und Gepflogenheiten Bezug nimmt.

Art. 31 der Charta postuliert in Absatz 1 ein allgemeines, inhaltlich weitgehend unbestimmtes Recht auf „gesunde, sichere und würdige Arbeitsbedingungen"; in Absatz 2 werden gewisse arbeitsschutzrechtliche Aspekte konkretisiert, so das Arbeitnehmerrecht auf eine Begrenzung der Höchstarbeitszeit, auf tägliche und wöchentliche Ruhezeiten sowie auf bezahlten Jahresurlaub. Obwohl nicht ausdrücklich auf europäische und nationale Schutzstandards verwiesen wird, dürfte doch auf der Hand liegen, dass auch hier geltende Konventionen und Richtlinien als Auslegungshilfen herangezogen werden können.[206]

Sonderregelungen für den Schutz gesunder, sicherer und würdiger Arbeitsbedingungen (im Sinne vom Art. 31) enthält Art. 32 über das Verbot der Kinderarbeit und den Schutz der Jugendlichen am Arbeitsplatz. Diese letzteren Bestimmungen können zugleich als *leges speciales* gegenüber den allgemeinen Vorschriften über den Schutzanspruch von Kindern (Art. 24, siehe oben) interpretiert werden.

Als Ergänzung zu dem allgemeinen Recht auf Eheschließung und Familiengründung (Art. 9) schützt Art. 33 der Charta die Institution der Familie als Wirtschafts- und Sozialgemeinschaft. Dieser Artikel soll vornehmlich Familien- und Berufsleben miteinander in Einklang bringen und auf eine Flexibilisierung in diesen beiden Lebensbereichen hinwirken. Als konkrete Schutzziele werden der arbeitsrechtliche Mutterschutz und der Elternurlaub genannt.

Art. 34, 35 und 36 haben miteinander gemein, dass sie wirtschaftliche und soziale Teilhaberechte begründen, nämlich den Zugang zu staatlichen oder sonstig öffentlichen Leistungen der sozialen Sicherheit und sozialen Unterstützung, des Gesundheitswesens und der Dienstleistungen von allgemeinem wirtschaftlichen Interesse.

Art. 34 der Charta, der sich begrifflich und strukturell unverkennbar an die Europäische Sozialcharta anlehnt, namentlich deren Trennung von sozialer Sicherheit und sozialer Unterstützung übernimmt, gewährt ein Grundrecht auf so-

205 Vgl. Sebastian Krebber, in: Christian Calliess/Matthias Ruffert, EUV/EGV. Das Verfassungsrecht der Europäischen Union mit Europäischer Grundrechtecharta, aaO., S. 2654.

206 Rudolf Streinz, EUV/EGV, Vertrag über die Europäische Union und Vertrag zur Gründung der Europäischen Gemeinschaft, 2003, S. 2628.

zialrechtliche Gleichbehandlung hinsichtlich von Ansprüchen auf Leistungen der sozialen Sicherheit und auf soziale Vergünstigungen zugunsten jeder Person, die in der Union ihren rechtmäßigen Wohnsitz hat und ihren Aufenthalt rechtmäßig wechselt; die Leistungen und Vergünstigungen richten sich nach dem Gemeinschaftsrecht und den einzelstaatlichen Rechtsvorschriften und Gepflogenheiten (Abs. 1, 2). Zur Bekämpfung von sozialer Ausgrenzung und Armut anerkennt und achtet die Union das Recht auf eine soziale Unterstützung und eine Unterstützung für die Wohnung, die Bedürftigen ein menschenwürdiges Dasein sicherstellen sollen. Auch insoweit wird wieder auf das Gemeinschaftsrecht und die einzelstaatlichen Rechtsvorschriften und Gepflogenheiten verwiesen (Abs. 3). Umstritten ist, inwieweit die angesprochenen Rechte unmittelbar einklagbare Grundrechte oder aber nur ausfüllungsbedürftige Rahmengrundsätze beinhalten.[207]

In diesem Zusammenhang ist festzuhalten, dass die mitgliedstaatlichen Verfassungstraditionen und Sozialrechtssysteme zwar unterschiedliche Rechte bezüglich des Zugangs zu sozialen Leistungen und deren Höhe vorsehen, dass jedoch allen ein Anspruch auf das Existenzminimum gemeinsam ist.[208]

Im Rahmen des Gesundheitsschutzes wird das Recht jeder Person auf Zugang zur Gesundheitsvorsorge und auf ärztliche Versorgung nach Maßgabe der einzelstaatlichen Rechtsvorschriften und Gepflogenheiten anerkannt (Art. 35 Satz 1). Im zweiten Satz dieses Artikels wird außerdem – ähnlich wie bereits in Art. 152 Abs. 1 EGV – der Gesundheitsschutz als Querschnittsklausel anerkannt: „Bei der Festlegung und Durchführung aller Politiken und Maßnahmen der Union wird ein hohes Gesundheitsschutzniveau sichergestellt“.

Ähnlich wie im Bereich des Gesundheitsschutzes wird der Zugang zu Dienstleistungen von allgemeinem wirtschaftlichen Interesse nach Maßgabe der einzelstaatlichen Rechtsvorschriften und Gepflogenheiten in Einklang mit dem EG-Vertrag gewährleistet. Dieser Zugang soll den sozialen und territorialen Zusammenhalt der Union fördern (Art. 36).

Im Anklang an einige mitgliedstaatliche Verfassungen, die den Umweltschutz als Staatszielbestimmung anerkennen, enthält Art. 37 ein Bekenntnis zur einem hohen Umweltschutzniveau und zur Verbesserung der Umweltqualität. Diese Ziele müssen in die Politiken der Union einbezogen und nach dem Grundsatz der nachhaltigen Entwicklung sichergestellt werden (Querschnittsklausel).

Kapitel IV („Solidarität“) schließt mit einem Bekenntnis zu einem hohen Verbraucherschutzniveau als Bestandteil der Politiken der Union (Querschnitts-

---

207 Siehe dazu: Hans D. Jarass, EU-Grundrechte, aaO., S. 362; Thorsten Kingreen, in: Christian Calliess/Matthias Ruffert, EUV/EGV, aaO., S. 2669.

208 Rudolf Streinz, EUV/EGV, aaO., S. 2631.

klausel, Art. 38). Eine Definition des Begriffs des Verbrauchers findet sich in der Grundrechtecharta nicht. Entsprechend dem Verbraucherschutzverständnis in Art. 153 EGV dürfte aber der Schutz der wirtschaftlichen Interessen der Verbraucher im Vordergrund stehen.[209]

4.3.6. Bürgerrechte

Die in Kapitel V der Charta enthaltenen „Bürgerrechte" gewährleisten an erster Stelle Unionsbürgerrechte, wie sie bereits seit dem Maastrichter Unionsvertrag im zweiten Teil (Art. 17–22) des EG-Vertrags verankert sind. Erwartungsgemäß sollten diese Grundrechte nur Unionsbürgern zustehen, jedoch umfasst Kapitel V auch Bürgerrechte, auf die sich alle Menschen, mithin auch Staatsangehörige aus Drittländern, berufen können. Zu letzteren Rechten gehören u. a. die Freizügigkeit und das Aufenthaltsrecht für Drittlandsangehörige (Art. 45 Abs. 2 der Charta), des Weiteren das universelle, d.h. für alle Menschen unterschiedslos geltende, „Recht auf eine gute Verwaltung" (Art. 41 der Charta) sowie dessen verschiedene Teilausprägungen, wie das Recht auf Zugang zu Dokumenten der Gemeinschaftsorgane (Art. 42 der Charta),[210] das Recht auf Befassung des „Bürgerbeauftragten" (Art. 43 der Charta) und das Petitionsrecht an das Europäische Parlament (Art. 44 der Charta).[211] Die drei letztgenannten Artikel verleihen Rechte sowohl den Unionsbürgern als auch natürlichen oder juristischen Personen mit Wohnsitz oder satzungsmäßigem Sitz in einem Mitgliedstaat.

Hingegen beschränken die Bürgerrechte im engeren Sinn ihren Anwendungsbereich auf die Unionsbürger. Diese besitzen das aktive und passive Wahlrecht bei den Wahlen zum Europäischen Parlament in dem Mitgliedstaat, in dem sie ihren Wohnsitz haben (Art. 39 der Charta).[212] Sie besitzen ferner das aktive und passive Wahlrecht bei den Kommunalwahlen in dem Mitgliedstaat, in dem sie ihren Wohnsitz haben (Art. 40 der Charta).[213]

Auch das Recht auf diplomatischen und konsularischen Schutz ist als Unionsbürgerrecht angelegt: Die Unionsbürger genießen im Hoheitsgebiet eines Dritt-

---

209 Vgl. Johannes Christian Wichard, in: Christian Calliess/Matthias Ruffert, EUV/EGV, aaO., S. 2677 ff.

210 Art. 42 bezieht sich ausschließlich auf Dokumente des Europäischen Parlaments, des Rates und der Kommission, nicht auf sonstige Akten der Verwaltung mit Gemeinschaftsbezug. Diese Bestimmung begründet daher kein allgemeines Akteneinsichtsrecht in Gemeinschaftsangelegenheiten.

211 Ähnlich schon Art. 21 EGV i. V. m. Art. 194, 195 EGV.

212 Ähnlich schon Art. 19 Abs. 2 EGV.

213 Ähnlich schon Art. 19 Abs. 1 EGV.

landes, in dem der Mitgliedstaat, dessen Staatsangehörigkeit sie besitzen, nicht vertreten ist, den Schutz der diplomatischen und konsularischen Stellen eines jeden Mitgliedstaats unter denselben Bedingungen wie Staatsangehörige dieses Staates (Art. 46 der Charta).[214]

Besondere praktische Bedeutung kommt dem „modernen" Jedermannsrecht auf eine „gute Verwaltung" (Art. 41 der Charta) zu, das verschiedene von der Rechtsprechung des EuGH entwickelte rechtsstaatliche Grundsätze des Verwaltungshandelns zusammenfasst.[215] Es zielt darauf hin, administratives Tätigwerden der Mitgliedstaaten und der Union möglichst bürgernah und effizient zu gestalten.[216] Danach hat jede Person ein Recht darauf, „dass ihre Angelegenheiten von den Organen und Einrichtungen der Union unparteiisch, gerecht und innerhalb einer angemessenen Frist behandelt werden" (Art. 41 Abs. 1). Dieses Recht umfasst insbesondere (Art. 41 Abs. 2):

- das Recht einer jeden Personen, gehört zu werden, bevor ihr gegenüber eine für sie nachteilige individuelle Maßnahme getroffen wird;
- das Recht einer jeden Person auf Zugang zu den sie betreffenden Akten unter Wahrung des legitimen Interesses der Vertraulichkeit sowie des Berufs- und Geschäftsgeheimnisses;
- die Verpflichtung der Verwaltung, ihre Entscheidungen zu begründen.

Aus dem Recht auf eine gute Verwaltung leitet sich außerdem für jede Person ein Anspruch darauf ab, dass die Gemeinschaft den durch ihre Organe oder Bediens-

214 Ähnlich schon Art. 20 EGV.

215 Noch ungeklärt ist, ob Art. 41 der Charta auch die prätorisch vom EuGH entwickelten und ausgeprägten Verfahrensgrundrechte und rechtsstaatlichen Prinzipien wie die Gesetzmäßigkeit der Verwaltung, die Rechtssicherheit oder den Vertrauensschutz umfasst, oder ob es sich bei letzteren um übergeordnete Maximen handelt, die unmittelbar aus der Grundidee der Gerechtigkeit fließen.
Diese Fragestellung läuft darauf hinaus, ob das Recht auf eine „gute Verwaltung" ein – einklagbares – Individualrecht (so Georg J. Schmittmann, Rechte und Grundsätze in der Grundrechtecharta, 2007, S. 128; Hans D. Jarass, EU-Grundrechte, aaO., S. 399) oder lediglich einen – nicht unmittelbare einklagbaren – übergeordneten Rechtsgrundsatz (so Jürgen Meyer/Markus Engels, Die Charta der Grundrechte der Europäischen Union, 2001, S. 31) darstellt.
Soweit ersichtlich, wurde das erste Urteil eines Gemeinschaftsgerichts (EuG) zu Art. 41 der Charta in 2002 erlassen. Das EuG nahm dabei unterstützend auf diese Vorschrift Bezug, um eine Pflicht der Kommission zu unparteiischem Verhalten in einem förmlichen Prüfungsverfahren herzuleiten: Urteil vom 4.4.2002, Glaswerke Ilmenau./.Kommission, Rs. T-198/01 R, EuGE 2002, II-2153, II-2184 f.

216 Vgl. Matthias H. Knecht, Die Charta der Grundrechte der Europäischen Union: Eine Würdigung der Entstehung und rechtsvergleichende grundrechtsdogmatische Analyse, aaO., S. 199.

teten in Ausübung ihrer Amtstätigkeit verursachten Schaden ersetzt, und zwar nach den allgemeinen Rechtsgrundsätzen, die den Rechtsordnungen der Mitgliedstaaten gemeinsam sind (Grundsatz der Gemeinschaftshaftung, Art. 41 Abs. 3).

Schließlich impliziert das Recht auf eine gute Verwaltung, dass sich jede Person in einer der Sprachen der Verträge an die Organe der Union wenden kann und eine Antwort in derselben Sprache erhalten muss (Art. 41 Abs. 4).

4.3.7. Justizielle Rechte

Kapitel VI der Charta kodifiziert unter dem Titel „Justizielle Rechte" rechtsstaatliche Verfahrensgarantien, die im Wesentlichen den gerichtlichen Verfahrensgarantien der Europäischen Menschenrechtskonvention (insbesondere deren Art. 6, 7, 13) entsprechen.

Im Mittelpunkt steht Art. 47 der Charta, der als „Jedermannsrecht" die traditionell in allen Rechtsstaaten anerkannten Ausprägungen des Rechts auf effizienten Rechtsschutz und ein faires Verfahren summarisch auflistet. Die Rechtsprechung des EuGH dient hierbei als ein wichtiger Ausgangpunkt. Dieser hat in dem Urteil in der Rechtssache „Les Verts" die Europäische Gemeinschaft als eine „Rechtsgemeinschaft der Art [qualifiziert], dass weder die Mitgliedstaaten noch die Gemeinschaftsorgane der Kontrolle darüber entzogen sind, ob ihre Handlungen im Einklang mit der Verfassungsurkunde der Gemeinschaft, dem Vertrag, stehen".[217]

Art. 47 ist im Lichte dieser Rechtsprechung auszulegen. Er schreibt zwar vor, dass wirksame Rechtsbehelfe und faire Verfahren (Postulat des „*due process*" bzw. „*fair trial*") zur Verfügung stehen müssen, macht aber keine Vorgaben zur konkreten Ausgestaltung des Rechtsschutzsystems und der Verfahrensarten. Insbesondere begründet diese Vorschrift keinen Anspruch auf ein mehrstufiges Verfahren.[218]

Im Einzelnen gewährleistet Art. 47 Abs. 1 jeder Person, deren unionsrechtlich garantierte Rechte und Freiheiten verletzt wurden, das Recht, bei einem Gericht einen wirksamen Rechtsbehelf einzulegen. Absatz 2 dieses Artikels spricht jedermann ein Recht zu, dass seine Sache von einem unabhängigen, unparteiischen und durch Gesetz errichteten Gericht in einem fairen Verfahren, öffentlich und innerhalb einer angemessenen Frist verhandelt wird. Die Parteien haben das Recht, sich vor Gericht beraten, verteidigen und vertreten zu lassen. Art. 47 Abs. 3 sichert bedürftigen Parteien Prozesskostenhilfe zu.

217 Urteil vom 23.4.1986, Les Verts./.Europäisches Parlament, Rs. 294/83, EuGHE 1986, 1339, 1365 f.

218 Vgl. Udo Ostermann, Entwicklung und gegenwärtiger Stand der Europäischen Grundrechte nach der Rechtsprechung des Europäischen Gerichtshofs sowie des Gerichts erster Instanz, aaO., S. 215.

Weitere grundlegende Garantien straf- und strafprozessrechtlicher Natur sind in Art. 48 bis 50 der Charta verankert. Sie haben ihre Grundlage zum Teil in entsprechenden Bestimmungen der EMRK, zum Teil in der rechtsschöpferischen Judikatur den EuGH.

So garantiert Art. 48 Abs. 1 (analog zu Art. 6 Abs. 2 EMRK) die strafrechtliche Unschuldsvermutung; Absatz 2 dieses Artikels gewährleistet (analog zu Art. 6 Abs. 3 EMRK) die Achtung der Verteidigungsrechte des Angeklagten, wozu in erster Linie dessen Recht auf rechtliches Gehör zählt. Die klassischen Verbote der Rückwirkung von Strafgesetzen („*nullum crimen, nulla poena sine lege*", analog zu Art. 7 EMRK)[219] und der Unverhältnismäßigkeit des Strafmaßes[220] sind in Art. 49 niedergelegt.

Art. 50 der Charta schließlich verbietet die Doppelbestrafung für ein und dieselbe Straftat („*ne bis in idem*", analog zu Art. 4 des Zusatzprotokolls Nr. 7 zur EMRK).[221]

4.3.8. Allgemeine Bestimmungen

Kapitel VII der Grundrechtecharta enthält allgemeine horizontale Bestimmungen über die Wirkungen der Charta, vornehmlich deren „Anwendungsbereich" (Art. 51), die „Tragweite der garantierten Rechte" (Art. 52), das „Schutzniveau" (Art. 53) und das „Verbot des Missbrauchs der Rechte" (Art. 54).[222]

---

219 Das Verbot der Rückwirkung von Strafgesetzen wird durch die sog. „Radbruchsche-Formel" abgeschwächt, wonach positives Recht in Ausnahmefällen der (überpositiven) Gerechtigkeit zu weichen hat: Gustav Radbruch, Gesetzliches Unrecht und übergesetzliches Recht, in: Schweizerische Juristenzeitung (SJZ) 1946, S. 105; vgl. Art. 49 Abs. 2 der Charta.

220 Der Grundsatz der Verhältnismäßigkeit von Straftat und Strafmaß (Art. 49 Abs. 3 der Charta) wird im Schrifttum aus der Menschenwürde in Verbindung mit dem allgemeinen Persönlichkeitsrecht und dem Rechtsstaatsprinzip hergeleitet, vgl. Hans D. Jarass, EU-Grundrechte,aaO., S. 477.

221 Zur diesbezüglichen Rechtsprechung des EuGH, siehe oben Punkt 3.6.8.5. („Verbot der Doppelbestrafung").

222 Art. 51–54 der Charta waren im Grundrechte-Konvent bis zuletzt heftig umstritten. Diese Bestimmungen erfuhren noch in der Schlussphase der Ausarbeitung substanzielle Modifikationen, siehe dazu: Holger Brecht, Änderungen an der EU-Grundrechtecharta. Korrekturen durch Verfassungskonvent und Regierungskonferenz sowie Konsequenzen für die Auslegung der Charta, in: ZEuS 2005, S. 363, 385 ff.

4.3.8.1. Anwendungsbereich der Grundrechtecharta

Für die Standortbestimmung der Grundrechtecharta innerhalb der Grundrechtsarchitektur der Union ist zunächst auf den persönlichen Geltungsbereich der Charta abzustellen. Diesbezüglich macht Art. 51 Abs. 1 deutlich, dass die Charta für die Organe und Einrichtungen der Union, unter Einhaltung des Subsidiaritätsprinzips, und für die Mitgliedstaaten ausschließlich bei der Durchführung des Rechts der Union gilt.[223]

Der in Art. 51 Abs. 1 der Charta verwendete Begriff der „Organe und Einrichtungen der Union“ ist in einem nicht-technischen Sinn, d. h. umfassend, zu verstehen. Er bezeichnet den Europäischen Rat als Treffen der Staats- und Regierungschefs (als einziges genuines Unionsorgan, Art. 4 EUV), aber auch die Organe und Einrichtungen der Europäischen Gemeinschaft (Art. 7 EGV), die für die Union im Wege der Organleihe tätig werden.[224]

Die Mitgliedstaaten sind als Grundrechtsadressaten der Charta nur angesprochen, soweit sie Unionsrecht durchführen.[225] Der Begriff der Durchführung umfasst einerseits den administrativen Vollzug primären oder sekundären Gemeinschaftsrechts durch mitgliedstaatliche Stellen, andererseits aber auch den Erlass nationaler Normativakte aufgrund gemeinschaftsrechtlicher Anordnung, wie z. B. die Umsetzung von Richtlinien.[226]

Fraglich ist, ob das in Art. 51 Abs. 1 der Charta genannte Kriterium „bei der Durchführung des Rechts der Union“ über den Wortlaut hinaus in der Weise extensiv ausgelegt werden kann, dass es auch dann als erfüllt anzusehen ist, wenn *in casu* zwar autonomes nationales Recht Anwendung findet, dieses allerdings das Ziel verfolgt, Beschränkungen der kommunitären Grundfreiheiten (Marktfreiheiten) zu rechtfertigen. Der Verfasser der vorliegenden Abhandlung bejaht die aufgeworfene Frage, da die entgegengesetzte, restriktive Interpretation des Art. 51 Abs. 1 diese Bestimmung ihres *effet utile* berauben würde.

---

223 Der Begriff „gelten für“ kann nicht mit „binden“ gleichgesetzt werden: Bestimmungen, die bloße Grundsätze enthalten, kommt zwar Geltungswirkung, jedoch keine unmittelbare Bindungswirkung für etwaige Adressaten zu, siehe auch Thorsten Kingreen, in: Christian Calliess/Matthias Ruffert, EUV/EGV, aaO., S. 2707 ff.

224 Vgl. Rudolf Streinz, EUV/EGV, aaO., S. 2651; Carolin Eisner, Die Schrankenregelung der Grundrechtecharta der Europäischen Union: Gefahr oder Fortschritt für den Grundrechtsschutz in Europa?, 2005, S. 88.

225 Vgl. Urteil vom 13.4.2000, Karlsson, Rs. C-292/97, EuGHE 2000, I-2737, I-2760, Rdnr. 37: „Die Mitgliedstaaten müssen bei der Durchführung der gemeinschaftsrechtlichen Regelung aber auch die Erfordernisse des Grundrechtsschutzes in der Gemeinschaftsrechtsordnung beachten“.

226 Vgl. Josef Franz Lindner, Grundrechtsschutz gegen gemeinschaftsrechtliche Öffnungsklauseln – zugleich ein Beitrag zum Anwendungsbereich der EU-Grundrechte, in: EuZW 2007, S. 71, 72.

Ist der Anwendungsbereich der Charta *ratione personae* eröffnet, obliegt es den Grundrechtsadressaten, im Rahmen ihrer jeweiligen Zuständigkeiten die in der Charta verankerten Rechte zu achten, sich an deren Grundsätze zu halten und deren Anwendung zu fördern (Art. 51 Abs. 1 Satz 2). Die bestehende Kompetenzverteilung zwischen Union und Mitgliedstaaten bleibt von der Charta ausdrücklich unberührt. Dies wird *ad abundantiam* durch die deklaratorische Kompetenzschutzklausel des Art. 51 Abs.2 bekräftigt, wonach die Charta weder neue Zuständigkeiten noch neue Aufgaben für die Gemeinschaft und für die Union begründet noch die in den Verträgen festgelegten Zuständigkeiten und Aufgaben ändert. Hiermit soll der Befürchtung begegnet werden, aus der Anwendbarkeit kommunitärer Grundrechte könnten Kompetenzgewinne der Union erwachsen.[227]

Aus dem Vorangehenden folgt, dass Konflikte zwischen den Grundrechtsverbürgungen der nationalen Verfassungen und denen der Charta nur in Bereichen auftreten können, in denen mitgliedstaatliches Handeln in den gegenständlichen Anwendungsbereich der Charta fällt, d.h. die Mitgliedstaaten Unionsrecht vollziehen (vgl. Art. 51 Abs. 1 Satz 1 der Charta). In diesen Bereichen kann es zu Überschneidungen kommen, weil die Mitgliedstaaten hier gleichzeitig zwei Rechtsordnungen unterworfen sind, ihrer eigenen heimischen und derjenigen der Union in Gestalt der Grundrechtecharta. Etwaige Kollisionen sind nach dem Prinzip des Maximalstandards zu lösen, d.h. es findet diejenige Rechtsordnung Anwendung, die im konkreten Fall das höchste Niveau des Grundrechtsschutzes gewährleistet. Einer Änderung der Grundrechtsteile der nationalen Verfassungen als Voraussetzung für die Inkraftsetzung der Grundrechtecharta bedarf es nicht, denn in Bereichen, in denen die Mitgliedstaaten (rein) nationales Recht anwenden, unterliegen sie ausschließlich der Bindung an die nationalen Grundrechte. Die Charta ersetzt nicht die nationalen Verfassungen in Bereichen, welche die Beachtung der Grundrechte nur auf nationaler Ebene betreffen.[228]

Art. 51 der Charta nennt als potenzielle Grundrechtsadressaten zwar die Organe und Einrichtungen der Union sowie die Mitgliedstaaten, lässt jedoch eine

227 Die zitierten Regelungen entsprechen der Rechtsprechung des EuGH, wonach die Wahrung der Grundrechte zwar eine Voraussetzung für die Rechtmäßigkeit von Gemeinschaftshandlungen darstellt, diese Rechte aber nicht dazu führen können, den Anwendungsbereich der Vertragsbestimmungen über die Zuständigkeiten der Gemeinschaft hinaus zu erweitern: Urteil vom 17.2.1998, Grant/South-West Trains, Rs. C-249/96, EuGHE 1998, I-621, Rdnr. 45.

228 Vgl. Kommission der Europäischen Gemeinschaften, Mitteilung der Kommission zum Status der Grundrechtscharta der Europäischen Union, 11.10.2000, KOM (2000) 644 endgültig, S. 5. Siehe auch: Manfred Zuleeg, Zum Verhältnis nationaler und europäischer Grundrechte, Funktionen einer EU-Charta der Grundrechte, in: EuGRZ 2000, S. 511.

etwaige Drittwirkung (Horizontalwirkung) von Unionsgrundrechten unerwähnt. Dieser Umstand könnte *argumento e contrario* dahingehend ausgelegt werden, dass Einzelne als Grundrechtsadressaten generell und kategorisch ausscheiden. Dieser Interpretation kann aber im Lichte der Rechtsprechung des EuGH nicht gefolgt werden. Es ist vielmehr gefestigtes Fallrecht des Gerichtshofs, dass unter bestimmten Voraussetzungen auch Einzelpersonen aus grundrechtlichen Gewährleistungen verpflichtet werden können. In erster Linie ist dies der Fall bei Diskriminierungen aus Gründen der Staatsangehörigkeit oder im Bereich der Geschlechtergleichbehandlung.[229] Da die Charta auf dem Grundgedanken des Maximalrechtsschutzes beruht (vgl. Art. 53), erscheint es wünschenswert, dass die von ihr verbrieften Rechte nicht hinter dem bestehenden Schutzniveau zurückbleiben, zu dem auch die prätorisch entwickelte prinzipielle Grundrechtsadressatenfähigkeit natürlicher und juristischer Personen gehört.

Ebenso wenig wie die Horizontalwirkung der von der Charta verliehenen Rechte regelt diese ausdrücklich die Grundrechtsträgerschaft. Auch insoweit ist auf Rechtsprechung und Schrifttum zurückzugreifen. Vereinfacht kann festgestellt werden, dass natürliche Personen und juristische Personen des Privatrechts zum Kreis der potenziellen Grundrechtsträger im Sinne der Charta gehören. Juristische Personen des öffentlichen Rechts, insbesondere territoriale Untergliederungen der Mitgliedstaaten, zählen hingegen nicht dazu.[230]

4.3.8.2. Tragweite der garantierten Rechte

Art. 52 spezifiziert unter dem Titel „Tragweite der garantierten Rechte" die Voraussetzungen und den Umfang möglicher Beschränkungen der in der Charta niedergelegten Rechte und Freiheiten. Diese in der Praxis hoch bedeutsame horizontale Schrankenbestimmung macht einheitliche Vorgaben für die dogmatische Struktur der Unionsgrundrechte. Sie lehnt sich strukturell eng an die Schrankenlehre der EuGH-Rechtsprechung an:

Zunächst muss jede Einschränkung der Ausübung der in der Charta anerkannten Rechte und Freiheiten gesetzlich vorgesehen sein und den Wesensgehalt („essence") dieser Rechte und Freiheiten achten. Zweitens dürfen solche Einschränkungen nur vorgenommen werden, wenn sie erforderlich sind und den von der Union anerkannten, dem Gemeinwohl dienenden Zielsetzungen oder den

229 Carolin Eisner, aaO., S. 94. Siehe dazu auch oben Punkt 3.4.1. („Grundrechtsverpflichtung").

230 Zur Problematik der Grundrechtsträgerschaft siehe: Matthias Mahlmann, Die Grundrechtecharta der Europäischen Union, in: ZEuS 2000, S. 419, 437; Nina Philippi, Die Charta der Grundrechte der Europäischen Union, 2002, S. 35. Siehe dazu auch oben Punkt 3.4.2. („Grundrechtsberechtigung").

Erfordernissen des Schutzes der Rechte und Freiheiten anderer tatsächlich entsprechen. Schließlich sind derartige Einschränkungen dem Grundsatz der Verhältnismäßigkeit unterworfen (Art. 52 Abs. 1).

Art. 52 Abs. 1 der Charta drückt rechtsstaatliche Grundgedanken aus, die den Verfassungstraditionen der Mitgliedstaaten, aber auch der EMRK als Rechtserkenntnisquellen entstammen und die bereits Eingang in die Judikatur des EuGH gefunden haben.[231] Diese Bestimmung nennt als Grundrechtsschranken in formaler Hinsicht den Gesetzesvorbehalt, in materieller Hinsicht die Verfolgung eines legitimen Ziels (Erfordernisse des Gemeinwohls oder, alternativ, Schutz konkurrierender Individualpositionen). Als sogenannte Schranken-Schranken werden die Wesensgehaltsgarantie und der Verhältnismäßigkeitsgrundsatz identifiziert.[232] Hierbei ist besonders das Verhältnismäßigkeitsprinzip hervorzuheben, beschränkt sich doch der EuGH bei der Grundrechtsanalyse nicht selten auf die bloße Prüfung des Wesensgehalts.[233] Darauf hinzuweisen ist auch, dass einzelne Grundrechte der Charta durchaus eigenen (vertikalen) Schranken oder aber einem Vorbehalt einzelstaatlicher Gesetze und Gepflogenheiten unterliegen können.[234] Diese spezifischen Einschränkungen genießen als *leges speciales* Anwendungsvorrang vor den allgemeinen, horizontalen Schranken.

Sondervorschriften finden sich in Art. 52 Abs. 2 und 3, die das Verhältnis der Grundrechtecharta zu den Gemeinschaftsverträgen (bzw. zum Unionsvertrag) und zur EMRK beleuchten. Diese Vorschriften übernehmen die in den Verträgen und der EMRK anerkannten Grundrechte als Chartarechte (sog. Transferklausel). Im Einzelnen ist festzuhalten:

- Für die Rechte, die in den Gemeinschaftsverträgen bzw. im Unionsvertrag begründet sind, gilt, dass ihre Ausübung im Rahmen der durch diese Ge-

---

231 Vgl. Dororthee von Arnim, Der Standort der EU-Grundrechtecharta in der Grundrechtsarchitektur Europas, aaO., S. 317. Bemerkenswert ist, dass die Grundrechtecharta nicht ausdrücklich sogenannte „absolute Rechte“ verbürgt, d. h. Rechte, die keinerlei Einschränkungen unterliegen. Ein Anklang an das Konzept der „absoluten Rechte“ findet sich aber in Art. 1 der Charta, der die „Würde des Menschen“ für „unantastbar“ erklärt (siehe dazu oben Punkt 4.3.2.). Entsprechendes gilt für das Verbot der Folter und der unmenschlichen oder erniedrigenden Behandlung, die letztlich aus der Würde des Menschen abzuleiten sind (Art. 4).

232 Definitionen des Wesensgehalts und der Verhältnismäßigkeit finden sich in der Grundrechtecharta nicht, so dass zur Klärung dieser Begriffe in erster Linie auf die gefestigte Rechtsprechung des EuGH zurückzugreifen ist, der sich seinerseits vornehmlich an den Verfassungstraditionen der Mitgliedstaaten orientiert. Siehe dazu oben Punkte 3.5.3. und 3.6.7.; vgl. auch Carolin Eisner, aaO., S. 141.

233 Vgl. Markus Kenntner, Die Schrankenbestimmungen der EU-Grundrechtecharta – Grundrechte ohne Schutzwirkung?, in: ZRP 2000, S. 423, 424.

234 Z. B. Art. 8, 9, 10 Abs., 2, 14 Abs. 3, 16, 17 Abs. 1, 23, 27, 28, 30, 34,35, 36 der Charta.

meinschaftsverträge bzw. den Unionsvertrag festgelegten Bedingungen und Grenzen erfolgt (Art. 52 Abs. 2).

- Besondere praktische Relevanz kommt in diesem Kontext Art. 52 Abs. 3 der Charta zu, der sich auf das Verhältnis der Grundrechtecharta zur EMRK bezieht. Dieses Verhältnis ist durch das immanente Risiko divergierender Rechtsprechungslinien des Europäischen Gerichtshofs (EuGH) und des Europäischen Gerichtshofs für Menschenrechte (EGMR) gekennzeichnet. Um Konflikte zwischen den beiden Gerichten und den durch sie geprägten Rechtsinstrumenten tunlichst zu vermeiden, wird die Regel aufgestellt, dass bei korrespondierenden Rechten in der Charta und der EMRK diese Rechte in beiden Texten die gleiche Bedeutung und Tragweite haben (Konformitätsklausel, Art. 52 Abs. 3 Satz 1). Die genannte Auslegungsregel steht jedoch dem nicht entgegen, dass das Recht der Union einen weiter gehenden Schutz gewährt (Art. 52 Abs. 3 Satz 2), die EMRK demnach nur Mindeststandards sichert.
- Art. 52 Abs. 3 der Charta kann als zentrale Norm für die Standortbestimmung der Charta im bestehenden System des europäischen Grundrechtsschutzes gewertet werden. Über diese Norm wird fast der gesamte materielle Rechtsschutz der EMRK und ihrer Zusatzprotokolle inhaltlich übernommen, so dass, unabhängig von einem formellen Beitritt, zu Recht bereits von einem materiellen Beitritt der Union zur EMRK gesprochen werden kann. Dies hat zur Folge, dass für die Auslegung der inkorporierten Rechte letztlich die Rechtsprechung des EGMR maßgeblich ist, da nur auf diese Weise die angestrebte Kohärenz der Europäischen Grundrechte-Rechtsordnung gewährt bleiben kann.[235]

4.3.8.3. Schutzniveau

Eine weitere Auslegungsregel enthält Art. 53 der Charta. Dieser regelt, ähnlich wie Art. 52 Abs. 2 und 3, das Verhältnis der Grundrechtecharta zu anderen Grundrechtskodifikationen, und zwar im Sinne einer „Meistbegünstigungsklausel".[236] Anders als in den letztgenannten Vorschriften geht es hier aber nicht um den Einfluss anderer Grundrechtsverbürgungen auf die Auslegung und Anwendung der Grundrechtecharta, sondern vielmehr umgekehrt um die aus der Etablierung der Grundrechtecharta zu ziehenden Konsequenzen für die Auslegung und Anwendung völkerrechtlicher und einzelstaatlicher Grundrechtsordnungen.[237]

235 Vgl. Carolin Eisner, aaO., S. 150,; Dorothee von Arnim, aaO., S. 393.

236 Hans-Werner Rengeling/Peter Szczekalla, Grundrechte in der Europäischen Union – Charta der Grundrechte und allgemeine Rechtsgrundsätze, 2004, S. 267.

237 Thorsten Kingreen, in: Christian Calliess/Matthias Ruffert, EUV/EGV, aaO., S. 2739.

Art. 53 besagt, dass keine Bestimmung dieser Charta als eine Einschränkung oder Verletzung der Menschenrechte und Grundfreiheiten auszulegen ist, die in dem jeweiligen Anwendungsbereich durch das Recht der Union und das Völkerrecht sowie durch die internationalen Übereinkommen der Union, der Gemeinschaft oder aller Mitgliedstaaten (einschließlich der EMRK) sowie durch die Verfassungen der Mitgliedstaaten anerkannt werden.[238]

Damit beruht auch Art. 53 der Charta auf der Grundannahme, dass dieses Instrument keinesfalls das Schutzniveau der bestehenden – internationalen oder nationalen – Grundrechtsverbürgungen zurücknehmen, sondern vielmehr den *status quo* konsolidieren und weiterentwickeln soll. Art. 53 kann in dieser Perspektive als Kollisionsnorm verstanden werden, die an den geltenden Rechten und Rechtserkenntnisquellen nichts ändert. Durch sie wird klargestellt, dass nur dann ein Mindeststandard festzulegen ist, wenn auf einen bestimmten Sachverhalt gleichartige Grundrechte aus verschiedenen Rechtsquellen anwendbar sind und der Betroffene sich auf das für ihn günstigste Recht beruft.[239]

4.3.8.4. Verbot des Missbrauchs der Rechte

Die Schlussbestimmung der Charta (Art. 54) kann als der chartaspezifische Ausdruck des allgemeinen Missbrauchsverbots verstanden werden. Sie schützt den unionsrechtlichen Grundrechtsbestand vor missbräuchlicher Inanspruchnahme. Danach verbietet es sich, irgendeine Bestimmung dieser Charta so auszulegen, als begründe sie das Recht, eine Tätigkeit auszuüben oder eine Handlung vorzunehmen, die darauf abzielt, die in der Charta anerkannten Rechte und Freiheiten abzuschaffen oder sie stärker einzuschränken, als dies in der Charta selbst vorgesehen ist.

Art. 54, der sich nach Zielrichtung und Formulierung an Art. 17 EMRK[240] orientiert, entspricht einem Anliegen der „wehrhaften Demokratie“;[241] er soll vor einer Aushöhlung elementarer Rechte und Freiheiten schützen. Demzufolge soll

---

238 Art. 53 der Grundrechtecharta ist dem weitgehend gleichlautenden Art. 53 EMRK nachempfunden, wonach diese Konvention „nicht so auszulegen [ist], als beschränke oder beeinträchtige sie Menschenrechte und Grundfreiheiten, die in den Gesetzen einer Hohen Vertragspartei oder in einer anderen Übereinkunft, deren Vertragspartei sie ist, anerkannt werden“.

239 Dorothee von Arnim, aaO., S. 369.

240 Art. 17 EMRK lautet: „Diese Konvention ist nicht so auszulegen, als begründe sie für einen Staat, eine Gruppe oder eine Person des Recht, eine Tätigkeit auszuüben oder eine Handlung vorzunehmen, die darauf abzielt, die in der Konvention festgelegten Rechte und Freiheiten abzuschaffen oder sie stärker einzuschränken, als es in der Konvention vorgesehen ist“.

241 Rudolf Streinz, EUV/EGV, aaO., S. 2657.

der Schutz vor Rechtsmissbrauch greifen, wenn die Rechte von Privatpersonen oder Hoheitsträgern dazu benutzt werden, die Rechte anderer in unverhältnismäßiger Weise einzuschränken oder zu missbrauchen. In diesem Fall soll eine Berufung auf diejenigen Grundrechte ausgeschlossen sein, die konkret missbräuchlich in Anspruch genommen werden.[242]

4.4. Zusammenfassende Würdigung der Grundrechtecharta

Zusammenfassend kann als Verdienst der Grundrechtecharta festgehalten werden, dass diese eine Gesamtheit von Rechten, die bisher über eine Pluralität nationaler und internationaler Instrumente zerstreut waren, in einem einzigen Dokument zusammengeführt hat; sie verkörpert den zentralen Wesensgehalt des europäischen *acquis* auf dem Gebiet der Grundrechte.

So verbrieft die Charta als umfassendes Dokument alle einschlägigen persönlichen (bürgerlichen, politischen, wirtschaftlichen und sozialen) Rechte, einschließlich der Rechte aus der Unionsbürgerschaft, und unterstreicht damit das Prinzip der Unteilbarkeit der Grundrechte. Die klassische völkerrechtliche Unterscheidung zwischen bürgerlichen und politischen Rechten einerseits und wirtschaftlichen und sozialen Rechten andererseits wurde aufgegeben. Vielmehr gruppiert die Charta sämtliche Rechte um einige wenige Grundprinzipien, wie die Menschenwürde, die elementaren Freiheiten, Gleichheit, Solidarität, Unionsbürgerschaft und justizielle Rechte. Mit Ausnahme von Rechten, die speziell mit der Unionsbürgerschaft verknüpft sind (z. B. die Teilnahme an den Wahlen zum Europäischen Parlament oder an den lokalen Wahlen), verbürgt die Charta „Jedermannsrechte", die dadurch gekennzeichnet sind, dass sie allen Personen, unabhängig von der Staatsangehörigkeit oder dem Wohnsitz, zugute kommen.

Ein weiteres Verdienst der Grundrechtecharta besteht in dem Anerkenntnis einer gewissen Zahl „moderner" Rechte, welche die „klassischen" Rechte – wie sie in der Europäischen Menschenrechtskonvention verbrieft sind – abrunden und ergänzen. Derartige neue Rechte umfassen beispielsweise den Datenschutz oder Rechte im Bereich der Bioethik, die den Herausforderungen der modernen Informationstechnologie bzw. Genetik begegnen sollen. Ein weiterer Typ sogenannter moderner Rechte resultiert aus der Notwendigkeit administrativer Transparenz; er betrifft u. a. den Zugang zu Dokumenten der Gemeinschaftsorgane.

Hervorzuheben ist auch, dass die in der Charta verbrieften Rechte nicht nur ein umfängliches Instrumentarium für den Schutz der Einzelnen zur Verfügung

242 Hans-Werner Rengeling/Peter Szczekalla, Grundrechte in der Europäischen Union, aaO., S. 272.

stellen, sondern auch objektive Prinzipien zur Regelung der politischen und gesellschaftlichen Ordnung enthalten. In dieser doppelten Perspektive stellen sie eine bedeutende Quelle der Inspiration und Orientierung, vor allem für die Rechtsprechung des EuGH, dar, und zwar auch, soweit sie – wie beim gegenwärtigen Rechtsstand – noch in das Gewand einer nicht bindenden Proklamation gekleidet sind.[243] Sie erfüllen ihre Doppelfunktion als Individualschutzgarantien und objektive Ordnungskriterien primär in Bezug auf Unionsorgane und -einrichtungen, aber auch im Hinblick auf Mitgliedstaaten, sei es bei der administrativen Implementierung von Unionsrecht oder beim Erlass von Maßnahmen zur Beschränkung individueller Rechte etwa aus Gründen des *ordre public*. Hierbei übernehmen die von der Charta anerkannten Rechte oft die Funktion von Schrankenbestimmungen gegenüber Eingriffen in individuelle Rechtspositionen.[244]

Schließlich sollte nicht verkannt werden, dass die Grundrechtecharta die Einigkeit unter den Mitgliedstaaten und Bürgern der Europäischen Union fördert und vertieft und dadurch deren gemeinsame Identität stärkt. Das Dokument macht deutlich, dass die Union und ihre Mitgliedstaaten und Bürger sich zu gemeinsamen demokratisch-rechtsstaatlichen Idealen und Überzeugungen bekennen, die von der Vorherrschaft des Rechts geprägt sind. Demokratie wird im diesem Sinne nicht nur als eine formale Regierungsform, sondern auch als eine Gemeinschaft politischer, geistiger und moralischer Werte verstanden, die maßgeblich in den Grundrechten zum Ausdruck kommt.

243 Vgl. Kommission der Europäischen Gemeinschaften, Mitteilung der Kommission zum Status der Grundrechtscharta der Europäischen Union, 11.10.2000, KOM (2000) 644 endgültig, S. 5 f.

244 Vgl. Manfred A. Dauses, The Protection of Fundamental Rights in the Community Legal Order, in: ELR 1985, S. 398, 418.

5. Auf dem Weg zu einem verbindlichen Grundrechtskatalog

5.1. Vorbemerkung

Die Europäische Grundrechtecharta, die am 7.12.2000 auf dem Gipfeltreffen von Nizza feierlich verkündet wurde, hat – wie oben dargestellt – bisher nur den Charakter einer unverbindlichen Proklamation, die dem *soft law* zuzurechnen ist.

Unverbindliche Grundrechtskataloge bringen zwar bereits als solche gewisse unverkennbare Vorteile mit sich: Sie vermitteln Transparenz, Anschaulichkeit und Bürgernähe und erfüllen so eine nützliche Leit- und Orientierungsfunktion. Andererseits weist ein rein prätorisch entwickeltes, nicht-schriftliches Grundrechtsschutzsystems grundlegende Schwächen auf: Die Schutztatbestände, der Kreis der Grundrechtsberechtigten und -verpflichteten, die Grundrechts-Schranken und Schranken-Schranken erschließen sich mangels Transparenz rein kasuistischer Entscheidungen dem Laien, aber selbst dem Fachmann nicht ohne weiteres. Es bedarf vielmehr einer intensiven Analyse der einzelnen Judikate und eventuell auch noch der einschlägigen Fachliteratur, um sich einen hinreichenden Überblick über Entwicklung und Stand des unionalen Grundrechtsschutzes zu verschaffen. Dieser Arbeits- und Verständnisaufwand kann durch eine systematische und übersichtliche Kodifizierung, auch nicht verbindlicher Natur, zwar nicht völlig eingespart, aber zumindest erheblich verringert werden. Kodifizierungen haben im allgemeinen den Vorteil sprachlich größerer Kürze und höherer Dichte; auch verzichten sie zumeist auf dem Laien unverständliche rechtsdogmatische Fachausdrücke und Konstruktionen, wodurch der gedankliche Inhalt einsichtiger gemacht werden kann.[245]

Ein weiterer Gewinn einer, wenn auch unverbindlichen, Grundrechtskodifikation besteht darin, einen Konsens über gemeinsame Überzeugungen und Wertvorstellungen widerzuspiegeln, was den Übergang von der Wirtschafts- zur Rechtsgemeinschaft sichtbar manifestiert[246] und zudem integrationsverstärkend wirkt.

Da von bloßen Proklamationen aber keine unmittelbare politische und gesellschaftliche Gestaltungskraft ausgeht, können diese nur beschränkt Rechtssicherheit und Legitimation gewährleisten. Die volle Verwirklichung dieser Ziele lässt

245 Gunter M. Hoffmann, Grundrechte in Europa – braucht Europa einen Grundrechtskatalog?, 1995, S. 67 f., mit Nachweisen.

246 Siegbert Alber/Ulrich Widmaier, Die EU-Charta der Grundrechte und ihre Auswirkungen auf die Rechtsprechung. Zu den Beziehungen zwischen EuGH und EGMR, in: EuGRZ 2000, S. 497, 499.

sich nur durch rechtsverbindliche Dokumente erreichen, wobei allerdings präzisierend darauf hinzuweisen ist, dass auch der Inhalt geschriebener Grundrechte letztlich durch die Rechtsprechung geprägt und ausgeformt wird.

Dementsprechend wird bereits seit Jahrzehnten im europarechtlichen Schrifttum die Forderung nach einem schriftlich ausformulierten, verbindlichen Grundrechtskatalog erhoben.[247] Von diesem Postulat, das seither nicht an Aktualität verloren hat, ging auch der unter dem Vorsitz von Altbundespräsident Roman Herzog tagende Grundrechtskonvent aus. Danach sollte die Charta in zwei Stufen verwirklicht werden: Einer feierlichen Proklamation als erster Schritt sollte als zweiter Schritt die Überlegung folgen, auf welche Weise die verabschiedete Charta in das Primärrecht der Union eingegliedert werden könnte. Gedacht war dabei in erster Linie an die damals in Vorbereitung befindliche „Verfassung für Europa". Bereits bei der Ausarbeitung der Charta sollte die Finalität ihrer Integration in die zukünftige Verfassung im Auge behalten werden, die Charta mithin so ausgestaltet werden, „als ob" sie bestimmt wäre, Bestandteil des „Vertrags über eine Verfassung für Europa" zu werden. Dieser sogenannte „als ob"- Ansatz wurde vom Europäischen Rat auf dessen Tagung von Köln am 3. und 4.6.1999 und sodann vom Europäischen Parlament in politischer Hinsicht bestätigt.[248]

Vice versa sah der "Vertrag über eine Verfassung für Europa", dessen Ratifizierung bekanntlich am negativen Ausgang der Plebiszite in Frankreich und den Niederlanden scheiterte, vor, dass die Grundrechtecharta als Kapitel II in den Verfassungstext aufgenommen werden sollte. Die Charta sollte damit keine bloße feierliche Proklamation mit reinem Symbolgehalt und rein theoretischem Rechtserkenntniswert bleiben, sondern sollte an hierarchisch ranghöchster Stelle unmittelbar rechtliche Verbindlichkeit erlangen.

Auch nach dem Scheitern der anspruchsvollen Verfassungspläne wurde das Bestreben, die Grundrechtecharta in den Rang von Primärrecht zu erheben, nicht

---

247 Dazu Udo Ostermann, Entwicklung und gegenwärtiger Stand der europäischen Grundrechte nach der Rechtsprechung des Europäischen Gerichtshofs sowie des Gerichts erster Instanz, aaO., S. 220 f., mit Nachweisen; Ingolf Pernice, Gemeinschaftsverfassung und Grundrechtsschutz – Grundlagen, Bestand, Perspektiven, in: NJW 1990, S. 2409, 2418 f.; Meinhard Hilf, Ein Grundrechtskatalog für die Europäische Gemeinschaft, in: EuR 1991, S. 19 ff.; Manfred A. Dauses, Der Schutz der Grundrechte in der Europäischen Gemeinschaft, in: JÖR 1982, S. 1, 17 ff.; Ellen Chwolik-Lanfermann, Braucht die Europäische Union einen Grundrechtskatalog?, in: ZRP 1995, S. 126, 129 f.

248 Conclusions of the Presidency of the Cologne European Council, 3 and 4 June 1999, Annex IV. Resolution A5-0064/2000 of the European Parliament on the elaboration of a Charter of Fundamental Rights of the European Union: minutes of the plenary session of 16 March 2000; Resolution B5-767/2000 of the European Parliament on the Charter of Fundamental Rights: minutes of the plenary session of 3 October 2000.

aufgegeben. Es wurde vielmehr Übereinstimmung im Europäischen Rat erzielt, dass die Charta nunmehr strukturell mit dem – als funktioneller Nachfolgevertrag des Verfassungsvertrags in Aussicht genommenen – „Reformvertrag“ von Lissabon verknüpft werden sollte. In diesem letzteren Vertragswerk, das zwar von allen Mitgliedstaaten unterzeichnet, jedoch, aufgrund des ablehnenden Volksentscheids in Irland, noch nicht von allen Mitgliedstaaten ratifiziert worden ist, wurde nicht die technische Lösung einer Inkorporation der Grundrechtecharta in das Vertragscorpus gewählt. Vielmehr begnügte man sich mit einem bloßen Querverweis auf die Grundrechtecharta, verbunden mit dem Hinweis, dass das in Bezug genommene Dokument den gleichen Rang wie die Verträge haben soll:

„Die Union erkennt die Rechte, Freiheiten und Grundsätze an, die in der Charta der Grundrechte der Europäischen Union vom 7. Dezember 2000 in der am 12. Dezember 2007 in Straßburg angepassten Fassung niedergelegt sind; die Charta der Grundrechte und die Verträge sind rechtlich gleichrangig“ (Art. 6 Abs. 1 Satz 1 des Unionsvertrags in der Fassung des Lissabon-Vertrag).

Die nachfolgenden Ausführungen befassen sich zunächst mit einer Analyse der Argumente, die für eine Rechtsverbindlichkeit der Grundrechtecharta sprechen (Punkt 5.2.). Sodann werden die technischen Modalitäten der Ausstattung der Grundrechtecharta mit Rechtsverbindlichkeit erörtert (Punkt 5.3.). Im Anschluss daran werden die Argumente diskutiert, die für bzw. gegen einen Beitritt der Union zur EMRK sprechen (Punkt 5.4.), und die Modalitäten eines Beitritts der Union zur EMRK ventiliert (Punkt 5.5.).

5.2. Argumente für eine Rechtsverbindlichkeit der Grundrechtecharta

Eine abwägende juristische Analyse lässt überwiegende Argumente zugunsten einer Umwandlung der Grundrechtecharta von einer unverbindlichen Proklamation zu einem tragenden Element des verbindlichen Primärrechts der Union erkennen. Als gewichtigstes Argument zugunsten eines derartigen Schrittes spricht die Rechtssicherheit, d. h. die Vorhersehbarkeit, Kalkulierbarkeit und Verlässlichkeit des kommunitären Rechtsschutzes,[249] Elemente, die durch *soft law*, auch in Verbindung mit einer stabilisierenden Rechtsprechung des EuGH, nicht

249 Gunter M. Hoffmann, aaO., S. 12; Rudolf Streinz, Bundesverfassungsgerichtlicher Grundrechtsschutz und Europäisches Gemeinschaftsrecht, 1989, S. 425; Christoph Sasse, Der Schutz der Grundrechte in den Europäischen Gemeinschaften und seine Lücken, in: Hermann Mosler/Rudolf Bernhardt/Meinhard Hilf, Grundrechtsschutz in Europa, 1977, S. 51 ff.; Dieter Feger, Die Normsetzung auf dem Gebiet der Grundrechte in den Europäischen Gemeinschaften – Der Europäische Gerichtshof (EuGH) als Rechtsetzungsorgan, in: DÖV 1987, S. 322 ff.

hinreichend gewährleistet werden können.[250] Demgegenüber dürfte der eventuelle Nachteil einer Kristallisierung des Rechts, die mit der Statik kodifizierter Texte einhergeht, schon aufgrund des starken Einflusses einer flexiblen Judikatur des EuGH als nur gering einzuschätzen sein.

Die Forderung nach einem verbindlichen Grundrechtskatalog ist auch eng mit der Problematik des Legitimitäts- und Demokratiedefizits der Union verbunden. Im Mittelpunkt der diesbezüglichen Diskussion steht das Petitum einer Stärkung der demokratischen Legitimität der Union durch einen Kompetenzzuwachs des Europäischen Parlaments. Diese These geht davon aus, dass ein unionsspezifischer Grundrechtskatalog nicht ohne maßgebliche Mitwirkung des Europäischen Parlaments als der demokratisch gewählten Vertretung der europäischen Völker Verbindlichkeit erlangen sollte. Schreibt dieser Katalog nicht nur die bereits prätorisch herausgearbeiteten Rechte und Freiheiten fest, sondern entwickelt diese auch fort und kreiert darüber hinaus neue Rechte, so stärkt die Mitwirkung des Europäischen Parlaments die Stellung der Grundrechtsträger und schafft zusätzliche demokratische Legitimität.

Eine weitere, abschwächende These setzt zwar gleichfalls beim Legitimitäts- und Demokratiedefizit der Union an, verknüpft dieses aber mit dem aktuellen, beschränkten Integrationsfortschritt der Union. In dieser Perspektive könnte ein verbindlicher Grundrechtskatalog zwar schon beim derzeitigen Integrationsstand die demokratisch-rechtsstaatlichen Funktionen verbessern, wäre aber einstweilen noch nicht unverzichtbar. Ein verbindlicher Grundrechtskatalog ist nämlich traditionell Bestandteil einer Staatsverfassung und damit ein zentrales Element der Staatlichkeit. Deshalb würde ein unionseigener, verbindlicher Katalog erst dann unabdingbar, wenn die Union sich anschickt, den noch ausstehenden Quantensprung vom Staatenverbund zum Bundesstaat, ausgestattet mit der sogenannten „Kompetenz-Kompetenz", zu vollziehen.[251]

Der Verfasser der vorliegenden Studie neigt der Auffassung zu, dass die Notwendigkeit, die Europäische Grundrechtecharta mit Rechtsverbindlichkeit auszustatten, bereits im derzeitigen Rechtsstand aus dem Postulat der Rechtssicher-

---

250 Unterschieden werden kann zwischen der relativen Rechtssicherheit, einerseits, die sich aus einem in sich geschlossenen, kohärenten Katalog mit klaren und genauen Regeln ergibt, und der absoluten Rechtssicherheit, andererseits, die aus der Rechtsverbindlichkeit eines solchen Katalogs fließt und zur Folge hat, dass Behörden und Gerichte den Katalog als geltendes Recht anwenden müssen. Es liegt auf der Hand, dass eine unbedingte Rechtsanwendungspflicht sich nur auf eine rechtsverbindliche Charta beziehen kann, die Behörden und Gerichte gerade wegen ihrer Rechtsverbindlichkeit anwenden müssen und auf welche die Rechtsträger sich verlassen können, d. h. aus welcher sie Rechtsanwendungssicherheit erlangen können. Siehe dazu die allgemeinen Überlegungen bei Gunter M. Hoffmann, aaO., S. 13 ff.

251 Vgl. Gunter M. Hoffmann, aaO., S. 85 ff., 100 ff., 108f.

heit und dem Legitimations- und Demokratiegebot fließt. Der These, wonach ein verbindlicher Grundrechtskatalog auf Unionsebene erst dann zwingend geboten wäre, wenn die Union vom Staatenbund zum Bundesstaat mutieren sollte, wird hiermit eine Absage erteilt. Es dürfte nämlich kaum vorstellbar sein, dass aus Staaten, die als wesentliches Attribut ihrer Staatlichkeit über einen verbindlichen Grundrechtskatalog als Bestandteil ihrer Verfassung verfügen, ein europäischer Bundesstaat entsteht, wenn nicht bereits die Union als Vorgängerin über einen derartigen Katalog verfügt.

5.3. Modalitäten der Ausstattung der Grundrechtecharta mit Rechtsverbindlichkeit

Wie oben dargestellt, war zunächst daran gedacht, die Grundrechtecharta in die geplante „Verfassung für Europa" zu inkorporieren. Auch nachdem die hochgespannten Pläne einer Verfassungsgebung gescheitert waren und so eine neue Ausgangssituation betreffend die zukünftige Gestalt Europas entstanden war, wurde unverändert an dem zentralen Ziel festgehalten, die Grundrechtecharta mit bindender Wirkung an das Primärrecht der Union anzubinden. Die allgemeine Auffassung in politischen wie juristischen Kreisen anerkennt hierbei zweckopitimistisch, dass zwar die europäischen Verfassungsbestrebungen sich auf absehbare Zeit zerschlagen haben, dass jedoch das substituierende Lissaboner Reformwerk, wenn auch mit gewissen Änderungen und Ergänzungen, schlussendlich *lex lata* werden wird.

Vor diesem faktischen Hintergrund erscheint es angebracht, die verschiedenen möglichen Optionen einer Anbindung der Grundrechtecharta an das Gemeinschafts-/Unionsvertragsrecht in rechtstechnischer Hinsicht zu erörtern und zu evaluieren:[252]

- Eine Eingliederung der Grundrechtecharta unmittelbar in das *corpus* des – eventuell reformierten – Unionsvertrags wäre die engste und intensivste Form der Anbindung. Die Charta würde damit zentraler Bestandteil des Vertrags, in den sie eingefügt wird. Sollte, wie im Lissabon-Vertrag vorgesehen, eine Neugliederung der bestehenden Verträge in einen Unionsvertrag als Grundlagenvertrag und einen sekundären Vertrag über die Arbeitsweise der Union in Aussicht genommen werden, wäre im Hinblick auf die hohe Bedeutung der Charta deren Inkorporation in den Grundlagenvertrag anzustreben.
- Die Anbindung der Grundrechtecharta an die Verträge, vornehmlich einen Grundlagenvertrag, in Form eines Anhangprotokolls (analog zu Art. 311

252 Siehe dazu: Jörg-Philipp Terhechte, Verfassung ohne Rhetorik – Zur neuen Gestalt der Europäischen Union, in: EuZW 2007, S. 521.

EGV) würde die Charta zwar materiellrechtlich zum integrierenden Bestandteil des betreffenden Vertrags machen und ihr die gleiche Rechtsstellung wie jenem zuerkennen. Diese Lösung hätte aber gewisse Nachteile in symbolischer Hinsicht. Sie könnte den Eindruck erwecken, es handle sich bei den Regelungen der Charta um eine Materie von minderer Bedeutung, die deshalb rechtstechnisch an eine untergeordnete Stelle verwiesen wird.

- Die schwächste Form der Anbindung der Charta an das Unionsrecht bestünde in der bloßen Verweisung auf die Charta in den Verträgen. Dieser Ansatz hat eine noch deutlich geringere Symbolkraft als die Option eines Anhangprotokolls. Da durch die Querverweisung als solche noch keine unmittelbare Aussage über den hierarchischen Rang und die Rechtswirkungen der in Bezug genommenen Rechtsvorschriften getroffen wird, empfiehlt es sich, diese Fragen durch entsprechende Festlegungen im Verweisungstext klarzustellen. Im Lissabon-Vertrag ist dies sachgerecht in der Weise geschehen, dass ausdrücklich die Gleichrangigkeit der Charta und der Verträge postuliert wird (Art. 6 Abs. 1 Satz 1 EUV in der Fassung des Lissabon-Vertrags, siehe oben Punkt 5.1.).
- Wenig hilfreich erschiene hingegen eine Formulierung, wonach die Charta als bloße Rechtserkenntnisquelle allgemeiner grundrechtlicher Rechtsprinzipien, mithin nur als sekundäre Rechtsquelle, anzusehen wäre. In diesem Fall würde der Charta die unmittelbare Rechtsverbindlichkeit fehlen.

Besondere Beachtung verdient in diesem Zusammenhang die Frage, ob es mit der Rechtsverbindlichkeit der Charta vereinbar wäre, einzelne Mitgliedstaaten von der Pflicht zur Beachtung der in der Charta verbürgten Grundrechte auszunehmen, d. h. den Grundsatz der Einheit des Gemeinschaftsrechts in Bezug auf den Kreis der Grundrechtsadressaten aufzugeben. Diese Frage gewinnt im Hinblick auf den vom Vereinigten Königreich und der Republik Polen vertretenen Standpunkt Gewicht. Beide Staaten wollen die Rechtsverbindlichkeit der Charta nur akzeptieren, wenn die Bindungswirkung sich nicht auf britische bzw. polnische Behörden und Gerichte erstreckt.[253]

Ein derartiges Petitum begegnet zwar erheblichen politischen Bedenken, jedoch ist das angestrebte Konstrukt eines „Europa der mehreren Geschwindigkeiten" nicht ohne Präzedenzfall, man denke nur an die Ausnahmeregelungen für einzelne Mitgliedstaaten im Bereich der Europäischen Währungsunion oder das Ausscheren („opting out") des Vereinigten Königreichs aus den Verpflichtungen des Protokolls (Nr. 14) über die Sozialpolitik, auf dessen Grundlage das „Abkommen über die Sozialpolitik" zwischen den Mitgliedstaaten mit Ausnahme

253 Vgl. die entsprechenden Anhangprotokolle zum Lissaboner Reformvertrag.

des Vereinigten Königreichs vereinbart werden konnte.[254] Rein rechtsdogmatisch gesehen wäre der hier beschriebene derogatorische Weg somit nicht zu beanstanden, mag er auch rechtspolitisch wenig wünschenswert erscheinen.

5.4. Argumente für einen Beitritt der Union zur EMRK

In politischen wie juristischen Kreisen besteht auch eine starke Tendenz zugunsten eines Beitritts der Union zur Europäischen Menschenrechtskonvention.[255] Ein solcher Schritt könnte ggf. parallel zu einer Rechtsverbindlicherklärung der Grundrechtecharta vollzogen werden. Damit würde die bisher nur als Rechtserkenntnisquelle zur Findung der allgemeinen Grundsätze des Gemeinschaftsrechts heranzuziehende Konvention (vgl. Art. 6 Abs. 2 EUV in der derzeit geltenden Fassung) zu einem unmittelbar wirkenden, verbindlichen Instrument des Gemeinschafts- bzw. Unionsrechts umgeformt.

Das Petitum eines Beitritts der Union zur EMRK liegt einerseits implizit den Allgemeinen Bestimmungen der Europäischen Grundrechtecharta (siehe oben Punkt 4.3.8.) zugrunde; andererseits bekennt sich Art. 6 Abs. 2 EUV in der Fassung des (noch nicht in Kraft befindlichen) Lissabon-Vertrags ausdrücklich zu einem solchen Beitritt.[256] Die neue Vorschrift stellt zugleich klar, dass Bestand

254 Das Protokoll (Nr. 14) über die Sozialpolitik wurde als Anhangprotokoll zum Maastricht-Vertrag über die Europäische Union vom 7.2.1992 mit Zustimmung des Vereinigten Königreichs, jedoch unter Ausschluss von Verpflichtungen aus dem Protokoll für diesen Mitgliedstaat verabschiedet. Mit Inkrafttreten des Amsterdam-Vertrags vom 2.10.1997 wurden die Bestimmungen des Protokolls – ohne Ausnahmeregelung für das Vereinigte Königreich – in den nunmehr geänderten EG-Vertrag eingegliedert.

255 Ein Beitritt wird mit gewisser Regelmäßigkeit im Schrifttum postuliert: z. B. Ingolf Pernice, Gemeinschaftsverfassung und Grundrechtsschutz – Grundlagen, Bestand, Perspektiven, aaO., S. 2418; a. A. Manfred A. Dauses, Der Schutz der Grundrechte in der Europäischen Gemeinschaft, aaO., S. 19 ff.
Mit einem Memorandum vom 4.4.1979 hat die Europäische Kommission diesen Schritt erstmals formell angeregt: Bulletin der Europäischen Gemeinschaften, Beilage 2/79; siehe dazu: Roland Bieber, Bemerkungen zum Memorandum der Kommission betreffend den Beitritt der EG zur Konvention über den Schutz der Menschenrechte und Grundfreiheiten, in: EuGRZ 1979, S. 338 ff.; Dietmar Nickel, Zum Grundrechtsdefizit der Europäischen Gemeinschaften, in: ZRP 1980, S. 161, 164 ff.; Heribert Golsong, Nochmals: zur Frage des Beitritts der Europäischen Gemeinschaften zur Europäischen Menschenrechtskonvention, in: EuGRZ 1979, S. 70.

256 Zuvor schon hatte der Entwurf eines Vertrags über eine Verfassung für Europa (Art. I–7 Abs. 2 des Entwurfs von Thessaloniki) den Beitritt der Union zur EMRK thematisiert, indem er der Union die Beitrittsberechtigung zuerkannte. Jedoch wurde diese Vorschrift sodann im endgültigen Text des Verfassungsvertrags gestrichen.

und Umfang der vertraglich festgelegten Zuständigkeiten der Union von einem solchen Beitritt nicht berührt werden:

> „Die Union tritt der Europäischen Konvention zum Schutz der Menschenrechte und Grundfreiheiten bei. Dieser Beitritt ändert nicht die in den Verträgen festgelegten Zuständigkeiten der Union“ (Art. 6 Abs. 2 EUV n. F.).

Wie schon angedeutet, sind die Inkraftsetzung einer unionsautonomen verbindlichen Grundrechtecharta und der Beitritt der Union zur Europäischen Menschenrechtskonvention zwei voneinander unabhängige Wege der Verwirklichung einer effektiven Grundrechtskontrolle in der Union. Ein Beitritt zur EMRK könnte somit nicht nur an Stelle einer Anbindung der Charta an die Unionsverträge, sondern auch neben dieser ins Auge gefasst werden. Allerdings erscheint im Falle der Inkraftsetzung eines verbindlichen Unionskatalogs der zusätzliche Schritt eines Beitritts zur EMRK nur sinnvoll, wenn er einen zusätzlichen Gewinn an Rechtsklarheit, Rechtssicherheit und Rechtsschutz mit sich bringt.

Die EMRK enthält einen in sich geschlossenen Grundrechtskatalog, der die diesbezüglichen gemeineuropäischen Verfassungswerte der Mitgliedstaaten des Europarats – dem auch alle EU-Mitgliedstaaten angehören – kodifiziert und systematisiert. Sie hat jedoch *ratione materiae* einen engeren Anwendungsbereich als die Grundrechtecharta, da sie im Schwerpunkt die klassischen bürgerlichen und politischen Rechte, jedoch nur einen Grundbestand wirtschaftlicher Rechte schützt. Hingegen verbürgt die Grundrechtecharta, entsprechend dem Zuständigkeits- und Aufgabenbereich der Union, umfassend auch die wirtschaftsbezogenen Rechte und Freiheiten. Ein rechtspraktisches Defizit der EMRK besteht zudem darin, dass sie als „alte“ Konvention, die bereits 1950, mithin in der unmittelbaren Nachkriegszeit, abgeschlossen wurde, keine sog. „modernen“ Rechte enthält, deren Schutzbedürftigkeit erst in jüngerer Zeit zutage getreten ist.

Mag damit auch der Rechtsschutzgewinn eines Beitritts der Union zur EMRK in gegenständlicher Hinsicht eher als gering einzuschätzen sein – zumindest für den Fall einer Verbindlicherklärung der Grundrechtecharta –, so verspräche ein derartiger Beitritt jedenfalls in institutioneller Hinsicht Gewinn: Ein Beitritt würde die Union in ein europaweites System unionsexterner Grundrechtsüberwachung einpassen. Der Vorteil einer solchen unionsexternen Überwachung und Kontrolle ist unverkennbar, hält man sich vor Augen, dass die Rechtsprechung des EuGH eine starke Tendenz aufweist, „integrationsfreundlich“ zu judizieren, d. h. in der Güter- und Interessenabwägung zwischen Individualrechten und Unionsbelangen den letzteren einen überragend hohen Stellenwert einzuräumen.

In diesem Kontext ist daran zu erinnern, dass, obgleich alle EU-Mitgliedstaaten Vertragsparteien der EMRK sind, das von der Konvention errichtete institutionelle Rechtsschutzsystem, insbesondere die Staatenbeschwerde (Art. 33) und die Individualbeschwerde (Art. 34), nicht gegen Akte der Gemeinschafts- bzw. Unionsgewalt in Anspruch genommen werden kann, solange die Gemeinschaft bzw. Union ihrerseits nicht formell Vertragspartei der Konvention ist.[257]

Ungeachtet der vorstehenden Erwägungen sollte nicht übersehen werden, dass einem Beitritt der Union zur EMRK jedenfalls ein hoher symbolischer Stellenwert beizumessen wäre, der darin bestünde, die Zuordnung der Union zu den gemeineuropäischen Werten der Menschenrechte, Rechtsstaatlichkeit und Demokratie auch nach außen sichtbar zu machen und nachdrücklich zu unterstreichen.

5.5. Modalitäten eines Beitritts der Union zur EMRK

Ein förmlicher Beitritt der Union zur EMRK würde konventionsseitig ebenso wie unionsseitig Rechtsanpassungen voraussetzen:

- Konventionsseitig müsste das formale Hindernis beseitigt werden, dass die EMRK als Staatenübereinkommen konzipiert ist, d. h. ihr nur Staaten, und zwar Mitglieder des Europarats, als Signatare angehören bzw. beitreten dürfen (Art. 59 Abs. 1). Diese Barriere ließe sich aber unschwer durch eine entsprechende Änderung der genannten Schlussbestimmung der EMRK beseitigen, so etwa durch eine Öffnungsklausel in der Form, dass auch internationalen und supranationalen Organisationen mit bestimmten Zuständigkeiten der Beitritt eröffnet würde, oder aber dass spezifisch die Europäischen Gemeinschaften bzw. die Europäische Union als Vertragsparteien genannt würden.
- Sollten die Gemeinschaften bzw. die Union in den Kreis der Vertragsparteien der EMRK aufgenommen werden, ergäben sich daraus gravierende Konsequenzen für die Eingliederung der Gemeinschaftsgerichtsbarkeit in das institutionelle Gefüge der Konvention. Dann würde nämlich die EG/EU einem Staat gleichgestellt, was bedeuten würde, dass auch die Klausel der Erschöpfung der innerstaatlichen Rechtsbehelfe vor Befassung des Europäischen Gerichtshofs für Menschenrechte („local remedies rule“, Art. 35 Abs. 1) analog auf die Erschöpfung des in der Gemeinschafts- bzw. Unionsrechtsordnung vorgesehenen Rechtswegs anzuwenden wäre. In der praktischen Signifikanz liefe dies darauf hinaus, den Europäischen Gerichtshof (EuGH) im Hinblick

257 Vgl. Entscheidung der Europäischen Kommission für Menschenrechte vom 10.7.1978, Requête N° 8030/77, Confédération Française Démocratique du Travail./. Communautés Européennes, siehe dazu oben Punkt 3.2.2.3.

auf die Beachtung der von der EMRK geschützten Grundrechte dem Europäischen Gerichtshof für Menschenrechte (EGMR) unterzuordnen. Aus dieser Konstellation könnten sich delikate Kompetenzabgrenzungsprobleme ergeben, denn der EuGH bliebe in letzter Instanz für die Kontrolle der Beachtung der gemeinschaftsrechtlich gewährleisteten Grundrechte zuständig.[258]

– Auch unionsseitig würde ein Beitritt zur EMRK unter den genannten Umständen signifikante rechtspraktische Auswirkungen nach sich ziehen. Die damit einhergehenden institutionellen Anpassungen des gegenwärtigen Gemeinschaftssystems wären von verfassungsrechtlicher Dimension und könnten deshalb nur im Wege einer Vertragsänderung erfolgen.[259] Die Generalermächtigungsklausel (Lückenfüllungsklausel) des Art. 308 EGV wäre als Rechtsgrundlage unzureichend; die Berufung auf „*implied powers*" der Gemeinschaft/Union müsste ausscheiden.

---

258 In diesem Sinne warnt der EuGH in seinem Gutachten vom 28.3.1996 vor einem Beitritt der Gemeinschaft zur EMRK. Ein derartiges System der externen Grundrechtskontrolle „hätte ... eine wesentliche Änderung des gegenwärtigen Gemeinschaftssystems des Schutzes der Menschenrechte zur Folge, da [es] die Einbindung der Gemeinschaft in ein völkerrechtliches, andersartiges institutionelles System und die Übernahme sämtlicher Bestimmungen der Konvention in die Gemeinschaftsordnung mit sich brächte." Dieses Zitat macht deutlich, dass der EuGH in erster Linie die Überlagerung durch – und die Unterstellung unter – fremde, völkerrechtliche Herrschaftsstrukturen fürchtet, Gutachten 2/94 vom 28.3.1996, EuGHE 1996, I-1759, I-1789.

259 Vgl. das vorgenannte Gutachten 2/94, aaO. Dort wird nochmals unterstrichen, dass ein Beitritt der EG zur EMRK das gerichtsinstitutionelle Grundgefüge der Gemeinschaft verändern würde, weil damit der EGMR an Stelle des EuGH letztinstanzliches Gericht für die Auslegung und Anwendung der EMRK-Grundrechte auch in der Gemeinschaftsrechtsordnung würde. Ein derart profunder Wandel aber könnte nur durch eine substanzielle Neufassung der kommunitären Rechtsschutzbestimmungen, mithin eine Änderung von Primärrecht, bewirkt werden.

6. Institutioneller Grundrechtsschutz

6.1. Grundlagen des Rechtsschutzsystems der Gemeinschaft/Union.

Ein abschließendes Kapitel sei dem System des kommunitären und unionalen Rechtsschutzes und seiner Eignung für einen effizienten gerichtlichen Schutz der von der Gemeinschaft bzw. Union gewährleisteten Grundrechte gewidmet.

Die Vorschriften über den Grundrechtsschutz in der Gemeinschaft/Union, insbesondere die Europäische Grundrechtecharta, enthalten keine Sonderregelungen über den gerichtlichen Rechtsschutz in Rechtsbeziehungen, in denen von der Gemeinschaft/Union verbürgte Grundrechte im Spiele sind. Im Folgenden soll das Rechtsschutzsystem der Gemeinschaft/Union summarisch dargestellt und im Hinblick auf die Frage untersucht werden, ob es in seiner derzeitigen Form den Anforderungen an Effizienz und Vollständigkeit genügt oder ob es fortentwickelt werden muss. In diesem Rahmen soll vor allem analysiert werden, ob etwa gebotene Fortentwicklungen durch Anpassungen der bestehenden Klagewege und Urteilsformen bewirkt werden können oder ob es der Schaffung neuer Rechtsinstitute, vornehmlich einer spezifischen Grundrechtsbeschwerde, bedarf.

6.1.1 Die EG als Rechtsgemeinschaft

Die Europäische Gemeinschaft, die sich mit dem Maastricht-Vertrag vom 7.2.1992 zur Europäischen Union fortentwickelt hat, ist mehr als nur ein wirtschaftlicher Zweckverband und ein politisches Ordnungskonzept. Sie ist auch eine ausgeformte Rechtsgemeinschaft, die ihre weitgespannten Integrationsziele im Rahmen einer eigenständigen, unmittelbar geltenden und vorrangigen Rechtsordnung verfolgt. Der Begriff der Rechtsgemeinschaft wurde vom EuGH, ersichtlich in Anlehnung an das deutschrechtliche Konzept des Rechtsstaats, geprägt.[260]

Im Lichte der Judikatur des EuGH manifestiert sich die „Rechtsstaatlichkeit" der Gemeinschaft/Union vornehmlich in dem formalen Hauptgrundrecht auf

---

260 Urteil vom 23.4.1986, Les Verts./.Europäisches Parlament, Rs. 294/83, EuGHE 1986, 1339, 1365 f.

effektiven Rechtsschutz[261] für alle durch das Gemeinschafts- bzw. Unionsrecht begründeten Rechtsverhältnisse. Das Rechtsschutzerfordernis lässt insbesondere drei Gesichtspunkte erkennen:

- Verbindliche Handlungen der Mitgliedstaaten und der Gemeinschafts- bzw. Unionsorgane unterliegen der Rechtmäßigkeitskontrolle am Maßstab des vorrangigen Gemeinschafts- bzw. Unionsrechts, wobei die Grundrechte eine herausragende Rolle spielen:

  > „Die Europäische Wirtschaftsgemeinschaft ist eine Rechtsgemeinschaft der Art, dass weder die Mitgliedstaaten noch die Gemeinschaftsorgane der Kontrolle darüber entzogen sind, ob ihre Handlungen im Einklang mit der Verfassungsurkunde der Gemeinschaft, dem Vertrag, stehen“.[262]

- Von der Gemeinschafts- bzw. Unionsrechtsordnung verliehene subjektive Rechte müssen in einem effizienten gerichtlichen Verfahren durchsetzbar sein.[263] Dies gilt insbesondere gegenüber Rechtsverletzungen durch die öffentliche Gewalt, und zwar sowohl der Gemeinschafts- bzw. Unionsorgane als auch der Mitgliedstaaten.[264]
- Unter bestimmten Voraussetzungen kann das Rechtsschutzerfordernis des Gemeinschafts- bzw. Unionsrechts sogar die Pflicht zur Gewährung vorläufigen Rechtsschutzes einschließen.[265]

6.1.2. Dualistische Struktur der Gemeinschaftsgerichtsbarkeit

Rechtsstreitigkeiten über Gemeinschafts- bzw. Unionsrecht können sowohl vor den institutionellen Gemeinschaftsgerichten als auch den einzelstaatlichen Gerichten ausgetragen werden. Die wechselseitige Kompetenzabgrenzung bestimmt sich nach dem Grundsatz der begrenzten Einzelermächtigung („compétence d' attribution“), wonach die institutionellen Gemeinschaftsgerichte nur nach Maßgabe der ihnen durch das Gemeinschaftsrecht zugewiesenen Befugnisse tätig werden

261 Siehe dazu: Christian Calliess, Kohärenz und Konvergenz beim europäischen Individualschutz. Der Zugang zum Gericht im Lichte des Grundrechts auf effektiven Rechtsschutz, in: NJW 2002, S. 3577.

262 Urteil vom 23.4.1986, aaO.

263 Urteil vom 12.3.1987, Kommission./.Deutschland, „Reinheitsgebot für Bier“, Rs. 178/84, EuGHE 1987, 1227, 1274.

264 Urteil vom 15.5.1986, Johnston, Rs. 222/84, EuGHE 1986, 1651, 1682; Urteil vom 15.10.1987, Heylens, Rs. 222/86, EuGHE 1987, 4097, 4117.

265 Urteil vom 19.6.1990, Factortame, Rs. C-213/89, EuGHE 1990, I-2433.

dürfen (vgl. Art. 5 Abs. 1 EGV; Art. 3 Abs. 1 EAGV). Insoweit ist ihre Jurisdiktion obligatorisch und ausschließlich; eine parallele Zuständigkeit der einzelstaatlichen Gerichte ist ausgeschlossen. Fehlt hingegen eine Kompetenzzuweisung an die institutionellen Gemeinschaftsgerichte, so fallen gemeinschaftsrechtliche Rechtsstreitigkeiten in die ausschließliche Zuständigkeit der einzelstaatlichen Gerichte.[266] Diese sind mithin die Gemeinschaftsrichter des *ius commune.*

Das kommunitäre Rechtsschutzsystem ist mithin dualistisch strukturiert. Die Gerichtsbarkeit ist aufgeteilt zwischen den Gemeinschaftsgerichten im institutionellen Sinn (Gerichtshof der Europäischen Gemeinschaften = EuGH, Gericht erster Instanz der Europäischen Gemeinschaften = EuG und nachgeordnete Spezialgerichte, z. B. Gericht für den Öffentlichen Dienst der Europäischen Union), die zentral die Einheit und einheitliche Anwendung des Gemeinschaftsrechts in der Europäischen Gemeinschaft/Union sicherstellen, und den Gerichten der EU-Mitgliedstaaten, die im Rahmen ihrer durch nationales Recht verliehenen Zuständigkeiten und nach Maßgabe des nationalen Gerichtsorganisations- und Verfahrensrechts das vorrangige und unmittelbar geltende Gemeinschaftsrecht auszulegen und anzuwenden haben, wobei sie zur vorgängigen Klärung entscheidungserheblicher Fragen des Gemeinschaftsrechts den EuGH in Wege der Vorabentscheidungsverfahrens (Art. 234 EGV; Art. 150 EAGV), um „Rechtshilfe“ ersuchen können. Als Gemeinschaftsgerichte im funktionellen Sinn haben sie – ebenso wie EuGH, EuG und die nachgeordneten Spezialgerichte – die volle Wirksamkeit des einschlägigen europäischen Rechts zu gewährleisten und insbesondere die Rechte zu schützen, die dieses den Einzelnen verleiht.[267]

Die nachstehenden Ausführungen beschränken sich auf die Darstellung der Gemeinschaftsgerichtsbarkeit im institutionellen Sinn, d.h. der Verfahren vor dem EuGH, dem EuG und den nachgeordneten Spezialgerichten, soweit diese Verfahren für den Schutz der Unionsgrundrechte erheblich werden können.

6.1.3. *Aufgaben und Zuständigkeiten der institutionellen Gemeinschaftsgerichte*

Die Gemeinschaftsverträge beschreiben die Aufgabe des EuGH und EuG – und damit analog der nachgeordneten Spezialgerichte, die mit ersteren die kommunitäre Rechtsprechungsgewalt teilen[268] – umfassend mit den Worten: „Der Ge-

266 Vgl. Art. 240 EGV, Art. 155 EAGV, wonach Streitigkeiten, bei denen die Gemeinschaft Partei ist, der Zuständigkeit der einzelstaatlichen Gerichte nicht entzogen sind, soweit keine Zuständigkeit des EuGH aufgrund der Gemeinschaftsverträge besteht.

267 So z. B. Urteil vom 9.3.1978, Simmenthal, Rs. 106/77, EuGHE 1978, 629, 643 f.

268 Die Spezialgerichte werden in den Verträgen als „gerichtliche Kammern“ bezeich-

richtshof und das Gericht erster Instanz sichern im Rahmen ihrer jeweiligen Zuständigkeiten die Wahrung des Rechts bei der Auslegung und Anwendung [der Verträge]" (Art. 220 Abs. 1 EGV; Art. 136 Abs. 1 EAGV). Diese Formel ist insofern unvollständig, als die den genannten Gemeinschaftsgerichten obliegende „Wahrung des Rechts" sich nicht auf die Auslegung und Anwendung des kommunitären Primärrechts beschränkt, sondern auch die Gültigkeitsprüfung, Auslegung und Anwendung des Sekundärrechts sowie die Findung und Inhaltsbestimmung der allgemeinen Grundsätze des Gemeinschaftsrechts umfasst. Im übrigen beinhaltet sie lediglich eine allgemeine Aufgabenbeschreibung, wohingegen die Zuständigkeiten des EuGH bzw. EuG und der nachgeordneten Spezialgerichte sich nach dem Grundsatz der begrenzten Einzelermächtigung („*compétence d' attribution*") aus den konkreten Kompetenznormen der Gemeinschaftsverträge und des Unionsvertrags sowie der Satzung und den Verfahrensordnungen der Gerichte ergeben:

- Die allgemeinen Voraussetzungen der Befassung des EuGH/EuG (und der nachgeordneten Spezialgerichte) sowie die verschiedenen Verfahrensarten sind in Art. 226–244 EGV, Art. 141–159 EAGV i. V. m. Art. 46 EUV niedergelegt.
- Diese Vertragsbestimmungen werden durch die in einem besonderen Protokoll festgelegte Satzung des Gerichtshofes[269] ergänzt, die ihrerseits den Rahmen für die Verfahrensordnungen des EuGH, des EuG und des Gerichts für den Öffentlichen Dienst absteckt.
- Das Verfahrensrecht im engeren Sinne (Gang der Verhandlung, Beweisaufnahme, Ladung, Zustellung, Fristen, Zuständigkeit von Plenum und Kammern, Rechtskraft, Zwangsvollstreckung, Rechtshilfeersuchen, Armenrecht, Strafanzeige wegen Eidesverletzung u. a. m.) sowie die Einzelheiten der Gerichtsverfassung finden sich in den vom EuGH bzw.EuG selbst mit Genehmi-

net (Art. 220 Abs. 2 EGV; Art. 136 Abs. 2 EAGV).

269 Protokoll über die Satzung des Gerichtshofs: Diese Satzung enthält auch einen Titel (Titel IV) über das Gericht erster Instanz und einen Anhang über das Gericht für den Öffentlichen Dienst: Protokoll Nr. 6 über die Satzung des Gerichtshofes, abgedruckt in Anhang „C. Protokolle zum Vertrag über die Europäische Union, zum Vertrag zur Gründung der Europäischen Gemeinschaft und zum Vertrag zur Gründung der Europäischen Atomgemeinschaft", konsolidierte Fassung des Vertrages über die Europäische Union und des Vertrages zur Gründung der Europäischen Gemeinschaft (Nizza-Vertrag), ABl. 2006, C 321 E, 203. Der Vertrag von Nizza hat damit in einer einzigen Satzung die bis dahin bestehenden drei Satzungen EWG/ EG, EGKS, EAG vereinigt, wobei zu beachten ist, dass der EGKS-Vertrag bereits am 23.7.2002, vor Inkrafttreten des Vertrages von Nizza, ausgelaufen war.

gung des Rates erlassenen Verfahrensordnungen (VerfO).[270]

Hinsichtlich der sachlichen Zuständigkeitsverteilung zwischen dem EuGH und dem 1988 errichteten EuG[271] ist voranzuschicken, dass letzteres – nach sukzessiven Erweiterungen seiner Zuständigkeiten – heute im ersten Rechtszug über alle Direktklagen entscheidet, mit Ausnahme bestimmter als „verfassungsrechtlich" eingestufter Verfahren, wozu insbesondere die von einem Mitgliedstaat erhobenen Klagen zählen. Letztere Verfahren sind im ersten und letzten Rechtszug dem EuGH vorbehalten, ebenso wie Vorabentscheidungsersuchen und Anträge auf Erstattung von Gutachten zu den Außenbeziehungen der Gemeinschaften (Art. 225 Abs. 1 EGV, Art. 140 a Abs. 1 EAGV i. V. m. Art. 51 der Satzung des Gerichtshofs). Soweit das EuG im ersten Rechtszug zuständig ist, kann gegen seine Entscheidungen ein auf Rechtsfragen beschränktes Rechtsmittel (französisch: „*pourvoi*"; englisch: „*appeal*") beim EuGH eingelegt werden (Art.225 Abs. 2 EGV, Art. 140 a Abs. 2 EAGV i. V. m. Art. 56–61 der Satzung des Gerichtshofs, Art. 110–123 VerfO EuGH).

Gerichtliche Kammern können als Spezialgerichte für bestimmte Sachbereiche dem EuG beigeordnet werden. Gegen ihre Entscheidungen ist ein – grundsätzlich auf Rechtsfragen beschränktes – Rechtsmittel beim EuG statthaft ist (Art. 220 Abs. 2, 225a EGV; Art. 136 Abs. 2, 140b EAGV). Zur Zeit besteht auf dieser Rechtsgrundlage ein Gericht für den Öffentlichen Dienst der Europäischen

270 Verfahrensordnung des Gerichtshofs der Europäischen Gemeinschaften vom 19.6.1991, ABl. L 176 vom 4.7.1991, S. 7, zuletzt geändert durch Beschluss des Rates vom 15.1.2008, ABl. L 24 vom 29.1.2008, S. 9. Zusätzliche Verfahrensordnung des Gerichtshofs der Europäischen Gemeinschaften vom 4.12.1974, ABl. L 350/29, zuletzt geändert am 21.2.2006, ABl. 2006, L 72/1.
Verfahrensordnung des Gerichts erster Instanz der Europäischen Gemeinschaften vom 2.5.1991, ABl. 1991, L 136/1, zuletzt geändert am 12.6.2008, ABl. 2008, L 179/12.
Verfahrensordnung des Gerichts für den Öffentlichen Dienst der Europäischen Union, ABl. 2007, L 255/1.

271 Das EuG wurde zur Entlastung des EuGH und zur Verbesserung des Rechtsschutzes der Einzelnen dem EuGH beigeordnet (Beschluss 88/591/EGKS, EWG, EAG des Rates vom 24.10.1988, ABl. 1988, L 319/1; Berichtigung in: ABl. 1989, L 214/4; konsolidierte Fassung des berichtigten Beschlusses in: ABl. 1989, C 215/1). Änderungsbeschluss 93/350/EGKS, EWG, EAG des Rates vom 8.6.1993, ABl. 1993, L 144/21; Änderungsbeschluss 94/149/EGKS, EG, EAG des Rates vom 7.3.1994, ABl. 1994, L 66/29.
Durch den Maastricht-Vertrag über die Europäische Union vom 7.2.1992 wurde die Errichtung des EuG unmittelbar im Primärrecht verankert (Art. 225 EGV; Art. 140a EAGV). Diese Rechtsgrundlagen wurden anschließend durch den Amsterdam-Vertrag vom 2.10.1997 und sodann noch einmal durch den Nizza-Vertrag vom 26.2.2001 erweitert.

Union, das im ersten Rechtszug für Streitsachen zwischen den Gemeinschaften und deren Bediensteten zuständig ist und gegen dessen Entscheidungen ein (auch Sachfragen betreffendes) Rechtsmittel beim EuG eingelegt werden kann.[272]

6.1.4. Verfahrensrecht

Im weiteren Verlauf dieser Untersuchung werden die verschiedenen Verfahrensarten vor dem EuGH/EuG unter besonderer Berücksichtigung ihrer Signifikanz im Hinblick auf den justiziellen Grundrechtsschutz dargestellt. Der Analyse wird die übliche Kategorisierung der Verfahren in streitige Verfahren (Direktklagen) und Vorabentscheidungsverfahren zugrunde gelegt. Auf die dritte Verfahrenskategorie, das Verfahren zur Erstattung von Gutachten betreffend die Vereinbarkeit eines geplanten völkerrechtlichen Abkommens der Gemeinschaft mit dem EG-Vertrag (Art. 300 Abs. 6 EGV) wird nicht eingegangen. Es handelt sich bei diesem letzteren Verfahren um ein rein verfassungsinstitutionelles Instrument, das keinen hinreichend engen Bezug zum Schutz individueller Rechte aufweist.

6.1.4.1. Streitige Verfahren

Die streitigen (kontradiktorischen) Verfahren sind dadurch gekennzeichnet, dass sich ein Kläger, der einen auf Gemeinschaftsrecht gestützten Anspruch geltend macht, und ein Beklagter, der diesen Anspruch in der Regel bestreitet, gegenüberstehen (sog. Direktklagen). Die wichtigsten hier einschlägigen Typen sind das Vertragsverletzungsverfahren, die Nichtigkeits- und Untätigkeitsklage und die Schadensersatzklage.

6.1.4.1.1. Vertragsverletzungsverfahren

6.1.4.1.1.1. Darstellung der Klage (Generalia)

In den Vertragsverletzungsverfahren (Art. 226–228 EGV; Art. 141–143 EAGV) entscheidet der EuGH im ersten und letzten Rechtszug über Klagen der Europäischen Kommission[273] oder eines Mitgliedstaates, die auf die Feststellung gerichtet sind, dass ein (anderer) Mitgliedstaat gegen eine Verpflichtung aus den

---

272 Vgl. Anhang zum Protokoll über die Satzung des Gerichtshofs, insbesondere Art. 1 und 9 dieses Anhangs.

273 Dazu grundlegend: Claus-Dieter Ehlermann, Die Verfolgung von Vertragsverletzungen durch die Kommission – Europäische Gerichtsbarkeit und nationale Verfassungsgerichtsbarkeit, in: Festschrift für Hans Kutscher, 1981, S. 135.

Gemeinschaftsverträgen verstoßen hat. Verletzungen der Verträge selbst gleichgestellt sind Verletzungen von auf die Verträge gestütztem kommunitären bzw. unionalen Sekundärrecht sowie Verstöße gegen – ungeschriebene – allgemeine Rechtsgrundsätze des Gemeinschafts- bzw. Unionsrechts, worunter in erster Linie die in der Europäischen Union geschützten Grundrechte fallen. In diesem Zusammenhang sei die dogmatische Frage erlaubt, ob ein Verstoß gegen als allgemeine Rechtsgrundsätze geltende Grundrechte nicht automatisch bereits als Verstoß gegen Art. 6 Abs. 2 EUV und damit unmittelbar, nicht nur mittelbar, als Vertragsverletzung zu qualifizieren ist.

Der gerichtlichen Etappe des Vertragsverletzungsverfahrens hat ein administratives Vorverfahren voranzugehen, das die juristische Klärung des streitigen Staatenverhaltens bezweckt und dessen ordnungsgemäße Durchführung eine von Amts wegen zu prüfende Zulässigkeitsvoraussetzung der Klage ist. Im Vorverfahren ist dem betreffenden Mitgliedstaat Gelegenheit zur Äußerung zu geben. Gibt dieser zu erkennen, dass er der Rechtsauffassung der Kommission nicht folgen will, so erlässt die Kommission eine mit Gründen versehene Stellungnahme („*avis motivé*“), die die behauptete Vertragsverletzung feststellt und eine Frist zur Abstellung setzt. Nach erfolglosem Fristablauf kann die Kommission oder der interessierte Mitgliedstaat Klage vor dem EuGH erheben (Art. 226 Abs. 2, Art.227 Abs. 2–4 EGV; Art. 141 Abs. 2, Art. 142 Abs. 2–4 EAGV). Die Klageerhebung ist an keine Verfahrensfrist gebunden. Sie ist eine nicht justitiable Ermessensentscheidung; ein Anspruch Einzelner auf Einleitung eines Vertragsverletzungsverfahrens besteht nicht.[274]

Ist die Klage zulässig und begründet, so stellt der EuGH fest, dass der beklagte Mitgliedstaat gegen eine Verpflichtung aus dem Vertrag verstoßen hat. Dabei ist es unerheblich, welche staatliche Stelle oder welches Organ den inkriminierten Verstoß gegen Gemeinschaftsrecht verursacht hat, und zwar selbst, soweit es sich um ein kraft Verfassung oder Gesetzes unabhängiges Organ[275] (Parlament, Gericht, nationale Zentralbank) handelt. Die Mitgliedstaaten müssen sich vielmehr nach allgemeinen völkerrechtlichen Grundsätzen das Tun und Unterlassen aller nationalen Hoheitsträger auf allen institutionellen Ebenen (Bund, Länder, Gemeinden, sonstige öffentlich-rechtliche Körperschaften und Anstalten) zurechnen lassen.[276] Die Feststellung eines Verstoßes setzt lediglich das Vorliegen

274 Urteil vom 1.3.1966, Lütticke, Rs. 48/65, EuGHE 1966, 27; Urteil vom 14.2.1989, Star Fruit, Rs. 247/87, EuGHE 1989, 291; Beschluss vom 30.3.1990, Emrich, Rs. C-371/89, EuGHE 1990, I-1555.

275 Urteil vom 18.11.1970, Kommission./.Italien, Rs. 8/70, EuGHE 1970, 961.

276 Urteile vom 2.2.1982, Kommission./.Belgien, verb. Rs. 71/81 und 73/81, EuGHE 1982, 175 bzw. 189. Das Verhalten ihrer Teilgliederungen ist den Mitgliedstaaten selbst dann zuzurechnen, wenn die Zentralgewalt über keine Mittel verfügt, um

einer objektiv nicht gerechtfertigten Vertragswidrigkeit voraus, ein Verschulden ist nicht erforderlich. Nach gefestigter Rechtsprechung kann sich ein Mitgliedstaat nicht auf Bestimmungen, Übungen oder Umstände seiner internen Rechtsordnung berufen, um damit die Nichtbeachtung von Verpflichtungen zu rechtfertigen, die ihm aufgrund von Gemeinschaftsrecht obliegen.[277]

Das abschließende Sachurteil ist ein Feststellungsurteil. Es ist seiner Natur nach nicht vollstreckbar, vielmehr hat der unterliegende Mitgliedstaat in eigener Verantwortung „die Maßnahmen zu ergreifen, die sich aus dem Urteil des Gerichtshofes ergeben" (Art. 228 Abs. 1 EGV; Art. 143 Abs. 1 EAGV). Er verfügt dabei über ein politisches Ermessen, sofern mehrere Möglichkeiten bestehen, um die festgestellte Vertragsverletzung abzustellen.

Die Nichtbeachtung dieser Rechtsbefolgungspflicht kann ihrerseits den Gegenstand eines weiteren Vertragsverletzungsverfahrens bilden, wobei mit dem Zweiturteil seit dem Maastrichter Unionsvertrag auf Antrag der Kommission die Zahlung eines Pauschalbetrags oder Zwangsgelds verhängt werden kann (Art. 228 Abs. 2, 3 EGV; Art. 143 Abs. 2, 3 EAGV).[278]

---

z. B. säumige Regionen zur Pflichterfüllung anzuhalten: Urteil vom 14.1.1988, Kommission./.Belgien, verb. Rs. 227-230/85, EuGHE 1988, 1, 11.

277 Urteile vom 2.2.1982, Kommission./.Belgien, verb. Rs. 71/81 und 73/81, aaO.; Urteil vom 28.3.1985, Kommission./.Belgien, Rs. 215/83, EuGHE 1985, 1039, 1054; Urteil vom 24.7.1988, Kommission./.Italien, Rs. 225/86, EuGHE 1988, 2271, 2279.

278 Der (noch nicht in Kraft befindliche) Lissaboner Reformvertrag soll die Tragweite der genannten Vorschriften in der Weise erweitern, dass bereits die bloße Unterlassung des betreffenden Mitgliedstaats, Maßnahmen zur Umsetzung einer Richtlinie mitzuteilen, zur Verhängung eines Pauschalbetrags oder Zwangsgeldes führen kann.
Aus Gründen der Transparenz hat die Kommission, zunächst in zwei Mitteilungen aus den Jahren 1996 und 1997, die Kriterien bekanntgegeben, an denen sie sich bei der Beantragung derartiger Sanktionen orientieren will. Die Mitteilungen von 1996 und 1997 wurden durch eine Mitteilung vom 12.12.2005 über das Verfahren für die Berechnung des Zwangsgeldes nach Art. 228 EGV ersetzt, SEK (2005) 1658. Dabei wird dem Zwangsgeld der Vorzug vor dem Pauschalbetrag gegeben. Das Zwangsgeld wird nach Tagessätzen berechnet. Ein solches ergibt sich aus der Multiplikation eines pauschalisierten Grundbetrags (600 Euro pro Tag) mit einem Schwerekoeffizienten und einem Dauerkoeffizienten. Dieses Ergebnis wiederum wird mit einem Länderfaktor multipliziert, der sowohl die Zahlungsfähigkeit des betreffenden Mitgliedstaats als auch dessen Stimmgewicht im Rat berücksichtigt. Zusätzlich kann ein Pauschalbetrag erhoben werden, dessen Berechnungsmodus weitgehend mit der Methode zur Berechnung des Zwangsgeldes übereinstimmt.
Mit Urteil vom 4.7.2000, Kommission./.Griechenland, Rs. C-387/97, hat der EuGH zum ersten Mal einen Mitgliedstaat zur Zahlung eines Zwangsgeldes (20.000 Euro pro Tag Verzug) verurteilt, EuGHE 2000, I-5047.

6.1.4.1.1.2. Bewertung der Klage im Hinblick auf den Grundrechtsschutz

Das Vertragsverletzungsverfahren ist ein wichtiges Instrument zur Sicherung der Einhaltung des Gemeinschaftsrechts durch die Mitgliedstaaten. Es weist Aspekte einer Organklage, aber auch eines Rechtsaufsichtsverfahrens auf. Grundsätzlich eignet es sich auch als Instrument zur Überwachung der Achtung der unionsrechtlich geschützten Grundrechte durch die Mitgliedstaaten. Der Umstand, dass das klagestattgebende Urteil als nicht vollstreckbares Feststellungsurteil ausgestaltet ist, das auf der Rechtsbefolgungspflicht der Mitgliedstaaten beruht, steht seiner Effizienz nicht entgegen, zumal die Nichtbeachtung der Rechtsbefolgungspflicht den Gegenstand eines weiteren Vertragsverletzungsverfahrens bilden kann, in dem pekuniäre Sanktionen gegen den säumigen Mitgliedstaat verhängt werden können.

Die „Grundrechtstauglichkeit" des Vertragsverletzungsverfahrens wird allerdings dadurch in Frage gestellt, dass diesem Verfahren in seiner derzeitigen Gestalt keine unmittelbare Individualschutzfunktion zukommt. Zwar können Einzelne bei der Kommission oder einem Mitgliedstaat Beschwerde führen und so eine Klageerhebung anregen, jedoch haben sie kein einklagbares Recht auf Einleitung und Durchführung eines derartigen Verfahrens; ein Klageerzwingungsverfahren ist nicht vorgesehen.[279] Noch weniger können natürliche oder juristische Personen, auch wenn sie in eigenen (Grund-) Rechten verletzt sind, selbst eine Vertragsverletzungsklage vor dem EuGH erheben. Das Verfahren wird vielmehr als Instrument der Rechtsaufsicht verstanden, und das diesbezügliche Klagerecht dogmatisch aus der Funktion der Kommission und der Mitgliedstaaten als „Hüter der Verträge" und als Wahrer der Rechtmäßigkeit in der Gemeinschaft/Union hergeleitet. Ein derartiger Auftrag ist dem Einzelnen nach der Grundstruktur der Unionsrechtsordnung nicht zugewiesen.

6.1.4.1.2. Nichtigkeits- und Untätigkeitsklage[280]

6.1.4.1.2.1. Darstellung der Klagen (Generalia)

Im Gegensatz zum Vertragsverletzungsverfahren, das gegen ein unionsrechtswidriges Verhalten der Mitgliedstaaten gerichtet ist, richten sich die Nichtigkeits-

---

279 Urteil vom 1.3.1966, Lütticke, aaO.; Urteil vom 14.2.1989, Star Fruit, aaO.; Beschluss vom 30.3.1990, Emrich, aaO.

280 Dazu grundlegend: Hans-Wolfram Daig, Nichtigkeits- und Untätigkeitsklagen im Recht der Europäischen Gemeinschaften – unter besonderer Berücksichtigung der Rechtsprechung des Gerichtshofs der Europäischen Gemeinschaften und der Schlussanträge der Generalanwälte, 1985.

und Untätigkeitsklage gegen ein unionsrechtswidriges Handeln bzw. Unterlassen der Gemeinschafts-/Unionsorgane.

Mit der Nichtigkeitsklage (Art. 230, 231 EGV; Art. 146, 147 EAGV) kann die Annullierung rechtsverbindlicher gemeinsamer Handlungen des Europäischen Parlaments und des Rates, rechtsverbindlicher Handlungen des Rates, der Kommission und der Europäischen Zentralbank sowie der Handlungen des Europäischen Parlaments mit Rechtswirkung gegenüber Dritten begehrt werden. Ausdrücklich ausgeschlossen sind Nichtigkeitsklagen gegen Empfehlungen und Stellungnahmen, die nach der Typologie der Gemeinschaftsrechtsakte „nicht verbindlich" sind (Art. 249 Abs. 5 EGV; Art. 161 Abs. 5 EAGV). Diesen sind sonstige, „atypische", Willens- oder Meinungsäußerungen der Gemeinschaftsorgane gleichzustellen, denen die rechtliche Verbindlichkeit fehlt und die deshalb keine Verpflichtungen für die einzelnen begründen oder ihnen sonstwie Belastungen auferlegen können; insoweit besteht kein Rechtsschutzbedürfnis für eine Annullierungsklage.[281]

Nicht eingegangen wird in diesem Zusammenhang auf Verfahren mit unbeschränkter Ermessensnachprüfung („*recours de pleine juridiction*"). Die einschlägigen Vorschriften (Art. 229 EGV; Art. 144 EAGV) begründen keinen eigenen Klageweg, sondern erweitern lediglich die Kompetenzen der Gemeinschaftsgerichte aus Art. 230, 231 EGV, Art. 146, 147 EAGV (Nichtigkeitsklage), indem sie letztere ermächtigen, bestimmte vom Europäischen Parlament und/oder Rat erlassene Zwangsmaßnahmen nicht nur aufzuheben, sondern auch abzuändern. Diese Verfahren, die praktische Bedeutung vor allem in Gemeinschaftskartellstreitsachen haben, weisen keine spezifischen Berührungspunkte mit Rechtsstreitigkeiten über Grundrechtsverletzungen auf.

281 Hierzu zählen z. B. Aktionsprogramme, wie die in Art. 54 Abs. 1 (a. F.), 63 Abs. 1 (a. F.) EGV vorgesehenen „allgemeinen Programme" zur Aufhebung der Beschränkungen der Niederlassungsfreiheit und des freien Dienstleistungsverkehrs, die lediglich politische Zielvorgaben enthalten. Entsprechendes dürfte für Beschlüsse oder Erklärungen des Rates – und a fortiori des Europäischen Rates – mit überwiegend politischem Inhalt (z. B. zu Grundsatzfragen der Wirtschafts- und Währungsunion) gelten.
Hingegen sind völkerrechtliche Abkommen der Gemeinschaften mit Drittstaaten oder internationalen Organisationen (die aus Gemeinschaftssicht Handlungen des Rates als des vertragschließenden Organs sind, vgl. Art. 300 EGV) durchaus mit der Nichtigkeitsklage anfechtbar. Sie bilden nach gefestigter Rechtsprechung einen „integrierenden Bestandteil der Gemeinschaftsrechtsordnung": z. B. Urteil vom 30.4.1974,Haegemann, Rs. 181/73, EuGHE 1974, 449, 460; Urteil vom 26.10.1982, Kupferberg, Rs. 104/81, EuGHE 1982, 3641, 3662. Die dem EuGH durch Art. 300 Abs. 6 EGV zugewiesene Befugnis zur Erstattung von Gutachten über die Vereinbarkeit eines geplanten, d. h. in Vorbereitung befindlichen, derartigen Abkommens mit dem EG-Vertrag schließt die *a-posteriori*-Kontrolle bereits in Kraft befindlicher Abkommen nach Gemeinschaftsrecht nicht aus. Allerdings wäre eine etwaige Annullierung durch den EuGH nur für die Gemeinschaftsseite (und ggf. die EU-

Die Nichtigkeitsklage ist dem „*recours pour excès de pouvoir*" des französischen Verwaltungsrechts nachgebildet; sie ähnelt der verwaltungsgerichtlichen Anfechtungsklage des deutschen Rechts, übernimmt aber auch gewisse Funktionen der Verpflichtungsklage (soweit hier nicht die Untätigkeitsklage einschlägig ist). Ihr Ziel ist die Kontrolle der Rechtmäßigkeit des Verwaltungshandelns; darüber hinaus sichert sie den Rechtsschutz der Einzelnen.

Die Nichtigkeitsklage wird durch die Untätigkeitsklage (Art. 232 EGV; Art. 148 EAGV) ergänzt, mit der die Feststellung begehrt werden kann, dass das Europäische Parlament, der Rat, die Kommission oder die Europäische Zentralbank es unter Verletzung des Vertrags unterlassen haben, „einen Beschluss zu fassen". Die Untätigkeitsklage ergänzt mithin im Rechtsschutzsystem der Verträge die Nichtigkeitsklage für den Fall, dass das rechtswidrige Verhalten des betreffenden Gemeinschaftsorgans bzw. der Europäischen Zentralbank in einer Unterlassung besteht.

6.1.4.1.2.2. Besonderheiten der Nichtigkeitsklage

Die einschlägigen Vorschriften (Art. 230, 231 EGV; Art. 146, 147 EAGV) sahen in ihrer vor Inkrafttreten des Maastrichter Unionsvertrags geltenden Fassung lediglich die Überprüfung der Rechtmäßigkeit der Akte des Rates und der Kommission vor. Die Erweiterung des potenziellen Beklagtenkreises auf das Europäische Parlament und die Europäische Zentralbank durch den Unionsvertrag kodifiziert einerseits die neuere Rechtsprechung des EuGH über die passive Parteifähigkeit des Europäischen Parlaments[282] und trägt anderseits der Zuweisung verbindlicher Handlungsbefugnisse an die Europäische Zentralbank (vgl. Art. 110 EGV) Rechnung.

Klagebefugt sind nach heutiger Rechtslage zunächst die Mitgliedstaaten, das Europäische Parlament, der Rat und die Kommission, sodann der Rechnungshof und die Europäische Zentralbank, schließlich „jede natürliche oder juristische Person" (Art. 230 Abs. 2–4 EGV; Art. 146 Abs. 2–4 EAGV). Auch hinsichtlich der aktiven Parteifähigkeit haben sukzessive Anpassungen der Verträge die institutionellen Entwicklungen und die Rechtsprechung des EuGH[283] festgeschrieben.

Mitgliedstaaten), nicht für die Gegenseite (Drittstaaten oder internationale Organisationen) beachtlich. Nichtigkeitsklagen gegen völkerrechtliche Abkommen der Gemeinschaften sind bisher noch nicht erhoben worden.

282 Urteil vom 23.4.1986, Les Verts./.Europäisches Parlament, Rs. 294/83, EuGHE 1986, 1339.

283 In seinem Urteil vom 22.5.1990 (Europäisches Parlament./.Rat, „Tschernobyl", Rs. C-70/88, EuGHE 1990, I-2041, I-2072) hat der EuGH erstmals – entgegen seiner früheren Rechtsprechung – dem EP das Recht zur Erhebung der Nichtigkeitsklage

Für Nichtigkeitsklagen von Mitgliedstaaten, Gemeinschaftsorganen oder der Europäischen Zentralbank ist, vorbehaltlich bestimmter Ausnahmen, der EuGH im ersten und letzten Rechtszug zuständig. Nichtigkeitsklagen anderer Kläger sind im ersten Rechtszug beim EuG zu erheben, gegen dessen Entscheidungen ein auf Rechtsfragen beschränktes, revisionsähnliches Rechtsmittel beim EuGH eingelegt werden kann (Art. 225 Abs. 2 EGV; Art. 140 a Abs. 2 EAGV i. V. m. Art. 51 Abs. 1, 2 der Satzung des Gerichtshofs).

Zum Rechtsschutzbedürfnis: Mitgliedstaaten, Europäisches Parlament, Rat und Kommission brauchen kein besonderes Rechtsschutzbedürfnis für die Klageerhebung nachzuweisen („privilegierte Kläger"), Art. 230 Abs. 2 EGV; Art. 146 Abs. 2 EAGV. Der Rechungshof und die Europäische Zentralbank hingegen können zulässigerweise nur Nichtigkeitsklagen erheben, die „auf die Wahrung ihrer Rechte abzielen" („teil-privilegierte Kläger", Art. 230 Abs. 3 EGV; Art. 146 Abs. 3 EAGV), d. h. insbesondere die Sicherung ihrer eigenen institutionellen Position bezwecken.

Hingegen können natürliche oder juristische Personen („nicht-privilegierte Kläger") lediglich „gegen die an sie ergangenen Entscheidungen sowie gegen diejenigen Entscheidungen Klage erheben, die, obwohl sie als Verordnung oder als an eine andere Person gerichtete Entscheidung ergangen sind, sie unmittelbar und individuell betreffen" (Art. 230 Abs. 4 EGV; Art. 146 Abs. 4 EAGV), womit Individualklagen gegen echte Normativakte ausgeschlossen sind. Zu den nicht-privilegierten Individualklägern zählen auch organisatorische Teilgliederungen der Mitgliedstaaten, soweit sie mit eigener Rechtspersönlichkeit ausgestattet sind, so etwa autonome Gebietskörperschaften oder eine nationale Zentralbank.

Das Haupthindernis für die Zulässigkeit einer Nichtigkeitsklage natürlicher oder juristischer Personen gegen einen kommunitären Normaktivakt ist somit das fehlende *individuelle Betroffensein* der Kläger. Nach ständiger Judikatur des EuGH ist ein nicht-privilegierter Kläger durch einen rechtsverbindlichen Normativakt (insbesondere Verordnung) oder eine an einen anderen – auch einen Mitgliedstaat – gerichtete Entscheidung nur dann individuell betroffen, wenn der betreffende Rechtsakt „ihn wegen bestimmter persönlicher Eigenschaften oder besonderer, ihn aus dem Kreis aller übrigen Personen heraushebender Umstände berührt und ihn daher in ähnlicher Weise individualisiert wie den Adressaten".[284] Daran fehlt es, wenn die fragliche Maßnahme „allgemeine Geltung"[285] hat und ihr Tatbestand objektiv bestimmt ist, der Kläger also nur aufgrund seiner Zuge-

---

zuerkannt, sofern die Klage auf den Schutz seiner eigenen Befugnisse gerichtet ist und auf Klagegründe gestützt wird, mit denen die Verletzung dieser Befugnisse geltend gemacht wird.

284 Urteil vom 15.7.1963, Plaumann, Rs. 25/62, EuGHE 1963, 211, 238.

285 Urteil vom 6.10.1982, Alusuisse, Rs. 307/81, EuGHE 1982, 3463, 3472.

hörigkeit zu einer „allgemein und abstrakt bezeichneten Personengruppe“[286] betroffen ist, und zwar selbst dann, wenn sich die erfassten Personen „der Zahl nach oder sogar namentlich mit mehr oder weniger großer Genauigkeit bestimmen lassen, sofern nur feststeht, dass die Maßnahme nach ihrer Zweckbestimmung aufgrund eines objektiven Tatbestands rechtlicher und tatsächlicher Art anwendbar ist“ (sog. „Plaumann“-Formel).[287]

Im Lichte der zitierten „Plaumann“-Formel erscheint ein individuelles Betroffensein von Bürgern oder Unternehmen durch echte Normativakte (Verordnungen, Richtlinien etc.) in der Regel ausgeschlossen. Die Hürden für den Nachweis der individuellen Betroffenheit sind so hoch, dass nur in raren Einzelfällen von einer Klagebefugnis natürlicher oder juristischer Personen ausgegangen werden kann. Auch die *ratio decidendi* der neueren, differenzierenden Rechtsprechungslinie, die darin besteht, die Einzelnen nicht rechtsschutzlos zu stellen, wenn sie von Normativrecht wegen der Besonderheiten ihres konkreten Falles in besonders schwerwiegender Weise in ihren subjektiven Rechten beeinträchtigt werden,[288] dürfte bei Maßnahmen mit durchgängig generellem Regelungsgehalt kaum zum Zuge kommen.

Einen neuen Weg großzügigerer Handhabung der Zulässigkeitsvoraussetzung des individuellen Betroffenseins hat unlängst das EuG beschritten. Nach diesem Ansatz wird ein individuelles Betroffensein bereits dann angenommen, wenn eine Verordnung die Rechtsposition einer Person „unzweifelhaft und gegenwärtig beeinträchtigt, indem sie ihre Rechte einschränkt oder ihr Pflichten auferlegt“.[289]

Diese These des Untergerichts, die ersichtlich von dem Bestreben getragen war, den Individualrechtsschutz zu erweitern, wurde jedoch vom EuGH im

286 Bezüglich Entscheidungen: Urteil vom 5.5.1977, Koninklijke Scholten Honig, Rs. 101/76, EuGHE 1977, 797, 807; Urteil vom 10.6.1982, William und Bethell, Rs. 246/81, EuGHE 1982, 2277, 2291; Urteil vom 14.7.1983, Spijker Kwasten, Rs. 231/82, EuGHE 1983, 2559, 2566; Urteil vom 17.1.1985, Piraiki-Patraiki, Rs. 11/82, EuGHE 1985, 207, 243; Urteil vom 2.2.1988, von der Kooy, verb. Rs. 67,68 und 70/85, EuGHE 1988, 219, 267; Urteil vom 14.2.1989, Lefebvre, Rs. 206/87, EuGHE 1989, 275, 288. Bezüglich Verordnungen: Urteil vom 1.4.1965, Sgorlata, Rs. 40/64, EuGHE 1965, 295, 311; Urteil vom 18.11.1975, CAM, Rs. 100/74, EuGHE 1975, 1393, 1404; Urteil vom 3.5.1978, Töpfer, Rs. 112/77, EuGHE 1978, 1019, 1030; Urteil vom 26.4.1988, Asteris und Griechenland./.Kommission, verb. Rs. 97, 193, 199 und 215/86, EuGHE 1988, 2181, 2205; Beschluss vom 20.5.1987, Champlor, verb. Rs. 223-235/86, EuGHE 1987, 2251, 2255.

287 Urteil vom 15.7.1963, Plaumann, aaO., 238 f.

288 Z. B. Urteil vom 16.5.1991, Extramet Industrie, Rs. C-358/89, EuGHE 1991, I-2501, Rdnr. 13; Urteil vom 18.5.1994, Codorniu, Rs. C-309/89, EuGHE 1994, I-1853, Rdnr. 19.

289 Urteil vom 3.5.2002, Jégo-Quéré./.Kommission, Rs. T-177/01, EuGE 2002, II-2365, II-2383.

Rechtsmittelverfahren verworfen: Nach dem vom EG-Vertrag geschaffenen System der Rechtmäßigkeitskontrolle könne eine natürliche oder juristische Person nur dann Klage gegen eine Verordnung erheben, wenn sie nicht nur unmittelbar, sondern auch individuell betroffen sei. Diese Voraussetzung sei zwar im Lichte des Grundsatzes eines effektiven gerichtlichen Rechtsschutzes unter Berücksichtigung der verschiedenen Umstände, die einen Kläger individualisieren könnten, auszulegen; doch könne eine solche Auslegung nicht, ohne dass die den Gemeinschaftsgerichten durch den Vertrag verliehenen Befugnisse überschritten würden, zum Wegfall der fraglichen Voraussetzung, die ausdrücklich im EG-Vertrag vorgesehen sei, führen.[290]

In Anbetracht dieser zögerlichen Einstellung des EuGH im Hinblick auf das Kriterium des individuellen Betroffenseins verdient eine jüngste rechtspolitische Entwicklung Beachtung: Der (noch nicht in Kraft befindliche) Reformvertrag von Lissabon novelliert Art. 230 EGV, dessen neuer Absatz 4 folgende Fassung erhalten soll:

> „Jede natürliche oder juristische Person kann … gegen die an sie gerichteten oder sie unmittelbar und individuell betreffenden Handlungen sowie gegen Rechtsakte mit Verordnungscharakter, die sie unmittelbar betreffen und keine Durchführungsmaßnahmen nach sich ziehen, Klage erheben.“

Diese Regelung soll die durch das rigide Erfordernis des individuellen Betroffenseins bei Nichtigkeitsklagen natürlicher oder juristischer Personen entstandene Rechtsschutzlücke zumindest partiell schließen, indem sie das genannte Zulässigkeitskriterium unter bestimmten Voraussetzungen entfallen lässt, nämlich insbesondere bei Klagen gegen „Rechtsakte mit Verordnungscharakter“, die – „[den Kläger] unmittelbar betreffen“ und die – „keine Durchführungsmaßnahmen nach sich ziehen“.

Der Begriff „Rechtsakt mit Verordnungscharakter“ wird im Reformvertrag nicht unmittelbar definiert, jedoch finden sich definitorische Anhaltspunkte in dem ebenfalls novellierten Absatz 1 des Art. 230 EGV. Diese neue Bestimmung ersetzt die Worte „gemeinsame Handlungen des Europäischen Parlaments und des Rates“ (d.h. Rechtsakte, die im Verfahren der Mitentscheidung erlassen wurden) durch „Gesetzgebungsakte“. Hieraus lässt sich schließen, dass „Rechtsakte mit Verordnungscharakter“ Rechtsinstrumente auf der normenhierarchischen Ebene unterhalb von „Gesetzgebungsakten“ sind, die nicht im Mitentscheidungs-

290 Urteil vom 25.7.2002, Unión de Pequeños Agricultores./.Rat, Rs. C-50/00 P, EuGHE 2002, I-6677, I-6735 f.; Urteil vom 1.4.2004, Jégo-Quéré./.Kommission, Rs. C-263/02 P, EuGHE 2004, I-3443, I-3457 f.

verfahren von Parlament und Rat gemeinsam verabschiedet wurden. Es handelt sich dabei also um „einfache“ Verordnungen des Rates oder auf der Grundlage einer Ratsverordnung erlassene Derivativverordnungen der Kommission (tertiäre Rechtsetzung), die keine Implementierungsmaßnahmen erfordern und mithin auch nicht *incidenter* auf dem Umweg über eine derartige Maßnahme angefochten werden können.

Sollte der Reformvertrag – ungeachtet des negativen Ausgangs des irischen Plebiszits – in Kraft treten, würde dies eine spürbare Stärkung des kommunitären Individualrechtsschutzes und, generell, eine nachhaltige Verbesserung des Rechtsschutzsystems der Union insgesamt bedeuten.

Weniger problematisch erscheint das Kriterium des *unmittelbaren Betroffenseins,* das bei Klagen gegen direkt wirkende Entscheidungen und Verordnungen (anders als bei umsetzungsbedürftigen Richtlinien) in aller Regel zu bejahen sein wird, sofern die betreffende Maßnahme ihre Wirkungen ohne Dazwischentreten eines konretisierenden – kommunitären oder nationalen – Rechtsakts entfaltet. Anders ist die Rechtslage, wenn die fragliche Maßnahme als solche noch keinen hinreichend konkretisierten Eingriff in die Rechtssphäre des Klägers bewirkt, sondern den Mitgliedstaaten oder Gemeinschaftsorganen einen Ermessensspielraum bei der Durchführung belässt.[291]

Ein Hemmnis für Individualklagen stellt das Kriterium des unmittelbaren Betroffenseins in der Regel bei Klagen gegen Richtlinien dar. Diese bedürfen der Umsetzung durch die Mitgliedstaaten, wobei dem nationalen Gesetzgeber ein mehr oder weniger weiter Ermessensspielraum verbleibt. Im Normalfall mangelt es daher bei Klagen gegen Richtlinien am Vorliegen eines unmittelbaren Betroffenseins. Ausnahmen kommen nur in Betracht, sofern der Kläger, unabhängig von seiner Rechtsform, im weitesten Sinne dem Staat zuzurechnen ist und daher Adressat der Direktwirkung der betreffenden Richtlinie sein kann. Zu denken wäre – unter den von der Rechtsprechung des EuGH entwickelten Vorrauset-

291 Urteil vom 23.4.1986, Les Verts./.Europäisches Parlament, aaO., 1367; Urteil vom 3.5.2002, Jégo-Quéré./.Kommission, aaO., II-2377; Urteil vom 27.6.2000, Salamander./.Parlament und Rat, Rs. T-172/98, T-175/98 bis T-177/98, EuGE 2000, II-2487, II-2513.
Siehe bezüglich Entscheidungen: Urteil vom 1.7.1965, Töpfer, verb. Rs. 106 und 107/63, EuGHE 1965, 548, 556; Urteil vom 23.11.1971, Bock, Rs. 62/70, EuGHE 1971, 897, 908; Urteil vom 11.7.1984, Gemeinde Differdange, Rs. 222/83, EuGHE 1984, 2889, 2896; Urteil vom 7.7.1987, Etoile commerciale und CNTA, verb. Rs. 89 und 91/86, EuGHE 1987, 3005, 3025.
Siehe bezüglich Verordnungen: Urteil vom 13.5.1971, Fruit Company, verb. Rs. 41-44/70, EuGHE 1971, 411, 422; Urteil vom 17.3.1987, Mannesmann, Rs. 333/85, EuGHE 1987, 1381, 1409; Urteil vom 26.6.1990, Sofrimport, Rs. C-152/88, EuGHE 1990, I-2477, I-2507.

zungen – etwa an Gebietskörperschaften, Finanzbehörden, aber auch unabhängige staatliche Hoheitsträger und öffentliche Unternehmen, die kraft staatlichen Rechtsakts unter staatlicher Aufsicht Dienstleistungen im öffentlichen Interesse erbringen und die hierzu mit besonderen Rechten ausgestattet sind.[292]

Die Nichtigkeitsklage kann nur auf einen der im Vertrag aufgezählten vier Klagegründe („*moyens*“) gestützt werden, nämlich Unzuständigkeit, Verletzung wesentlicher Formvorschriften, Verletzung des Vertrags oder einer bei seiner Durchführung anzuwendenden Rechtsnorm und Ermessensmissbrauch (Art.230 Abs. 2 EGV, Art. 146 Abs.2 EAGV). Im Zusammenhang mit Grundrechtsverletzungen ist besonders der Klagegrund der „Verletzung dieses Vertrags oder einer bei seiner Durchführung anzuwendenden Rechtsnorm“ hervorzuheben. Darunter wird die Verletzung vorrangigen Gemeinschafts-/Unionsrechts schlechthin verstanden, einschließlich der als allgemeine Grundsätze des Gemeinschaftsrechts geltenden Grundrechte. Der EuGH bzw. das EuG prüft hier auch, ob der angegriffene Rechtsakt auf unzutreffenden Tatsachenfeststellungen oder einer fehlerhaften Würdigung des Sachverhalts beruht.[293]

Die Klage ist binnen zwei Monaten zu erheben, je nach der Lage des Falles von der Bekanntgabe der betreffenden Handlung, ihrer Mitteilung an den Kläger oder hilfsweise von dem Zeitpunkt an, zu dem der Kläger von der Handlung Kenntnis erlangt hat (Art.230 Abs. 5 EGV; Art. 146 Abs. 5 EAGV).[294]

Ist die Klage zulässig und begründet, so erklärt der EuGH bzw. das EuG die angefochtene Handlung für nichtig (Art. 231 Abs. 1 EGV; Art. 147 Abs. 1 EAGV). Das Nichtigkeitsurteil wirkt rechtsgestaltend; es beseitigt den fehlerhaften Rechtsakt grundsätzlich mit Wirkung *ex tunc* und *erga omnes.* Jedoch kann der EuGH bzw. das EuG ausnahmsweise die ganze oder teilweise Fortgeltung der Wirkungen einer für nichtig erklärten Verordnung anordnen, falls er dies, insbesondere im Interesse der Rechtssicherheit, der Kontinuität der Regelung oder des Vertrauensschutzes der Betroffenen, für notwendig hält (Art. 231 Abs. 2 EGV, Art. 147 Abs. 2 EAGV).

---

292 Urteil vom 12.7.1990, Foster./.British Gas, Rs. C-188/89, EuGHE 1990, I-3313, I-3348 f.

293 Urteil vom 11.7.1984, Remia, Rs. 42/83, EuGHE 1985, 2545, 2570; Urteil vom 7.5.1987, Nachi Fujikoshi, Rs. 255/84, EuGHE 1987, 1861, 1890.

294 Zu der Zweimonatsfrist kommt eine pauschale Entfernungsfrist von 10 Tagen hinzu (Art. 81 § 2 der Verfahrensordnung des Gerichtshofs der Europäischen Gemeinschaften; Art. 102 § 2 der Verfahrensordnung des Gerichts erster Instanz der Europäischen Gemeinschaften).
Fällt das Ende der Gesamtfrist, d.h. einschließlich der Entfernungsfrist, auf einen Samstag, Sonntag oder gesetzlichen Feiertag, so endet die Frist mit dem Ablauf des nächstfolgenden Werktags (Art. 80 § 2 der Verfahrensordnung des Gerichtshofs der Europäischen Gemeinschaften; Art. 101 § 2 der Verfahrensordnung des Gericht erster Instanz der Europäischen Gemeinschaften).

6.1.4.1.2.3. Besonderheiten der Untätigkeitsklage

Wie schon oben dargestellt, ergänzt die Untätigkeitsklage (Art. 232 EGV; Art. 148 EAGV) im Rechtsschutzsystem der Verträge die Nichtigkeitsklage für den Fall, dass das rechtswidrige Verhalten des betreffenden Gemeinschaftsorgans bzw. der Europäischen Zentralbank in einer Unterlassung (unterlassene Beschlussfassung) besteht.

Die Zulässigkeitsvoraussetzungen der Untätigkeitsklage ähneln denen der Nichtigkeitsklage: Mitgliedstaaten und Gemeinschaftsorgane brauchen kein besonderes Rechtsschutzbedürfnis für die Klageerhebung nachzuweisen; Entsprechendes gilt wohl für die Europäische Zentralbank (der Wortlaut des Art. 232 Abs. 4 EGV macht dies allerdings nicht ausdrücklich klar). Hingegen können natürliche oder juristische Personen lediglich Beschwerde darüber führen, „dass ein Organ der Gemeinschaft es unterlassen hat, einen anderen Akt als eine Empfehlung oder eine Stellungnahme an sie zu richten“ (Art.232 Abs. 3 EGV; Art. 148 Abs. 3 EAGV). Klagen Einzelner auf den Erlass normativer Rechtsakte (Verordnungen oder Richtlinien) sind daher unzulässig, da diese nicht an den Kläger zu richten wären.[295]

Hinsichtlich der sachlichen Zuständigkeitsverteilung zwischen EuGH und EuG gilt das für die Nichtigkeitsklage Gesagte entsprechend: Untätigkeitsklagen von Mitgliedstaaten, Gemeinschaftsorganen oder der Europäischen Zentralbank sind, vorbehaltlich bestimmter Ausnahmen, im ersten und letzten Rechtszug beim EuGH zu erheben. Für Untätigkeitsklagen anderer Kläger ist im ersten Rechtszug das EuG zuständig, gegen dessen Entscheidungen ein auf Rechtsfragen beschränktes Rechtsmittel beim EuGH eingelegt werden kann (Art. 225 Abs. 2 EGV; Art. 140a Abs. 2 EAGV i.V.m. Art. 51 Abs. 1, 2 der Satzung des Gerichtshofs).

Die Untätigkeitsklage ist nur zulässig, wenn das in Frage stehende Organ zuvor aufgefordert worden ist, tätig zu werden, und wenn es binnen zwei Monaten nach dieser Aufforderung „nicht Stellung genommen hat“. In diesem Fall ist die Klage innerhalb einer weiteren Frist von zwei Monaten zu erheben (Art. 232 Abs. 2 EGV; Art. 148 Abs. 2 EAGV).[296] Hat das Organ hingegen „Stellung genom-

295 Urteil vom 26.10.1971, Mackprang, Rs. 15/71, EuGHE 1971, 797, 804; Urteil vom 15.1.1974, Holtz & Willemsen, Rs. 134/73, EuGHE 1974, 1, 10; Urteil vom 28.3.1979, Granaria, Rs. 90/87, EuGHE 1979, 1081, 1093; Beschluss vom 11.7.1979, Fédération Nationale des Producteurs de Vin de Table, Rs. 59/79, EuGHE 1979, 2425, 2433; Urteil vom 26.4.1988, Asteris und Griechenland./.Kommission, verb. Rs. 97, 193, 199 und 215/86, EuGHE 1988, 2181, 2206.

296 Für die Berechnung der Klagefrist gelten die Regeln für die Berechung der Verfahrensfristen bei Nichtigkeitsklagen entsprechend (siehe oben).

men", ist der Weg der Untätigkeitsklage versperrt, und das Begehren kann nur noch ggf. mit der Nichtigkeitsklage (Art. 230 EGV; Art. 146 EAGV) gegen die belastende Stellungnahme weiter verfolgt werden.

Allerdings gewährleistet das bisherige Fallrecht nicht mit hinreichender Gewissheit, dass eine den Weg der Untätigkeitsklage versperrende Weigerung des Organs, tätig zu werden, in jedem Fall mit der Nichtigkeitsklage anfechtbar ist.[297] *De lege ferenda* empfiehlt sich deshalb eine redaktionelle Klarstellung dahin gehend, dass nur mit der Nichtigkeitsklage anfechtbare „Entscheidungen" als „Stellungnahmen" i. S.d. Art. 232 Abs. 2 EGV, Art. 148 Abs. 2 EAGV anzusehen sind.[298]

Das verfahrensabschließende Sachurteil ist ein nicht vollstreckungsfähiges Feststellungsurteil; es stellt die in der fraglichen Unterlassung liegende Vertragsverletzung des beklagten Gemeinschaftsorgans bzw. der Europäischen Zentralbank fest. Diesen obliegt es – ähnlich wie den Mitgliedstaaten im Vertragsverletzungsverfahren –, „die sich aus dem Urteil des Gerichtshofes ergebenden Maßnahmen zu ergreifen" (Art. 233 Abs. 1, 3 EGV; Art. 149 Abs. 1 EAGV).

Anders als die Nichtigkeitsklage hat die Untätigkeitsklage kaum praktische Bedeutung erlangt. Der Grund dafür dürfte in dem Umstand zu suchen sein, dass eine Untätigkeit nur als vertragswidrig gerügt werden kann, soweit eine sachlich und zeitlich hinreichend konkretisierte Handlungsverpflichtung des betreffenden Gemeinschaftsorgans bzw. der Europäischen Zentralbank besteht. Das Verfahren eignet sich daher nicht als Instrument zur gerichtlichen Durchsetzung von Aktionen, hinsichtlich deren die beteiligten Akteure über politische Ermessensspielräume verfügen.[299]

6.1.4.1.2.4. Bewertung der Klagen im Hinblick auf den Grundrechtsschutz

Ebenso wie mit der Vertragsverletzungsklage können mit der Nichtigkeits- und Untätigkeitsklage Verletzungen von unionsrechtlich geschützten Grundrechten

297 Vgl. Urteil vom 26.4.1988, Asteris und Griechenland./.Kommission, aaO., 2208. Siehe auch Urteil vom 18.10.1979, GEMA, Rs. 125/78, EuGHE 1979, 3173, 3190. Unverständlich ist die im Widerspruch zu der bisherigen Rechtsprechung stehende Aussage in einem jüngeren Urteil, auch die ausdrückliche Weigerung, tätig zu werden, berühre nicht die Zulässigkeit der Untätigkeitsklage, da sie die Untätigkeit nicht beende: Urteil vom 27.9.1988, Europäisches Parlament./.Rat, „Komitologie", Rs. 302/87, EuGHE 1988, 5615, 5641.

298 Vgl. Manfred A. Dauses, Empfiehlt es sich, das System des Rechtsschutzes und der Gerichtsbarkeit in der Europäischen Gemeinschaft, insbesondere die Aufgaben der Gemeinschaftsgerichte und der nationalen Gerichte, weiterzuentwickeln? Gutachten zum 60. Deutschen Juristentag, Münster 1994, S. D-110.

299 Vgl. Urteil vom 22.5.1985, Europäisches Parlament./.Rat, „Gemeinsame Verkehrspolitik", Rs. 13/83, EuGHE 1985, 1513, 1588.

gerügt werden. Im Gegensatz zur Vertragsverletzungsklage richten sich die Nichtigkeits- und Untätigkeitsklage allerdings gegen rechtswidriges Handeln bzw. Unterlassen von Gemeinschaftsorganen und -einrichtungen (bzw. der Europäischen Zentralbank), nicht von Mitgliedstaaten und deren nationalen Einheiten.

Nichtigkeits- und Untätigkeitsklage unterscheiden sich dadurch voneinander, dass erstere ein pflichtwidriges Handeln eines Gemeinschaftsorgans (bzw. der Europäischen Zentralbank), letztere ein pflichtwidriges Unterlassen dieser Einheiten zum Gegenstand hat. Beide sind einander ergänzende Klagen; sie bilden ein einheitliches Ganzes mit dem Ziel einer möglichst lückenlosen Rechtmäßigkeitskontrolle des Verhaltens der Gemeinschaftsinstitutionen. Die Wirkungen des jeweiligen klagestattgebenden Urteils sind jedoch verschieden: Im Nichtigkeitsverfahren ergeht ein (konstitutives) Gestaltungsurteil, im Untätigkeitsverfahren ein (deklaratorisches) Feststellungsurteil.

Abgrenzungsschwierigkeiten können entstehen, wenn das Gemeinschaftsorgan (bzw. die Europäische Zentralbank) trotz Aufforderung sich ausdrücklich weigert, den begehrten Rechtsakt zu erlassen. Dann hilft nur die Annullierungsklage gegen die Weigerung weiter. Hingegen kommt die Untätigkeitsklage zum Zuge, wenn das aufgeforderte Organ (bzw. die Europäische Zentralbank) auf die Aufforderung hin völlig untätig bleibt („*recours en carence*“).

Anders als beim Vertragsverletzungsverfahren können bei der Nichtigkeits- und Untätigkeitsklage auf der Klägerseite nicht nur die Kommission oder die Mitgliedstaaten als privilegierte „Hüter der Verträge“ auftreten, sondern auch sonstige Gemeinschaftsorgane (und die Europäische Zentralbank), deren Klagen aber zum Teil nur zulässig sind, soweit sie auf die Wahrung eigener Rechte abzielen. Klageberechtigt sind weiterhin natürliche und juristische Personen als „nicht-privilegierte Kläger“. Diese können nur gegen Rechtsakte oder auf den Erlass von Rechtsakten klagen, die sie unmittelbar und individuell betreffen, wobei vor allem die Erfordernis des individuellen Betroffenseins sich als hohe Rechtsschutzhürde erweist, die Klagen gegen Normativakte, oder auf den Erlass von Normativakten, praktisch ausschließt.

Zusammenfassend lässt sich feststellen, dass die Nichtigkeits- und Untätigkeitsklage nicht nur rechtsaufsichtliche Funktionen erfüllen, sondern auch als Instrumente zur Durchsetzung individueller Schutzrechte, an vorderster Stelle der Grundrechte, fungieren. Eine echte Individualschutzfunktion nehmen sie gleichwohl nur beschränkt wahr; denn wegen des Zulässigkeitskriteriums des unmittelbaren und insbesondere des individuellen Betroffenseins haben natürliche oder juristische Personen grundsätzlich keine Klagebefugnis gegen echte Normativakte wie Verordnungen und Richtlinien.

6.1.4.1.3. Kommunitäre Schadensersatzklagen

6.1.4.1.3.1. Darstellung der Klagen (Generalia)

Das Gemeinschaftsrecht kennt zwei, aus unterschiedlichen Rechtsquellen fließende Typen von Schadensersatzklagen wegen Verletzung von Gemeinschaftsrecht: die im EG-Vertrag bzw. EAG-Vertrag verankerte Gemeinschaftshaftungsklage aus „außervertraglicher“ (d.h. deliktischer) Haftung, die gegen die Gemeinschaft (bzw. die Europäische Zentralbank) und deren Organe und Bediensteten erhoben werden kann, und die – in schöpferischer Rechtsprechung vom EuGH entwickelte – Staatshaftungsklage, die sich gegen die Mitgliedstaaten und diesen zuzurechnende Personen und Einheiten richtet (sog. „Francovich“-Doktrin).

Beiden Klagearten ist gemeinsam, dass sie eine verschuldensunabhängige, objektive Haftung, in erster Linie für rechtsetzendes Unrecht, begründen. Die Haftung setzt eine „hinreichend qualifizierte Verletzung“ von Gemeinschaftsrecht voraus, worunter eine offenkundige und erhebliche Überschreitung der gemeinschaftsrechtlich gesetzten Befugnisgrenzen verstanden wird. Eine derartige Befugnisüberschreitung kann sich auch in einer Verletzung kommunitärer Grundrechte manifestieren.

Während die Haftungsklage gegen die Gemeinschaft (bzw. die Europäische Zentralbank) vor den institutionellen Gemeinschaftsgerichten EuG (im ersten Rechtszug) und EuGH (im Rechtsmittelverfahren) zu erheben ist – wobei das Verfahren sich nach kommunitärem Recht richtet –, sind für die Staatshaftungsklage die einzelstaatlichen Gerichte zuständig, und das Verfahren richtet sich nach nationalem Gerichtsverfassungs- und Prozessrecht.

6.1.4.1.3.2. Besonderheiten der Gemeinschaftshaftungsklage

Gemäß Art. 235 i.V.m. Art. 288 Abs. 2 EGV (Art. 151 i.V.m. Art. 188 Abs. 2 EAGV) ist der EuGH, bzw. im ersten Rechtszug das EuG, zur Entscheidung über Schadensersatzklagen aus „außervertraglicher“ (deliktischer) Haftung der Gemeinschaft zuständig. In diesem Bereich „ersetzt die Gemeinschaft den durch ihre Organe oder Bediensteten in Ausübung ihrer Amtstätigkeit verursachten Schaden nach den allgemeinen Rechtsgrundsätzen, die den Rechtsordnungen der Mitgliedstaaten gemeinsam sind“. Entsprechendes gilt seit der Novellierung durch den Maastrichter Unionsvertrag für den durch die Europäische Zentralbank oder ihre Bediensteten in Ausübung ihrer Amtstätigkeit verursachten Schaden (Art. 288 Abs. 3 EGV).

Die Gemeinschaftshaftungsklage ist ähnlich wie ein *recours de pleine juridiction* ausgestaltet, d.h. der EuGH bzw. das EuG kann die Höhe des zu leistenden Schadensersatzes selbst nach den jeweiligen Umständen festsetzen. Die Verweisung auf die den mitgliedstaatlichen Rechtsordnungen zu entnehmenden gemeineuropäischen Rechtsgrundsätze enthält eine Ermächtigung an die Gemeinschaftsgerichte, im Wege der Rechtsfortbildung gemeinschaftsrechtliche Haftungstatbestände zu entwickeln.

Die Gemeinschaftshaftungsklage folgt autonomen Kriterien. Nach gefestigter Rechtsprechung ist sie ein selbständiger Rechtsbehelf mit eigener Funktion und spezifischen Voraussetzungen, der sich von der Nichtigkeits- bzw. Untätigkeitsklage dadurch unterscheidet, dass er nicht die Beseitigung bzw. den Erlass einer bestimmten Maßnahme zum Ziel hat, sondern auf den Ersatz des Schadens abzielt, den ein Gemeinschaftsorgan in Ausübung seiner Befugnisse verursacht hat.[300] Die Haftungsklage hat sich insofern als eine nützliche Ergänzung der Nichtigkeits- und Untätigkeitsklage erwiesen, als sie die einzige Klageart ist, mit der natürliche oder juristische Personen gegen ein normatives Handeln oder Unterlassen der Gemeinschaftsorgane unmittelbar vor den institutionellen Gemeinschaftsgerichten EuGH bzw. EuG vorgehen können. Damit erfüllt sie im kommunitären Rechtsschutzsystem eine spezifische Funktion; sie hilft die Beschränkung der Klagebefugnis natürlicher und juristischer Personen im Rahmen von Nichtigkeits- und Untätigkeitsklagen, zumindest teilweise, auszugleichen.

In der Praxis steht die Haftung der Gemeinschaft für normatives (rechtsetzendes) Unrecht im Vordergrund. Nach ständiger Rechtsprechung kann eine Haftung aus rechtsetzender Tätigkeit, die wirtschaftspolitische Entscheidungen beinhaltet, „nur durch eine hinreichend qualifizierte Verletzung einer höherrangigen, den Einzelnen schützenden Rechtsnorm“ ausgelöst werden, wozu auch die allgemeinen Rechtsgrundsätze – insbesondere die Grundrechte – gehören, die integrierender Bestandteil der Gemeinschaftsrechtsordnung sind.[301]

Mit dem Erfordernis der „hinreichend qualifizierten Verletzung“ bei wirtschaftspolitischen Entscheidungen wird eine substanzielle Haftungsbeschrän-

---

300 Urteil vom 28.4.1971, Lütticke, Rs. 4/69, EuGHE 1971, 325, 337; Urteil vom 2.7.1974, Holtz & Willemsen, Rs. 153/73, EuGHE 1974, 675, 694; Urteil vom 17.12.1981, Ludwigshafener Walzmühle, verb. Rs. 197-200, 243, 245 und 247/80, EuGHE 1981, 3211, 3246; Urteil vom 15.5.1990, Sonito, Rs. C-87/89, EuGHE 1990, I-1981, I-2010.

301 Urteil vom 2.12.1971, Schöppenstedt, Rs. 5/71, EuGHE 1971, 975, 985; Urteil vom 14.5.1975, CNTA, Rs. 74/74, EuGHE 1975, 533, 546; Urteil vom 2.6.1976, Kampffmeyer, verb. Rs. 56-60/74, EuGHE 1976, 711, 744; Urteil vom 25.5.1978, HNL, verb. Rs. 83 und 94/76, 4, 15 und 40/77, EuGHE 1978, 1209, 1224; Urteil vom 4.10.1979, Interquell Stärke-Chemie, verb. Rs. 261 und 262/78, EuGHE 1979, 3045, 3064; Urteil vom 30.5.1989, Roquette Frères, Rs. 20/88, EuGHE 1989, 1553, 1586; Urteil vom 6.6.1990, AERPO, Rs. C-119/88, EuGHE 1990, I-2189, I-2211; Urteil vom 19.5.1992, Mulder und Heinemann, verb. Rs. C-104/89 und C-37/90, EuGHE 1992, I-3061, I-3131.

kung auf Fälle bewirkt, in denen das Gemeinschaftsorgan (bzw. die Europäische Zentralbank) die Grenzen seiner Befugnisse „offenkundig und erheblich" überschritten hat, ohne dafür Gründe des öffentlichen Interesses anführen zu können.[302] Die strikte Anwendung dieser Qualifikative hat zur Folge, dass trotz des verschuldensunabhängigen Charakters der Haftung[303] statistisch gesehen weniger als 10% der Schadensersatzklagen erfolgreich sind.

Die Schadensersatzklage ist als rein justizielles Verfahren ausgestaltet; der Durchführung eines administrativen Vorverfahrens bedarf es nicht.

Die Klageerhebung ist an keine Verfahrensfrist gebunden. Jedoch verjähren Ansprüche aus außervertraglicher Haftung in fünf Jahren nach Eintritt des die Haftung auslösenden Ereignisses; die Verjährung wird durch Einreichung der Klageschrift beim EuGH (bzw. EuG) oder durch Geltendmachung des Anspruchs gegenüber dem zuständigen Gemeinschaftsorgan unterbrochen.[304]

6.1.4.1.3.3. Besonderheiten der Staatshaftungsklage

Die Gemeinschaftsverträge enthalten für den Fall der Verletzung von Gemeinschaftsrecht lediglich Vorschriften über die Haftung der Gemeinschaften selbst sowie die Haftung der Europäischen Zentralbank. Hingegen treffen die Verträge keine Vorkehrung für die Haftung der Mitgliedstaaten bei Verstößen gegen Gemeinschaftsrecht. Verletzt mithin ein Mitgliedstaat oder eine seiner Teilgliederungen durch seine Organe oder Bediensteten primäres oder sekundäres Gemeinschaftsrecht oder die in der Gemeinschaftsrechtsordnung anerkannten allgemeinen Rechtsgrundsätze, insbesondere die Grundrechte, und verursacht dadurch einen Schaden, so ist für diesen Fall den Gemeinschaftsverträgen keine ausdrückliche Haftungsgrundlage zu entnehmen. Die Entwicklung und Ausformung einer gemeinschaftseinheitlichen Staatshaftungsdoktrin für Fälle der Verletzung kommunitären Rechts durch die Mitgliedstaaten war daher der prätorischen Rechtsschöpfung durch den EuGH überlassen.

---

302 Urteil vom 25.5.1978, HNL, aaO., 1245, Urteil vom 26.6.1990, Sofrimport, Rs. 152/80, EuGHE 1990, I-2477, I-2511; Urteil vom 19.5.1992, Mulder und Heinemann, aaO., I-3132.

303 Vgl. Urteil vom 10.7.1969, Sayag, Rs. 9/69, EuGHE 1969, 329, 335; Urteil vom 28.4.1971, Lütticke, aaO., 337; Urteil vom 2.7.1974, Holtz & Willemsen, aaO., 693; Urteil vom 14.5.1975, CNTA, aaO., 549; Urteil vom 25.5.1978, HNL, aaO., 1232.

304 Art. 46 der Satzung des Gerichtshofs. Zum Beginn des Fristlaufs: Urteil vom 27.1.1982, Birra Wührer, verb. Rs. 256, 257, 265 und 267/80 sowie 5/81, EuGHE 1982, 85, 106; Urteil vom 27.1.1982, De Franceschi, Rs. 51/81, EuGHE 1982, 117, 134. Noch nicht abschließend geklärt ist, ob der Ablauf der Verjährungsfrist von Amts wegen oder nur auf Einrede des beklagten Gemeinschaftsorgans (bzw. der Europäischen Zentralbank) zu beachten ist.

Die mit dem *leading case* „Francovich und Bonifaci" (1991)[305] eingeleitete Rechtsprechungslinie bejaht einen gemeinschaftsrechtlichen Staatshaftungsanspruch bei schwerwiegenden Verstößen eines Mitgliedstaats gegen das Gemeinschaftsrecht, wobei es sich sowohl um Verletzungen der Verpflichtung zur Richtlinienumsetzung als auch um sonstige Gemeinschaftsrechtsverletzungen, wie Verletzungen kommunitärer Grundrechte, handeln kann. Der Entschädigungsanspruch ist, soweit die knappen und apodiktischen Urteilsgründe erkennen lassen, aus dem Effektivitätsgebot („*effet utile*") des Gemeinschaftsrechts abgeleitet und als Ausgleich für die durch das Fehlverhalten des Mitgliedstaats bedingte mangelnde Durchsetzbarkeit gemeinschaftsrechtlich verliehener Rechte konzipiert. Er ist gleichsam die sachnotwendige Ergänzung der unmittelbaren Wirkung der Gemeinschaftsvorschriften, auf deren Verletzung der entstandene Schaden beruht.[306] Dazu führt der EuGH lapidar aus:[307]

> „Die volle Wirksamkeit der gemeinschaftsrechtlichen Bestimmungen wäre beeinträchtigt und der Schutz der durch sie begründeten Rechte gemindert, wenn der Einzelne nicht die Möglichkeit hätte, für den Fall eine Entschädigung zu verlangen, dass seine Rechte durch einen Verstoß gegen das Gemeinschaftsrecht verletzt werden, der einem Mitgliedstaat zuzurechnen ist.
>
> Die Möglichkeit einer Entschädigung durch den Mitgliedstaat ist vor allem dann unerlässlich, wenn die volle Wirkung der gemeinschaftsrechtlichen Bestimmungen wie im vorliegenden Fall davon abhängt, dass der Staat tätig wird, und der Einzelne deshalb im Falle einer Untätigkeit des Staates die ihm durch das Gemeinschaftsrecht zuerkannten Rechte vor den nationalen Gerichten nicht geltend machen kann.
>
> Der Grundsatz einer Haftung des Staates für Schäden, die dem Einzelnen durch dem Staat zurechenbare Verstöße gegen das Gemeinschaftsrecht entstehen, folgt somit aus dem Wesen der mit dem EWG-Vertrag geschaffenen Rechtsordnung."

Anders als das interne Recht der meisten Mitgliedstaaten schließt das kommunitäre Staatshaftungsrecht auch die Haftung für rechtsetzendes Unrecht ein. Es beruht auf dem Grundsatz der objektiven Haftung, d.h. die Verpflichtung zum Schadensersatz ist an keinerlei Verschuldenselement (Vorsatz oder Fahrlässigkeit) geknüpft, sondern wurzelt im objektiven Organisationsfehlverhalten des Staates.

---

305 Urteil vom 19.11.1991, Francovich, Bonifaci u. a., verb. Rs. C-6/90 und C-9/90, EuGHE 1991, I-5357. Dieser *cause célèbre* lag der Sachverhalt zugrunde, dass Italien die Richtlinie 80/987/EWG vom 20.10.1980 (sog. „Insolvenzrichtlinie", ABl. 1980, L 283/23) nicht fristgerecht in italienisches Recht umgesetzt hatte, weshalb die klagenden Arbeitnehmer die Lohnforderungen, die sie gegen ihren zahlungsunfähigen Arbeitgeber hatten, nicht durchsetzen konnten.

306 Urteil vom 5.3.1996, Brasserie du Pêcheur und Factortame, verb. Rs. C-46/93 und C-48/93, EuGHE 1996, I-1029, I-1143.

307 Urteil vom 19.11.1991, Francovich, Bonifaci u.a., aaO., I-5414.

In verschiedenen Folgeurteilen wurden die Haftungsmodalitäten näher präzisiert. Danach greift die gemeinschaftsrechtliche Staatshaftung ein, sofern die folgenden Voraussetzungen erfüllt sind:[308]

- Das Gemeinschaftsrecht verleiht dem Einzelnen subjektive Rechte.
- Der betreffende Mitgliedstaat hat „offenkundig und erheblich" die Grenzen seiner Befugnisse überschritten und dadurch in hinreichend qualifizierter Weise gegen Gemeinschaftsrecht verstoßen. Dies ist insbesondere der Fall, wenn eine Richtlinie nicht ordnungsgemäß umgesetzt wird, des weiteren wenn ein im Vertragsverletzungsverfahren oder im Vorabentscheidungsverfahren ergangenes Urteil nicht beachtet wird oder sonstwie von einer gefestigten einschlägigen Rechtsprechung des EuGH abgewichen wird.[309]
- Dem Betroffenen ist infolge der mitgliedstaatlichen Pflichtverletzung ein Schaden entstanden (Kausalzusammenhang).

Ein Großteil der Urteile betrifft die Nicht- oder Fehlumsetzung von Richtlinien. Dies ist aber nicht der einzige Bereich, in dem die Staatshaftung greift. Ausreichend ist vielmehr jede hinreichend qualifizierte Gemeinschaftsrechtsverletzung, unabhängig davon, ob der schadensverursachende Verstoß der Legislative, der Judikative oder der Exekutive des betreffenden Mitgliedstaats zuzurechnen ist. Dabei müssen die Haftungsvoraussetzungen grundsätzlich die gleichen sein wie diejenigen, von denen die Haftung der Gemeinschaft in einer vergleichbaren Situation abhängt.

Liegen die vom Gemeinschaftsrecht bestimmten Haftungsvoraussetzungen vor, folgt der Anspruch auf Entschädigung dem Grunde nach unmittelbar aus Gemeinschaftsrecht. Anders als die von den Verträgen ausdrücklich der Jurisdiktion des EuG/EuGH zugewiesenen Schadensersatzklagen gegen die Gemeinschaft

---

308 Urteil vom 16.12.1993, Wagner Miret, Rs. C-334/92, EuGHE 1993, I-6911; Urteil vom 5.3.1996, Brasserie du Pêcheur und Factortame, aaO.; Urteil vom 26.3.1996, British Telecommunications, Rs. C-392/93, EuGHE 1996, I-163, Urteil vom 23.5.1996, Hedley Lomas, Rs. C-5/94, EuGHE 1996, I-2553; Urteil vom 8.10.1996, MP Travel Line, Rs. C-178/94, EuGHE 1996, I-4845; Urteil vom 17.10.1996, Denkavit, verb. Rs. C-283/94, C-291/94 und C-292/94, EuGHE 1996, I-5063; Urteil vom 30.9.2003, Köbler, Rs. C-224/01, EuGHE 2003, I-10239.

309 Urteil vom 5.3.1996, Brasserie du Pêcheur und Factortame, aaO., I-1150. Weitere Kriterien, die das nationale Gericht bei der Beurteilung des Vorliegens der Haftungsvoraussetzungen zu berücksichtigen hat, sind u.a. das Maß an Klarheit und Genauigkeit der verletzten Vorschrift, der Umfang des Ermessensspielraums, den die verletzte Vorschrift den nationalen oder Gemeinschaftsbehörden belässt, die Frage, ob der Verstoß vorsätzlich oder nicht vorsätzlich begangen oder der Schaden vorsätzlich oder nicht vorsätzlich zugefügt wurde (aaO.).

sind Schadensersatzklagen gegen die Mitgliedstaaten vor den nach nationalem Recht zuständigen einzelstaatlichen Gerichten zu erheben. Damit richten sich die Modalitäten der Geltendmachung des Anspruchs grundsätzlich nach dem Schadensersatzrecht des jeweiligen Mitgliedstaats, insbesondere was die Bestimmung des zuständigen Gerichts und die Ausgestaltung des Klageverfahrens anbelangt. Allerdings sind dabei zwei zwingende gemeinschaftsrechtliche Vorgaben zu beachten, nämlich dass die formellen und materiellen Anspruchsvoraussetzungen nicht ungünstiger sein dürfen als bei Klagen, die allein das innerstaatliche Recht betreffen (Schlechterstellungsverbot), und dass dem Einzelnen die Erlangung einer Entschädigung nicht praktisch unmöglich gemacht oder übermäßig erschwert werden darf (Frustrationsverbot).[310]

6.1.4.1.3.4. Bewertung der Klagen im Hinblick auf den Grundrechtsschutz

Die Schadensersatzklagen sind als Verfahren des Individualrechtsschutzes konzipiert. Klagebefugt sind typischerweise natürliche oder juristische Personen, die Verletzungen eigener Rechte, vornehmlich ihrer in der Gemeinschaftsrechtsordnung geschützten Grundrechte, geltend machen, und zwar auch insoweit, als die behauptete Verletzung durch einen Normativakt bzw. die Unterlassung, einen Normaktiv zu erlassen, verursacht wurde. Damit stehen diese Verfahren in engem Sachzusammenhang mit der Nichtigkeits- und Untätigkeitsklage, die auf die Annullierung bzw. den Erlass verbindlicher Gemeinschaftsrechtsakte gerichtet sind.

Soweit in letzteren Verfahren natürliche oder juristische Personen als Kläger auftreten, ist ihre Klagebefugnis vor allem durch das Zulässigkeitskriterium des individuellen Betroffenseins rechtsschutzmindernd eingeschränkt (vgl. oben Punkt 6.1.4.1.2.). Die Schadensersatzklagen, die Einzelnen ermöglichen, sich auch gegen normatives Unrecht zur Wehr zu setzen, gleichen diese Einschränkung, zumindest partiell, aus.

Schadensersatzklagen sind deshalb als besonders individualschutzfreundlich einzustufen. Dies gilt nicht nur theoretisch, sondern erweist sich auch in der Praxis: Gerade im Bereich der Gemeinschaftshaftungsverfahren sind Individualklagen gegen Normaktivakte, vor allem gegen Verordnungen auf dem Gebiet der Agrarpolitik, charakteristisch.

Zu beachten ist, dass nur Schadensersatzklagen wegen Gemeinschaftsrechtsverletzungen durch die Gemeinschaft selbst vor die Gemeinschaftsgerichte EuG/EuGH getragen werden können („außervertragliche Haftung", Art. 235 i. V. m. Art. 288 Abs. 2 EGV; Art. 151 i. V. m. Art. 188 Abs. 2 EAGV). Die zweite Kategorie von Verfahren, die Gemeinschaftsrechtsverletzungen durch die Mitgliedstaa-

310 Urteil vom 19.11.1991, Francovich, Bonifaci u.a., aaO., I-5416.

ten, deren Organe und ihnen zuzurechnende Einheiten betreffen, führt vor die nationalen Gerichte, wobei das Gemeinschaftsrecht lediglich Rahmenregelungen vorgibt, während die materiellrechtlichen Modalitäten sowie das Verfahren vom innerstaatlichen Recht bestimmt werden (Staatshaftungsdoktrin „Francovich").

Zusammenfassend kann festgehalten werden, dass Schadensersatzklagen (sowohl in der Ausprägung als Verfahren über außervertragliche Gemeinschaftshaftung wie auch als Staatshaftungsprozesse) nützliche Individualschutzinstrumente darstellen, gerade auch im Bereich der Unionsgrundrechte, dass ihnen aber nach ihrem Klagegegenstand und dem möglichen Inhalt der Judikate ein nicht zu verkennendes Manko gegenüber Vertragsverletzungsverfahren und gegenüber Nichtigkeits- und Untätigkeitsklagen anhaftet: Zwar kann mit den Haftungsklagen *a posteriori* Wiedergutmachung, d.h. Kompensation des erlittenen Schadens, geltend gemacht werden, jedoch wird davon der Bestand des rechtswidrigen, kommunitären oder nationalen, Rechts nicht unmittelbar berührt. Letztlich erweisen sich diese Klagen somit als ungeeignet, Grundrechtsverletzungen als solche zu beseitigen.

6.1.4.2. Vorabentscheidunsverfahren

6.1.4.2.1. Darstellung des Verfahrens (Generalia)

Das Vorabentscheidungsverfahren (Art. 234 EGV; Art. 150 EAGV), ein Grundpfeiler des kommunitären Rechtsschutzsystems, ist keine selbständige Klageart, sondern ein Inzidenzverfahren in einem vor einem mitgliedstaatlichen Gericht anhängigen Rechtsstreit. Als „ausgelagertes Zwischenverfahren"[311] beruht es auf dem Grundgedanken der Funktionsteilung und Zusammenarbeit zwischen den nationalen Prozessgerichten und dem EuGH. Es stellt die Verbindung zu den einzelstaatlichen Gerichten her und bildet so eine prozessuale Schnittstelle zwischen dem nationalen Recht und dem Gemeinschafts-/Unionsrecht. Seine überragende Bedeutung für die Rechtspraxis verdankt es dem Umstand, dass die beiden Rechtskreise sich zunehmend gegenseitig beeinflussen und durchdringen und dass das wirtschaftliche, soziale und politische Leben in den Mitgliedstaaten immer stärker in das kommunitäre Beziehungsnetz eingebunden ist.

Im Vorabentscheidungsverfahren entscheidet der EuGH (nicht das EuG!) auf Vorlage eines mitgliedstaatlichen Prozessgerichts über Fragen des Gemeinschaftsrechts, die im Rahmen eines bei letzterem anhängigen Rechtsstreits auf-

311 Georg Ress, Die Entscheidungserheblichkeit im Vorlageverfahren nach Artikel 177 EWGV im Vergleich zum Vorlageverfahren nach Artikel 100 Abs. 1 GG, in: Festschrift für Günter Jahr, 1993, S. 339.

geworfen sind.[312] Anders als die oben beschriebenen Direktklagen ist das Vorabentscheidungsverfahren somit keine eigene Streitsache, sondern funktionell ein Bestandteil des vor dem vorlegenden nationalen Gericht anhängigen Rechtsstreits, in dessen Rahmen der EuGH als zentrales institutionelles Gemeinschaftsgericht *ex ante* („vorab") einzelne für den Ausgang des Anlassstreits vorgreifliche Fragen des Gemeinschaftsrechts klärt.

Ähnlich wie ein Rechtsmittelverfahren erfüllt das Vorabentscheidungsverfahren neben der Rechtsschutzfunktion eine wichtige Koordinierungsfunktion. Es unterscheidet sich jedoch von einem Rechtsmittelverfahren dadurch, dass es nicht der eventuellen Korrektur einer bereits erlassenen Entscheidung dient, sondern dem nationalen Richter vor Erlass seines Urteils nützliche Hinweise auf den Bestand und Inhalt des einschlägigen Gemeinschaftsrechts an die Hand geben will. Demzufolge beruht es nicht auf der hierarchischen Über- bzw. Unterordnung rechtsprechender Organe des gleichen Gerichtszweigs, sondern auf dem Prinzip der Kooperation und des funktionsteiligen Zusammenwirkens gleichgeordneter Gerichte mit dem Ziel, die Wahrung des Gemeinschaftsrechts auf allen Ebenen des sozialen Lebens zu sichern.

Art. 234 EGV sieht ein unmittelbares Zusammenwirken des EuGH mit den nationalen Gerichten im Rahmen eines nichtstreitigen Verfahrens vor. Aus der Kooperationsfunktion dieses Verfahrens folgt, dass die Entscheidung über die Befassung des Gerichtshofes ausschließlich Sache des Prozessgerichts, nicht der Parteien des Ausgangsverfahrens ist. Das Prozessgericht bestimmt auch allein den Inhalt der Vorlagefragen; die Parteien (bzw. die Staatsanwaltschaft) können an Bestand und Fassung dieser Fragen nichts ändern. Hierzu hat der EuGH in dem Urteil Singer[313] ausgeführt:

---

312 Insgesamt geht fast die Hälfte aller seit 1952 vom EuGH entschiedenen Rechtssachen auf Vorabentscheidungsersuchen mitgliedstaatlicher Gerichte zurück. Bezeichnenderweise sind gerade die rechtsgeschichtlich bedeutendsten Entscheidungen des EuGH fast ausnahmslos in dieser Verfahrensart ergangen, so etwa die bahnbrechenden Urteile zur unmittelbaren Geltung und zum Vorrang des Gemeinschaftsrechts, zur Staatshaftung der Mitgliedstaaten, zu den Grundfreiheiten des Gemeinsamen Marktes/Binnenmarktes und, *last but not least,* zu den Grundrechten. Die rechtsschöpferische Kraft dieser Judikate und ihr präzedenzbildender Einfluss haben entscheidend dazu beigetragen, die Gemeinschaftsrechtsordnung zu einem in sich geschlossenen Rechtssystem mit eigenen Struktur- und Ordnungsprinzipien auszuformen. Vgl. Manfred A. Dauses, Das Vorabentscheidungsverfahren nach Artikel 177 EG-Vertrag, 2. Auflage 1995, S. 50 ff., ders., Az elözetes döntéshozatali eljárás az EK Szerzödés 177-es cikke szerint (ungarische Übersetzung des vorgenannten Buches), Budapest 2000, S. 42 ff. Siehe auch: Ulrich Everling, Das Vorabentscheidungsverfahren vor dem Gerichtshof der Europäischen Gemeinschaften, 1986; Reimer Voß, Erfahrungen und Probleme bei der Anwendung des Vorabentscheidungsverfahrens nach Art. 177 EWGV, in: EuR 1986, S. 95.

313 Urteil vom 9.12.1965, Singer, Rs. 44/65, EuGHE 1965, 1267, 1275.

„Nur die staatlichen Gerichte, nicht die Parteien der vor ihnen anhängigen Streitsachen können den Gerichtshof nach Artikel 177 [jetzt Art. 234 EGV] anrufen. Damit haben auch nur die staatlichen Gerichte zu bestimmen, welche Fragen dem Gerichtshof vorzulegen sind. Die Parteien können die Fragen weder inhaltlich ändern noch für gegenstandslos erklären lassen.

Der Gerichtshof kann daher in dem besonderen Verfahren des Artikels 177 EWG-Vertrag [jetzt EG-Vertrag] nicht dazu gezwungen werden, sich auf Antrag einer Partei mit einer Frage zu befassen, die ihm vorzulegen nicht den Parteien, sondern nur dem staatlichen Gericht selbst zukommt ... Die gegenteilige Ansicht verkennt, dass die Verfasser von Artikel 177 EWG-Vertrag ein unmittelbares Zusammenwirken des Gerichtshofes mit den staatlichen Gerichten in einem nichtstreitigen Verfahren vorsehen wollten, in dem die Parteien keinerlei Initiativrechte, sondern nur Gelegenheit zur Äußerung haben."

Dies schließt allerdings nicht aus, dass das nationale Prozessgericht den Parteien des Ausgangsverfahrens die Möglichkeit eröffnet, die Vorlage einer bestimmten Frage anzuregen bzw. zu beantragen, und dass gegen die etwaige Zurückweisung ihres Antrags nach nationalem Recht Rechtsbehelfe gegeben sind.[314]

6.1.4.2.2. Begriff des einzelstaatlichen Gerichts

Das Vorabentscheidungsverfahren kann nur von Gerichten, nicht von Verwaltungsbehörden, der Staatsanwaltschaft oder gar Privatpersonen eingeleitet werden. Was unter „Gericht" in diesem Sinne zu verstehen ist, definieren die Gemeinschaftsverträge nicht. Nach gefestigter Rechtsprechung des EuGH ist für den Gerichtsbegriff wesentlich, dass es sich, ungeachtet der jeweiligen Bezeichnung, um eine unabhängige, nicht weisungsgebundene staatliche Einrichtung zur Streitentscheidung mit obligatorischer Gerichtsbarkeit handelt.[315] Darunter fallen z.B. auch Berufskammern, soweit sie streitentscheidende Befugnisse wahrnehmen,[316]

---

314 Urteil vom 12.2.1974, Rheinmühlen Düsseldorf, Rs. 146/73, EuGHE 1974, 139. Das Prozessgericht kann die Parteien auch keinesfalls darauf verweisen, sich selbst an den Gerichtshof zu wenden: Urteil vom 12.5.1964, Wagner, Rs. 101/63, EuGHE 1964, 417, 430; vgl. Beschluss vom 18.10.1979, Sirena, Rs. 40/70, EuGHE 1979, 169; Beschluss vom 14.7.1971, Rheinmühlen Düsseldorf, Rs. 6/71, EuGHE 1971, 719; Urteil vom 15.6.1972, Fratelli Grassi, Rs. 5/72, EuGHE 1972, 443. Nach deutschem Prozessrecht können die Parteien zwar eine Vorlage an den EuGH anregen, gegen die Ablehnung ist die Beschwerde aber nicht zulässig.

315 Urteil vom 30.6.1966, Vaassen-Göbbels, Rs. 61/65, EuGHE 1966, 583; vgl. auch Urteil vom 11.6.1987, Pretore di Salò, Rs. 14/86, EuGHE 1987, 2545; Urteil vom 23.3.1982, Nordsee, Rs. 102/81,EuGHE 1982, 1095.

316 Urteil vom 6.10.1981, Broekmeulen, Rs. 246/80,EuGHE 1981, 2311, 2328 (für den niederländischen Streitsachenausschuss für Angelegenheiten der allgemeinen Medizin); Beschluss vom 18.6.1980, Borker, Rs. 138/80,EuGHE 1980, 1975 (für den französischen Conseil de l'Ordre des Avocats, der keine streitentscheidenden Befugnisse besitzt, sondern lediglich zur Abgabe von Stellungnahmen berechtigt ist).

weiterhin tarifvertragliche Schiedsgerichte, die aufgrund einer gesetzlichen Vorschrift Streitigkeiten zwischen den Tarifparteien entscheiden, falls besondere Bestimmungen in den Tarifverträgen fehlen.[317]

Ausgeschlossen sind aber private, aufgrund eines parteiautonomen Schiedsvertrags eingesetzte Schiedsgerichte.[318] Da sie keinen staatlichen Rechtsprechungsauftrag wahrnehmen, ihnen mithin die Einbindung in das allgemeine Rechtsschutzsystem der Mitgliedstaaten fehlt, sollen sie nicht die Rechtshilfe des EuGH in Anspruch nehmen können. Die Frontstellung des Gerichtshofes scheint sich dabei in erster Linie gegen die Möglichkeit einer Manipulation des Verfahrens durch Private zu richten.[319]

6.1.4.2.3. Vorlageberechtigung und Vorlageverpflichtung

Das Prinzip der Prozessökonomie und der Kooperationsgedanke, die dem Vorabentscheidungsverfahren zugrunde liegen, gebieten es, dass das nationale Prozessgericht den EuGH mit einer Vorlage nur befasst, wenn es sich über die Entscheidungserheblichkeit der betreffenden Gemeinschaftsrechtsfrage im Rahmen des bei ihm anhängigen Rechtsstreits klar geworden ist. Nach ständiger Spruchpraxis des EuGH ist die Prüfung der Entscheidungserheblichkeit grundsätzlich Sache des nationalen Gerichts, das allein die Erheblichkeit und Erforderlichkeit der Vorlage abschließend beurteilen kann und deshalb über ein weites „Beurteilungsermessen“[320] bei der Entscheidung über das „Ob“ der Vorlage und die Formulierung der Vorlagefrage verfügt.

Nur ausnahmsweise und in engen Grenzen überprüft der EuGH die Vorlageberechtigung, um einer missbräuchlichen Inanspruchnahme des Verfahrens zu wehren und insbesondere seine rein gutachterliche Befassung auszuschließen. Dabei stellt er das Kooperationsgebot und den Entscheidungshilfecharakter des Vorabentscheidungsverfahrens in den Vordergrund, die der Vorlage rein hypothetischer, für die Streitentscheidung irrelevanter Fragen entgegenstünden.[321]

---

317 Urteil vom 17.10.1989, Danfoss, Rs. 109/88, EuGHE 1989, 3220, 3224.

318 Urteil vom 23.3.1982, Nordsee, aaO.

319 Vgl. Urteile vom 11.3.1980 und vom 16.12.1981, Foglia/Novello, Rs. 104/79, EuGHE 1980, 745, bzw. Rs. 244/80, EuGHE 1981, 3045.

320 Urteil vom 16.12.1981, Foglia/Novello II, Rs. 244/80, aaO., 3062; ähnlich Urteil vom 30.4.1986, Asjes, verb. Rs. 209-213/84, EuGHE 1986, 1425, 1460; Urteil vom 26.9.1996, Allain, Rs. C-341/94, EuGHE 1996, I-4631, I-4654; Urteil vom 29.10.1998, Awoyemi, Rs. C-230/94, EuGHE 1998, I-6781, I-6808.

321 Beschluss vom 27.6.1979, Tribunal d'Instance Hayange, Rs. 105/79, EuGHE 1979, 2257; Beschluss vom 12.3.1980, Tribunal d'Instance Hayange, Rs. 60/80, EuGHE 1980, 771 ; Urteil vom 11.3.1980, Foglia/Novello I, Rs. 104/79, aaO., 760; Urteil vom 16.12.1981, Foglia/Novello II, Rs. 244/80, aaO., 3062; Urteil vom 16.9.1982, Vlae-

Die Vorlage des Prozessgerichts kann fakultativ oder obligatorisch sein. Einzelstaatliche Gerichte, deren, „Entscheidungen selbst nicht mehr mit Rechtsmitteln des innerstaatlichen Rechts angefochten werden können, [sind] zur Anrufung des Gerichtshofes verpflichtet" (Art. 234 Abs. 3 EGV; Art. 150 Abs. 3 EAGV), sofern sei einen „vernünftigen Zweifel" hinsichtlich einer entscheidungserheblichen Vorfrage des Gemeinschaftsrechts haben.[322] Nicht letztinstanzliche Gerichte „können" gemeinschaftsrechtliche Vorfragen zur Vorabentscheidung vorlegen, wenn sie die Entscheidung zum Erlass ihres Urteils für erforderlich halten (Art. 234 Abs. 2 EGV; Art. 150 Abs. 2 EAGV).[323]

---

minck, Rs. 132/81, EuGHE 1982, 2953, 2964; Urteil vom 28.11.1991, Durighello, Rs. C-186/90, EuGHE 1991, I-5773, I-5795 f.; Urteil vom 16.7.1992, Meilicke, Rs. C-83/91, EuGHE 1992, I-4871, I-4871; Urteil vom 26.1.1993, Telemarsicabruzzo, verb. Rs. C-320/90 – C-322/90, EuGHE 1993, I-393, I-426; Beschluss vom 19.3.1993, Banchero, Rs. C-157/92, EuGHE 1993, I-1085.

322 Urteil vom 6.10.1982, C.I.L.F.I.T., Rs. 283/81, EuGHE 1982, 3415, 3428 ff. Eine Verletzung der Vorlagepflicht durch ein nationales Gericht kann theoretisch Gegenstand eines Vertragsverletzungsverfahrens vor dem EuGH sein. Allerdings hat die Kommission bisher in derartigen Fällen aus Opportunitätserwägungen von der Erhebung der Aufsichtsklage abgesehen.
Damit ist allerdings nicht ausgeschlossen, dass bereits das nationale Recht Sanktionen an eine Verletzung der Vorlagepflicht knüpft. So qualifiziert etwa das deutsche Recht eine derartige Verletzung als Verstoß gegen die im deutschen Grundgesetz verankerte Verfassungsgarantie des „gesetzlichen Richters" (Art. 101 Abs. 1 Satz 2 GG); die Betroffenen können sich dagegen mit der Verfassungsbeschwerde (Art. 93 Abs. 1 Nr. 4 a GG) zur Wehr setzen. Jedoch schützt die deutschrechtliche Gewähr des „gesetzlichen Richters" nur vor „objektiver Willkür", nicht vor Rechtsirrtümern des Prozessgerichts, wobei es in den einschlägigen Fällen um die Unterlassung der Vorlage bei bewusstem Abweichen eines deutschen Gerichts von einer gefestigten Rechtsprechung des EuGH ging: Siehe Beschlüsse des Bundesverfassungsgerichts (BVerfG) vom 8.4.1987, 2 BvR 687/85; vom 4.11.1987, 2 BvR 763/85; vom 4.11.1987, 2 BvR 876/85; vom 9.11.1987, 2 BvR 808/82.

323 Der EuGH hat bis heute nicht eindeutig geklärt, ob der Begriff des letztinstanzlichen Prozessgerichts konkret oder abstrakt zu verstehen ist. Ein *obiter dictum* aus der frühen Rechtsprechung (Urteil vom 15.7.1964, Costa./.ENEL, Rs. 6/64, EuGHE 1964, 1251, 1268) scheint jedoch anzudeuten, dass der Gerichtshof eher der konkreten Betrachtungsweise zuneigt.
Nach der konkreten (funktionellen) Betrachtungsweise bestimmt sich die Vorlagepflicht nach der jeweiligen Verfahrensart, d.h. ein Gericht ist immer vorlageverpflichtet, wenn gegen seine konkrete Entscheidung wegen der Eigenart des anhängigen Rechtsstreits (z. B. Höhe des Streitwerts) kein Rechtsmittel mehr statthaft ist.
Dagegen sind nach der abstrakten (institutionellen) Betrachtungsweise ausschließlich die hierarchisch obersten Gerichte vorlageverpflichtet. Diese sind z. B. in der Bundesrepublik Deutschland das Bundesverfassungsgericht (vgl. BVerfGE Bd. 37, S. 271, 281) und die fünf obersten Gerichtshöfe des Bundes (Bundesgerichtshof, Bundesverwaltungsgericht, Bundesfinanzhof, Bundesarbeitsgericht, Bundessozialgericht).

Über den Wortlaut der einschlägigen Bestimmungen hinaus sind nach der Rechtsprechung des EuGH auch nicht letztinstanzliche Gerichte immer dann vorlageverpflichtet, wenn sie eine entscheidungserhebliche Vorschrift des sekundären Gemeinschaftsrechts für ungültig halten und deshalb unangewendet lassen wollen; der EuGH beansprucht insoweit für sich ein Verwerfungsmonopol (Doktrin „Foto-Frost“).[324]

6.1.4.2.4. Vorlagefähige Fragen

Die im Vorabentscheidungsverfahren vorlagefähigen Fragen lassen sich in zwei Hauptgruppen einteilen (Art. 234 Abs. 1, 2 EGV; Art. 150 Abs. 1, 2 EAGV):

- Fragen der Auslegung der Gemeinschaftsverträge, d.h. des kommunitären Primärrechts; gleichgestellt sind Vorlagefragen nach dem Bestehen und Inhalt der allgemeinen Grundsätze des Gemeinschaftsrechts, insbesondere der in der Gemeinschaftsrechtsordnung anerkannten Grundrechte;[325]
- Fragen der Gültigkeit und Auslegung der Handlungen der Organe der Gemeinschaft und der Europäischen Zentralbank. Dazu zählen etwa Verordnungen, Richtlinien, Entscheidungen und völkerrechtliche Abkommen der Gemeinschaften bzw. der Europäischen Zentralbank, aber auch – anders als im Nichtigkeitsverfahren – nicht verbindliche Handlungen der Organe der Ge-

---

324 Urteil vom 22.10.1987, Foto-Frost, Rs. 314/85, EuGHE 1987, 4199, 4230. Nach dieser Judikatur können die nationalen Prozessgerichte zwar die Gültigkeit einer Gemeinschaftshandlung (und entsprechend wohl auch einer Handlung der EZB) in eigener Verantwortung prüfen und den betreffenden Akt für gültig erklären.
Sie sind dagegen nicht befugt, Handlungen der Gemeinschaftsorgane (und entsprechend Handlungen der EZB) für ungültig zu erklären.
Eine Ausnahme davon gilt nur für Gerichte, die im Rahmen eines Verfahrens zur Gewährung vorläufigen Rechtsschutzes tätig werden (Urteil vom 21.2.1991, Zuckerfabrik Süderdithmarschen, verb. Rs. C-143/88 und C-92/89, EuGHE 1991, I-415, I-542). In diesem Fall ist das Prozessgericht befugt, die Vollziehung eines auf einer Gemeinschaftsverordnung beruhenden nationalen Verwaltungsakts auszusetzen, sofern es erhebliche Zweifel an der Gültigkeit der Gemeinschaftsverordnung hat, sofern die Aussetzung zur Abwendung eines schweren und nicht wiedergutzumachenden Schadens erforderlich ist und sofern das Gericht gleichzeitig dem EuGH die Frage der Gültigkeit des einschlägigen Gemeinschaftsrechts zur Vorabentscheidung vorlegt.

325 Z. B. Urteil vom 12.1.1969, Stauder, Rs. 29/69, EuGHE 1969, 419, 424; Urteil vom 17.12.1970, Internationale Handelsgesellschaft, Rs. 11/70, EuGHE 1970, 1125, 1135; Urteil vom 14.5.1974, Nold, Rs. 4/73, EuGHE 1974, 491, 507; Urteil vom 13.12.1979, Hauer, Rs. 44/79, EuGHE 1979, 3727, 3744; Urteil vom 11.7.1989, Schräder, Rs. 265/87, EuGHE 1989, 2237, 2267; Urteil vom 13.7.1989, Wachauf, Rs. 5/88, EuGHE 2609, 2639.

meinschaften bzw. der Europäischen Zentralbank, wie Empfehlungen, Stellungnahmen, Aktionsprogramme, Erklärungen etc. Entsprechendes dürfte für Beschlüsse und Erklärungen des Europäischen Rates mit Gemeinschaftsbezug (z. B. zu Grundsatzfragen der Wirtschafts- und Währungsunion) und für Beschlüsse der im Rat vereinigten Vertreter der Regierungen der Mitgliedstaaten, die sich unmittelbar auf die Verwirklichung der Vertragsziele beziehen, gelten.[326]

Eine Analyse der genannten Gruppen vorlagefähiger Fragen lässt erkennen, dass der Anwendungsbereich des Vorabentscheidungsverfahrens in gegenständlicher Hinsicht strikt auf die Auslegung und Gültigkeitsprüfung von Rechtssätzen des Gemeinschaftsrechts beschränkt ist. Damit scheiden Fragen aus, die der Sphäre der Rechtsanwendung zuzurechnen sind. Dies bedeutet insbesondere, dass im Vorabentscheidungsverfahren

- nicht über die Anwendung des Gemeinschaftsrechts auf den Sachverhalt des Ausgangsverfahrens entschieden werden kann; die Rechtsanwendung zum Zwecke der Streitentscheidung obliegt vielmehr im Rahmen der durch Art.234 EGV, Art. 150 EAGV institutionalisierten Zusammenarbeit ausschließlich dem vorlegenden einzelstaatlichen Gericht;[327]
- nicht nationales Recht ausgelegt oder auf seine Gültigkeit bzw. Anwendbarkeit überprüft werden kann;[328]
- nicht über die Vereinbarkeit nationalen Rechts mit dem Gemeinschaftsrecht entschieden werden kann.[329]

6.1.4.2.5. Bewertung des Verfahrens im Hinblick auf den Grundrechtsschutz

Sinn des Vorabentscheidungsverfahrens ist primär die Gewähr der materiellen Einheit und Kohärenz der Gemeinschaftsrechtsordnung sowie ihrer einheitlichen Auslegung in allen Mitgliedstaaten. Das Verfahren dient der Koordinierung der

---

326 Vgl. Manfred A. Dauses, Das Vorabentscheidungsverfahren nach Artikel 177 EG-Vertrag, aaO., S. 55 ff.

327 Urteil vom 27.3.1963, Da Costa u.a., verb. Rs. 28-30/62, EuGHE 1963, 63, 81; Urteil vom 15.7.1964, Costa./.ENEL, Rs. 6/64, EuGHE 1964, 1251, 1268.

328 Urteil vom 20.2.1973, Fonderie Officine Riunite, Rs. 54/72, EuGHE 1973, 193, 205; Urteil vom 17.6.1975, Eheleute F., Rs. 7/75, EuGHE 1975, 679, 689; Urteil vom 13.3.1984, Prantl, Rs. 16/83, EuGHE 1984, 1299, 1324; Urteil vom 12.7.1984, Klopp, Rs. 107/83, EuGHE 1984, 2971, 2988.

329 Urteil vom 13.3.1986, Mirepoix, Rs. 54/85, EuGHE 1986, 1067, 1076; Urteil vom 11.6.1987, Pretore di Salò, Rs. 14/86, EuGHE 1987, 2545, 2569; Urteil vom 22.9.1988, Pretura Unificata Turin, Rs. 228/87, EuGHE 1988, 5099, 5119.

Rechtsprechung der nationalen Gerichte auf dem Gebiet des Gemeinschaftsrechts, womit sichergestellt werden soll, dass „das vom Vertrag geschaffene Recht wirklich gemeinsames Recht bleibt... [und] dass dieses Recht in allen Mitgliedstaaten der Gemeinschaft immer die gleiche Wirkung hat".[330]

Die individualrechtsschützende Funktion des Vorabentscheidungsverfahrens ist indessen nur von begrenzter Effizienz. Zwar bildet das Verfahren eine nützliche Ergänzung der Direktklagen, insbesondere der Nichtigkeits- und Untätigkeitsklagen, die von natürlichen oder juristischen Personen erhoben werden, jedoch bietet es nach seiner Grundstruktur keinen vollwertigen funktionellen Ausgleich für die beschränkte Klagebefugnis Einzelner im Rahmen der genannten kontradiktorischen Verfahren.

So ist zunächst die Vorlage an den EuGH grundsätzlich fakultativ und nur ausnahmsweise (letztinstanzliche Gerichte, Art. 234 Abs. 3 EGV; Doktrin „Foto-Frost") obligatorisch. Auch ist das Vorlageverfahren als Verfahren *inter iudices* ausgestaltet, was bedeutet, dass es allein Sache des nationalen Prozessrichters, nicht der Beteiligten des Ausgangsverfahrens ist, über das „Ob" der Vorlage und die Formulierung der Vorlagefrage zu befinden; die Verfahrensbeteiligten können diesbezüglich lediglich Anregungen geben.

Speziell hinsichtlich der Vorlagefrage und des Vorabentscheidungsurteils des EuGH ist anzumerken, dass beide sich nur abstrakt auf den Inhalt von Gemeinschaftsrecht beziehen können. Einerseits kann nur Gemeinschaftsrecht, nicht nationales Recht Gegenstand einer Vorlage sein; andererseits kann die Vorlage nur die Auslegung bzw. Gültigkeitsprüfung von Gemeinschaftsrecht, nicht dessen Anwendung zum Zwecke der Streitentscheidung betreffen.

Insgesamt lässt sich feststellen, dass das Vorabentscheidungsverfahren als abstraktes, nichtstreitiges Zwischenverfahren, das auf dem unmittelbaren Zusammenwirken von Gerichten ohne nennenswerte Mitgestaltungsrechte der Parteien, insbesondere bei der Einleitung und Durchführung des Verfahrens, beruht, nicht den Ansprüchen an einen wirksamen Individualrechtsschutz genügt.

6.1.5. Wege zur Verbesserung des institutionellen Grundrechtsschutzes

6.1.5.1. Vorbemerkung

Der vorangehende Überblick über die wichtigsten Klage- und Urteilstypen lässt erkennen, dass das kommunitäre Rechtsschutzsystem in seiner bestehenden Form im Hinblick auf den Grundrechtsschutz unvollständig ist und daher der Anpas-

330 Urteil vom 16.1.1974, Rheinmühlen Düsseldorf, Rs. 166/73, EuGHE 1974, 33, 38.

sung und Ergänzung bedarf. Dieser Zustand wird sich nicht wesenhaft ändern, wenn der – bisher am ablehnenden Referendum Irlands gescheiterte – Reformvertrag von Lissabon doch noch in Kraft treten sollte. Dieser Vertrag enthält zwar einen Querverweis auf die Europäische Grundrechtecharta (Art. 6 Abs. 1 EUV neuer Fassung), verbindet diesen aber nicht mit Sonderregeln für den institutionellen Rechtsschutz im Fall von Verletzungen unionaler Grundrechte. Lediglich Art. 230 Abs. 4 EGV (n. F.) bringt eine substanzielle Neuerung im Rechtsschutzsystem mit sich: Natürliche oder juristische Personen sollen künftig Nichtigkeitsklage gegen Rechtsakte mit Verordnungscharakter erheben können, die die Kläger unmittelbar (aber nicht notwendigermaßen auch individuell) betreffen, sofern sie keine Durchführungsmaßnahmen nach sich ziehen.

Die nachstehenden Ausführungen beschränken sich auf eine Analyse des geltenden Rechts. Damit ist die Frage aufgeworfen, welcher Anpassungen und Ergänzungen das aktuelle Rechtsschutzsystem der Gemeinschaft/Union bedarf, um einen hinreichenden Grundrechtsschutz zu gewährleisten. Der Verfasser geht bei dieser Analyse davon aus, dass sich überschneidende Rechtsbehelfsverfahren tunlichst vermieden werden sollen und dass deshalb zunächst zu prüfen ist, ob durch Korrekturen an den bestehenden Verfahrenswegen und Urteilsformen ein grundrechtskompatibler Zustand hergestellt werden kann, bevor ggf. die Einführung eines neuen, grundrechtsspezifischen Rechtsinstituts, nämlich einer eigenständigen Grundrechtsbeschwerde, empfohlen wird. Eine solche Grundrechtsbeschwerde sollte u. E. nur in Aussicht genommen werden, sofern die bestehenden Rechtsschutzstrukturen, ggf. versehen mit gewissen Modifikationen, sich als nicht ausreichend oder unwirksam erweisen, um die Beachtung der Unionsgrundrechte sowohl durch die Organe und Einrichtungen der Union als auch durch die Mitgliedstaaten bei der Durchführung von Unionsrecht sicherzustellen.

Auf der Grundlage dieser Vorbemerkungen können drei Kategorien von Verfahren im Hinblick auf ihren Beitrag zum institutionellen Grundrechtsschutz unterschieden werden:

- Verfahren, die sich nach Funktion und Struktur nicht für einen eigenständigen Individualgrundrechtsschutz eignen;
- Verfahren, die sich in modifizierter Form für einen eigenständigen Grundrechtsschutz eignen könnten;
- eine Grundrechtsbeschwerde als spezifisches Instrument des Grundrechtsschutzes.

6.1.5.2. Verfahren, die sich nicht für einen eigenständigen Grundrechtsschutz eignen

Es handelt sich hierbei um Verfahren, die nicht ohne Veränderung ihres Wesensgehalts als Instrumente eines wirksamen Grundrechtsschutzes taugen.

6.1.5.2.1. Kommunitäre Schadensersatzklagen

Die gegen die Gemeinschaft gerichtete Schadensersatzklage (Art. 235 i. V. m. Art. 288 Abs. 2 EGV; Art. 151 i. V. m. Art. 188 Abs. 2 EAGV) bzw. die Staatshaftungsklage (nach der „Francovich"-Doktrin) führen im Falle ihrer Zulässigkeit und Begründetheit zu einem Leistungsurteil, mit welchem dem Beklagten aufgegeben wird, Ersatz für den von ihm gemeinschaftsrechtswidrig verursachten Schaden zu leisten. Damit wird a *posteriori* ein Ausgleich für erlittene Verletzungen und Schäden geschaffen.

Der fehlerhafte Akt selbst bzw. das fehlerhafte Unterlassen, die Anlass zu der Verpflichtung, Schadensersatz zu leisten, gaben, werden durch das Leistungsurteil nicht unmittelbar berührt. Die genannten Verfahren sind somit nicht auf die Beseitigung einer etwaigen Verletzung, *in casu* einer Grundrechtsverletzung, gerichtet; sie scheiden als autonome Schutzinstrumente gegen Grundrechtsverletzungen aus.

6.1.5.2.2. Vorabentscheidungsverfahren

Im Vorabentscheidungsverfahren (Art. 234 EGV; Art. 150 EAGV) entscheidet der EuGH auf Vorlage eines mitgliedstaatlichen Prozessgerichts über Bestehen oder Inhalt von Gemeinschaftsrecht, einschließlich der als allgemeine Grundsätze des Gemeinschaftsrechts geltenden Grundrechte. Über einen konkreten Rechtsstreit wird in dieser Verfahrensart, die nur ein Inzidenzverfahren ist, nicht entschieden. Diese Entscheidung obliegt vielmehr dem nationalen Prozessgericht, das den abstrakten Richterspruch des EuGH auf den bei ihm anhängigen konkreten Rechtsstreit anzuwenden hat. Im Hinblick auf den Grundrechtsschutz bedeutet dies, dass im Vorlageverfahren lediglich die gemeinschafts-/unionsrechtlichen Grundlagen dieses Schutzes *in abstracto* geklärt werden, die einzelfallkonkrete Verwirklichung jedoch, in strikter Funktionstrennung, dem nationalen Prozessgericht vorbehalten bleibt.

Überdies ist die Vorlageentscheidung eine autonome prozessrichterliche Maßnahme, die weder von den Verfahrensbeteiligten erzwungen bzw. verhindert werden noch durch eine Einigung der Prozessparteien ersetzt werden kann.

Summa summarum ist das Vorabentscheidungsverfahren als Verfahren *inter iudices*, nicht als Parteiverfahren konzipiert. Für die Verfolgung konkreter Individualschutzinteressen, insbesondere den konkret-individuellen Grundrechtsschutz, ist es nach seiner Natur und Grundstruktur kein taugliches Instrument.

6.1.5.3. Verfahren, die sich in modifizierter Form für einen eigenständigen Grundrechtsschutz eignen könnten

Anders als die vorgenannten Verfahren sind die nachstehenden Klagearten in ihrer gegenwärtigen Ausgestaltung zwar noch nicht unmittelbar für den individuellen Grundrechtsschutz geeignet, könnten jedoch mit relativ geringfügigen Anpassungen zu wirksamen Instrumenten dieses Schutzes ausgeformt werden. In ihrem Zusammenspiel könnten sie ein umfassendes System des kommunitären bzw. unionalen Grundrechtsschutzes konstituieren.

6.1.5.3.1. Vertragsverletzungsverfahren

Das Vertragsverletzungsverfahren ist in seiner derzeitigen Gestalt und Ausprägung als Rechtsaufsichtsverfahren konzipiert, das von der Kommission oder einem Mitgliedstaat gegen einen (anderen) Mitgliedstaat eingeleitet werden kann. Vertragsverletzungsklagen natürlicher oder juristischer Personen sind beim derzeitigen Rechtsstand nicht vorgesehen; das Vertragsverletzungsverfahren hat keinen individualschützenden Charakter.

Dieses Defizit könnte grundrechtsfreundlich in der Weise behoben werden, dass der Klägerkreis in dieser Verfahrensart auf natürliche und juristische Personen erweitert würde, die als Grundrechtsträger die Wahrung eigener (Grund-) Rechte einfordern. Anders als institutionelle Kläger müssten natürliche und juristische Personen mithin ein Rechtsschutzbedürfnis nachweisen, das aus einer Verletzung ihrer Grundrechte resultieren würde. Das Vertragsverletzungsverfahren würde so seinen Charakter als institutionelles Verfahren beibehalten, würde aber auch Individualklagefunktionen dazu erhalten.

Als rechtstechnische Alternative zu einer Erweiterung des Klägerkreises ließe sich auch an eine Lösung denken, wonach natürliche oder juristische Personen, die durch den inkriminierten Verstoß eines Mitgliedstaats gegen Gemeinschaftsrecht in ihren Grundrechten verletzt sind, die Kommission oder einen (anderen) Mitgliedstaat zwingen könnten, ein Vertragsverletzungsverfahren gegen den ersteren Staat einzuleiten.

Der Umstand, dass die erfolgreiche Vertragsverletzungsklage nur zu einem Feststellungsurteil (deklaratorisches Urteil) führt, wobei der verurteilte Mitgliedstaat in eigener Verantwortung die Maßnahmen zu ergreifen hat, die sich aus dem Urteil des Gerichtshofs ergeben (Art. 228 Abs. 1 EGV; Art. 143 Abs. 1 EAGV), steht der Effizienz des Verfahrens nicht entgegen, denn die Nichtbefolgung des Urteils kann zu einem weiteren Vertragsverletzungsverfahren führen, in dessen Rahmen der betreffende Mitgliedstatt mittels eines Pauschalbetrags oder Zwangsgeldes zur Einhaltung seiner gemeinschaftsrechtlichen Verpflichtungen angehalten werden kann (Art. 228 Abs. 2 EGV; Art. 143 Abs. 2 EAGV).

Fraglich erscheint in diesem Zusammenhang, ob bei Vertragsverletzungsverfahren, die nach unserem Vorschlag auch von natürlichen oder juristischen Personen wegen Verletzung ihrer gemeinschaftsrechtlich gewährleisteten Grundrechte eingeleitet werden könnten, zwingend die Erschöpfung des innerstaatlichen Rechtswegs (analog zu Art. 35 Abs. 1 EMRK) gefordert werden kann. Nach hiesiger Auffassung ist dies, ungeachtet des Umstands, dass dem Vertragsverletzungsverfahren bereits ein administratives Vorverfahren vorgeschaltet werden muss (Art. 226 Abs. 1 EGV; Art. 141 Abs. 1 EAGV), zu bejahen: Im Widerstreit zwischen den Erfordernissen der Prozessökonomie im Hinblick auf das Individualverfahren und dem imperativen Ziel, eine Überlastung der Gemeinschaftsgerichtsbarkeit zu vermeiden, ist letzterem Ziel der Vorrang einzuräumen.

6.1.6.3.2. Nichtigkeits- und Untätigkeitsklage

Im Gegensatz zum Vertragsverletzungsverfahren, das sich gegen Mitgliedstaaten richtet, wenden sich die Nichtigkeits- und Untätigkeitsklage gegen Gemeinschaftsorgane und -einrichtungen. Sie ergänzen hinsichtlich des Beklagtenkreises das Vertragsverletzungsverfahren. Rechtsschutzprobleme werfen Nichtigkeits- und Untätigkeitsklagen natürlicher oder juristischer Personen auf, denn bei diesen Klagearten mindert die doppelte Zulässigkeitsschwelle des unmittelbaren und des individuellen Betroffenseins die Rechtsschutzwirkung. Während das Kriterium des unmittelbaren Betroffenseins sich als Ausfluss des Erfordernisses eines Rechtsschutzbedürfnisses manifestiert und damit eine feste Verankerung in den zentralen Säulen des Rechtsschutzsystems hat, stellt sich das Kriterium des individuellen Betroffenseins als eine bloße Ausprägung prozessualer Zweckmäßigkeit und der Prozessökonomie dar und kann daher ohne Verletzung allgemeiner Rechtsprinzipien, und ohne dem Rechtsgedanken Abbruch zu tun, aus Zweckmäßigkeitsgründen problemlos entfallen.

Das Ziel der „Rechtsschutz-Kompatibilisierung" würde mithin nur relativ geringe Anpassungen der Nichtigkeits- und Untätigkeitsklage erforderlich machen, um einen lückenlosen und umfassenden Grundrechtsschutz zu gewährleisten: Es würde genügen, bei Klagen natürlicher oder juristischer Personen auf Annullierung eines kommunitären Rechtsakts bzw. auf Feststellung der Rechtswidrigkeit einer unterlassenen Beschlussfassung das Zulässigkeitskriterium des „individuellen Betroffenseins“ des Klägers entfallen zu lassen (Art. 230 Abs. 4, 232 Abs. 3 EGV; Art. 146 Abs. 4, 148 Abs. 3 EAGV).

Das in denselben Vorschriften geforderte Kriterium des „unmittelbaren Betroffenseins“, welches das Betroffensein in eigenen (Grund-)Rechten impliziert, sollte hingegen bestehen bleiben, so dass bei Klagen natürlicher oder juristischer Personen der Nachweis eines Rechtsschutzbedürfnisses zu führen wäre, das aus einer Verletzung eigener Grundrechte resultieren würde. Die Grundstruktur der Nichtigkeits- und Untätigkeitsklage bliebe dabei insgesamt erhalten.[331]

Beachtung verdient der Umstand, dass die erfolgreiche Nichtigkeitsklage zu einem konstitutiven Urteil führt (die angefochtene Handlung wird „für nichtig [erklärt]“, Art. 231 Abs. 1 EGV, Art. 147 Abs. 1 EAGV), wohingegen die komplementäre Untätigkeitsklage im Falle ihres Erfolgs ein deklaratorisches Urteil nach sich zieht (die gerügte Untätigkeit wird „als vertragswidrig erklärt“, Art. 233 Abs. 1 EGV, Art. 149 Abs. 1 EAGV). Diese Differenzierung der Rechtsfolge hat aber in erster Linie formale Bedeutung und impliziert keine Abstufung der rechtspraktischen Bindungswirkung der genannten Urteile.

6.1.5.4. Zusammenfassende Würdigung der „Grundrechtsschutztauglichkeit“ der bestehenden Verfahrensarten vor den institutionellen Gemeinschaftsgerichten

Der vorangehende Überblick über die Grundrechtsschutzeignung der wichtigsten Verfahrensarten vor den institutionellen Gemeinschaftsgerichten hat ergeben, dass nur das Vertragsverletzungsverfahren sowie die Nichtigkeits- und Untätigkeitsklage prinzipiell „grundrechtsschutztauglich“ sind. Sie könnten mit relativ geringfügigen Anpassungen zu wirksamen Instrumenten des Individualrechtsschutzes und damit des konkreten Grundrechtssschutzes ausgeformt werden. Hingegen erweisen sich die Schadensersatzklagen und das Vorabentscheidungsverfahren nach ihrer Funktion und Struktur für einen eigenständigen Grundrechtsschutz als ungeeignet.

331 Der in Art. 230 Abs. 4 EGV, Art. 146 Abs. 4 EAGV verwendeten Formel „unmittelbar und individuell [betroffen]“ entsprechen in Art. 232 Abs. 3 EGV, Art. 148 Abs. 3 EAGV die Worte „einen … Akt … an sie [= jede natürliche oder juristische Person] zu richten“. An Stelle dieser Worte könnte sinngemäß stehen: „einen Akt zu erlassen, der sie [= jede natürliche oder juristische Person] unmittelbar und individuell betrifft“, wobei die Worte „und individuell“ entfallen würden. In diesem Zusammenhang sei nochmals an die Änderungsfassung des Art. 230 Abs. 4 EGV in der Version des Reformvertrags von Lissabon erinnert, die unserem obigen Petitum weitgehend entgegenkommt: „… Rechtsakte mit Verordnungscharakter, die sie [= jede natürliche oder juristische Person] unmittelbar betreffen und keine Durchführungsmaßnahmen nach sich ziehen ….“.

Die erforderlichen strukturellen Anpassungen des Vertragsverletzungsverfahrens sowie der Nichtigkeits- und Untätigkeitsklage würden darin bestehen, im Falle einer Verletzung eigener Grundrechte den potenziellen Klägerkreis auf natürliche und juristische Personen zu erstrecken (Vertragsverletzungsverfahren) bzw. das Erfordernis individuellen Betroffenseins durch die inkriminierte Handlung oder Unterlassung entfallen zu lassen (Nichtigkeits- und Untätigkeitsklage). Auf diese Weise könnte ein lückenloses System des Individualrechtsschutzes geschaffen werden, das Verletzungen kommunitärer/unionaler Grundrechte sowohl durch die Mitgliedstaaten und die ihnen zuzurechnenden Einheiten und Stellen (Vertragsverletzungsverfahren) wie auch durch die Gemeinschaft/Union und deren Organe und Einrichtungen (Nichtigkeits- und Untätigkeitsklage) umfassen würde.

Eine spezifische Grundrechtsbeschwerde als Instrument zur Stärkung des Individualrechtsschutzes würde unter diesen Umständen entbehrlich, denn Rechtsstreitigkeiten über Grundrechte könnten bereits in den letztgenannten Verfahrensarten entschieden werden. Die Etablierung eines weiteren grundrechtsschützenden Verfahrensinstituts könnte im Gegenteil zu unerwünschten Überschneidungen konkurrierender Klagewege führen, was der Rationalität und Effizienz des institutionellen Grundrechtsschutzs eher abträglich denn förderlich wäre.

Die nachfolgenden Erwägungen zur Grundrechtsbeschwerde werden daher nur hilfsweise und hypothetisch für den Fall angestellt, dass das gemeinschaftsrechtliche Klage- und Urteilssystem in seiner gegenwärtigen rechtsschutzlückenhaften Gestalt fortbestehen sollte.

6.1.5.5. Einführung einer besonderen Grundrechtsbeschwerde

6.1.5.5.1. Vorbemerkung

Bereits der Tindemans-Bericht über die Europäische Union von 1975 hat sich für die Einführung einer – wohl von der Verfassungsbeschwerde des deutschen Rechts inspirierten – Individualbeschwerde gegen grundrechtsverletzende Handlungen eines Gemeinschaftsorgans ausgesprochen, ließ die Konturen des neuen Rechtsinstituts aber weitgehend im Dunkeln.[332] Seither wird in rechtswissenschaftlichen wie politischen Kreisen mit gewisser Regelmäßigkeit die Frage einer spezifischen Individualbeschwerde bei Verletzungen gemeinschafts- bzw. unionsrechtlich verbürgter Grundrechte (Grundrechtsbeschwerde) erörtert.[333]

332 Tindemans-Bericht, Bulletin der EG, Beilage 1/76.

333 Für die Einführung einer Verfassungsbeschwerde haben sich u. a. Rudolf Luster/Gero Pfennig/Friedrich Fugmann, Bundesstaat – Europäische Union – Ein Verfas-

Im Nachstehenden wird versucht, die strukturellen Grundlagen einer möglichen Grundrechtsbeschwerde herauszuarbeiten. Diese sollte als Instrument des Individualrechtsschutzes ausgestaltet sein, wobei folgende Kriterien hervorgehoben werden sollten:

6.1.5.5.2. Klagegegenstand

Die europäische Grundrechtsbeschwerde dient dazu, Verletzungen kommunitärer bzw. unionaler Grundrechte geltend zu machen. Diese Rechte können einerseits durch Handeln oder Unterlassen von Gemeinschafts-/Unionsorganen und -einrichtungen, anderseits durch Handeln oder Unterlassen von Mitgliedstaaten und diesen zuzurechnenden Einheiten und Stellen im Anwendungsbereich des Gemeinschafts-/Unionsrechts beeinträchtigt werden. Zu erfassen wären somit auch alle gemeinschaftlich/unional veranlassten Handlungen oder Unterlassungen der Mitgliedstaaten bei der Durchführung, Umsetzung oder dem administrativen Vollzug von Gemeinschafts-/Unionsrecht, und zwar auch, soweit der betreffende Mitgliedstaat dabei einzelstaatliches Ermessen ausübt oder von Ausnahmetatbeständen zu den kommunitären Grundfreiheiten Gebrauch macht.

6.1.5.5.3. Klageberechtigung

Um den Kreis potenzieller Beschwerdeführer nicht ausufern zu lassen, und zur Vermeidung von Überlastungen der europäischen Gerichtsbarkeit sind Popularklagen durch „*quivis ex populo*" auszuschließen. Antragsberechtigt sollen daher nur natürliche oder juristische Personen sein, die von der gerügten Handlung oder Unterlassung in eigenen Rechten, und zwar Grundrechten, unmittelbar betroffen sind, nicht aber Personen, die nur mittelbar wirtschaftlich oder gar nicht selbst betroffen sind.

---

sungsentwurf (1988), ausgesprochen: Ein zu errichtendes Unionsverfassungsgericht soll danach entscheiden über „Verfassungsbeschwerden, die von jedermann mit der Behauptung erhoben werden können, durch die öffentliche Gewalt in einem seiner Unionsgrundrechte verletzt zu sein" (Art. 59 Abs. 1 lit. a) des Verfassungsentwurfs).
Hingegen verneinte der *Rothley*-Bericht des Institutionellen Ausschusses des Europäischen Parlaments die Nützlichkeit einer besonderen Verfassungsbeschwerde, Doc. PE 155/441/endgültig, Rdnr. 18.
Zur allgemeinen Diskussion des Pro und Contra einer kommunitären Grundrechtsbeschwerde, siehe: Manfred A. Dauses, Braucht die Europäische Union eine Grundrechtsbeschwerde?, Editorial, in: EuZW 2008, S. 449; Udo Ostermann, Entwicklung und gegenwärtiger Stand der europäischen Grundrechte nach der Rechtsprechung des Europäischen Gerichtshofs sowie des Gerichts erster Instanz, aaO., S. 228 ff..

Ostermann schlägt hinsichtlich des Kriteriums des unmittelbaren Betroffenseins die Formel vor, der Beschwerdeführer müsse geltend machen, selbst, gegenwärtig und unmittelbar durch die angegriffene Maßnahme in seinen Grundrechten verletzt zu sein, d.h. es müsse sich um eine Verletzung eigener Rechte des Beschwerdeführers handeln, und die Verletzung müsse zum Zeitpunkt der Anhängigkeit der Grundrechtsbeschwerde noch fortbestehen. Überdies sei sicherzustellen, dass der Beschwerdeführer sich nicht nur gegen die rechtliche Betroffenheit eines Dritten, die ihn möglicherweise erst künftig selbst treffen könnte, wendet. Hingegen solle ein Individualitätserfordernis, wie es eine Zulässigkeitsvoraussetzung der Nichtigkeits- und Untätigkeitsklage darstellt, kein Kriterium für die Zulässigkeit der Grundrechtsbeschwerde bilden.[334]

6.1.5.5.4. Schutzbereich

Wie bereits dargelegt, können Verletzungen kommunitärer bzw. unionaler Grundrechte hauptsächlich durch zwei Kategorien von Subjekten erfolgen:

- durch die Gemeinschaft/Union und deren Organe und Einrichtungen. Hierbei kann es sich sowohl um Normativakte (z. B. Verordnungen, Richtlinien) als auch um Einzelfallmaßnahmen (z. B. Entscheidungen) handeln. In Betracht kommt auch die Unterlassung, einen Rechtsakt zu erlassen;
- durch die Mitgliedstaaten und die ihnen zuzurechnenden Einheiten und Stellen. In erster Linie ist hierbei an nationale Rechtsakte zur Durchführung von Gemeinschafts-/Unionsrecht bzw. an eine Unterlassung gemeinschafts-/unionsrechtlich gebotenen Tätigwerdens zu denken. In Betracht kommen aber auch mitgliedstaatsautonome Handlungen oder Unterlassungen, die vorrangigem Gemeinschafts-/Unionsrecht zuwiderlaufen.

Beide Kategorien von Rechtsverletzungen müssen von der Grundrechtsbeschwerde erfasst sein. Problematisch sind dabei vor allem Fälle, in denen Gemeinschafts-/Unionsrecht durch mitgliedstaatliches Recht umgesetzt, vollzogen oder in sonstige Weise durchgeführt wird. Je nachdem, wem die Rechtsverletzung zuzurechnen ist, muss die Beschwerde gegen die Gemeinschaft/Union oder aber den betreffenden Mitgliedstaat erhoben werden.

334 Udo Ostermann, aaO., S. 232f.

6.1.5.5.5. Subsidiarität

Zur Vermeidung von Überschneidungen konkurrierender Rechtswege und Klagen sollte – in Anlehnung an die Regelung des Art. 35 Abs. 1 EMRK – die Grundrechtsbeschwerde ein strikt subsidiärer Rechtsbehelf sein.[335] Dies bedeutet, dass sie nur zum Zuge kommt, wenn *in concreto* andere Verfahren nicht oder nicht sachdienlich zur Verfügung stehen. Hingegen scheidet sie aus, wenn der in seinen Grundrechten verletzte Rechtsträger die Beseitigung der Verletzung ebenso gut in einem anderen Klageweg erzielen kann bzw. hätte erzielen können. In anderen Worten, die Grundrechtsbeschwerde ist wegen fehlenden Rechtsschutzbedürfnisses unzulässig, wenn andere Klagearten, die zum gleichen oder einem vergleichbaren prozessualen Ergebnis führen, vom Beschwerdeführer unter zumutbaren Bedingungen in Anspruch genommen werden können.

Hierbei ist zwischen anderweitigen kommunitären und anderweitigen nationalen Rechtsbehelfen zu unterscheiden:

a) Anderweitige kommunitäre Rechtsbehelfe beziehen sich in erster Linie auf Verletzungen kommunitärer/unionaler Grundrechte durch Gemeinschafts- bzw. Unionsorgane und -einrichtungen, können aber auch Grundrechtsverletzungen durch Mitgliedstaaten und deren Einheiten und Stellen betreffen. Einer spezifischen Erörterung bedürfen folgende Rechtsbehelfe:

- Im Rahmen kommunitärer Nichtigkeits- und Untätigkeitsklagen können u. a. der Gemeinschaft/Union zuzurechnende grundrechtswidrige Handlungen und Unterlassungen gerügt werden. Diese Klagen erfüllen mithin auch partiell Funktionen einer Grundrechtsbeschwerde.[336] Ihre erfolgreiche Durchführung führt zur Nichtigkeit des angefochtenen Rechtsakts bzw. zur Feststellung einer Handlungsverpflichtung des beklagten Organs oder der beklagten Einrichtung. Damit aber entfällt das Rechtsschutzbedürfnis für eine nachfolgende besondere Grundrechtsbeschwerde; letztere wird gegenstandslos.
- Hingegen ist kein Subsidiaritätsverhältnis der Grundrechtsbeschwerde gegenüber kommunitären Schadensersatzklagen anzunehmen, da letztere einen gänzlich anderen Streitgegenstand und eine andere Zielrichtung als die Grundrechtsbeschwerde haben: Verbindliche Rechtsakte können mit der Schadensersatzklage nicht aufgehoben werden, bestehende Grundrechtsverletzungen nicht beseitigt werden; eine Prüfung, inwieweit Grundrechte verletzt wurden,

335 Norbert Reich, Zur Notwendigkeit einer Europäischen Grundrechtsbeschwerde, in: ZRP 2000, S. 375, 378.

336 Christian Calliess, Kohärenz und Konvergenz beim europäischen Individualrechtsschutz. Der Zugang zum Gericht im Lichte des Grundrechts auf effektiven Rechtsschutz, in: NJW 2002, S. 3577, 3581.

erfolgt nur *incidenter*. Auch kann einem etwaigen Rehabilitationsinteresse des Klägers in diesen Verfahren ebenso wenig Rechnung getragen werden wie einem etwaigen Interesse an der Abwehr drohender künftiger Grundrechtsverletzungen. Die bloße Möglichkeit, Schadensersatz zu erlangen, steht mithin der Zulässigkeit der Grundrechtsbeschwerde nicht entgegen, denn auch im Falle des Erfolgs einer Schadensersatzklage kann weiterhin ein Rechtsschutzbedürfnis für eine Grundrechtsbeschwerde bestehen.

- Ebenso wenig ist von einem Subsidiaritätsverhältnis der Grundrechtsbeschwerde gegenüber dem Vertragsverletzungsverfahren in dessen gegenwärtiger Ausprägung auszugehen. Letzteres bezieht sich auf Gemeinschaftsrechtsverletzungen, darunter auch Verletzungen gemeinschaftlicher Grundrechte, durch Mitgliedstaaten und diesen zuzurechnende Einheiten und Stellen. Das Verfahren ist allerdings ein rein institutionelles Verfahren, das nur durch die Kommission oder einen Mitgliedstaat eingeleitet und durchgeführt werden kann; eine Beteiligung Privater an diesem Verfahren ist nicht vorgesehen. Es handelt sich bei dieser Klageart mithin um kein Verfahren, dessen Vorschaltung eine Zulässigkeitsvoraussetzung der Grundrechtsbeschwerde sein könnte.
- Schließlich kann die Grundrechtsbeschwerde auch nicht als subsidiär gegenüber dem Vorabentscheidungsverfahren gewertet werden. Letzteres dient als Zwischenverfahren in einem vor einem mitgliedstaatlichen Gericht anhängigen Rechtsstreit lediglich der abstrakten, wenn auch fallbezogenen, Gültigkeitsprüfung und Auslegung von Gemeinschaftsrecht, nicht der konkreten Streitentscheidung, welche dem nationalen Prozessgericht vorbehalten ist. Über konkrete Grundrechtsverletzungen kann daher nicht im Vorabentscheidungsverfahren selbst entschieden werden. Hinzu kommt der Umstand, dass die Parteien des Ausgangsverfahrens keinen Einfluss auf die Einleitung und Durchführung eines Vorabentscheidungsverfahrens nehmen können. Aus den genannten Gründen kann die Grundrechtsbeschwerde nicht von der Vorschaltung eines Vorabentscheidungsverfahrens abhängig gemacht werden.

b) Ein Subsidiaritätsverhältnis kann nicht nur zwischen der Grundrechtsbeschwerde und einem sonstigen kommunitären Verfahren, sondern auch zwischen der Grundrechtsbeschwerde und einem auf das gleiche Ziel gerichteten Verfahren vor einem mitgliedstaatlichen Gericht bestehen. Auch in diesem Fall kann die Grundrechtsbeschwerde erst eingelegt werden, nachdem die gleichgerichtete Klage vor dem mitgliedstaatlichen Gericht erfolglos durchgeführt wurde.[337]

337 Hier liegt die Parallele zu Art. 35 Abs. 1 EMRK besonders klar auf der Hand, wonach der Europäische Gerichtshof für Menschenrechte sich mit einer Angelegenheit

- Derartige prioritäre Rechtsbehelfe des nationalen Rechts, deren vorherige Erschöpfung als Zulässigkeitsvoraussetzung der Grundrechtsbeschwerde anzusehen wäre, beziehen sich ausnahmslos auf Verletzungen kommunitärer/unionaler Grundrechte durch die Mitgliedstaaten und deren Einheiten und Stellen. Inwieweit solche Rechtsschutzmöglichkeiten *in concreto* vorab ergriffen werden müssen, hängt von der jeweiligen Ausgestaltung des Klageverfahrens ab.
- Grundsätzlich lässt sich diesbezüglich sagen, dass mit Erschöpfung des nationalen Rechtswegs nur die Ausschöpfung des fachgerichtlichen Rechtswegs gemeint sein kann. Keine Zulässigkeitsvoraussetzung der Grundrechtsbeschwerde hingegen wäre die Einlegung spezifisch verfassungsrechtlicher Rechtsbehelfe, wie z. B. der Verfassungsbeschwerde des deutschen Rechts (Art. 93 Abs. 1 Nr. 4a GG), sofern mit dieser nur über die Verletzung nationaler Grundrechte entschieden wird.[338]
- Der Einwand, der EuGH müsse im Falle der obligatorischen Ausschöpfung des nationalen Rechtswegs auch mitgliedstaatliches Recht prüfen und anwenden, steht der Anwendung der „*local remedies rule*" nicht entgegen, denn der EuGH ist auch in anderen Verfahrensarten, wie z. B. dem Vertragsverletzungsverfahren, gehalten, nationales Recht als Voraussetzung für die korrekte Bewertung von Gemeinschaftsrecht heranzuziehen. Die strikte Trennung zwischen kommunitärer und mitgliedstaatlicher Rechtsordnung ist mithin kein unabänderliches Postulat. In der praktischen Anwendung auf die Grundrechtsbeschwerde heißt dies, dass der EuGH sich zumindest so weit mit den mitgliedstaatlichen Rechtssystemen vertraut machen muss, als dies der Prüfung dient, ob die Subsidiarität der Grundrechtsbeschwerde beachtet wurde.

Allerdings greift die Subsidiaritätsregel nur in Bezug auf Verfahren, die nicht völlig aussichtslos sind. Aussichtslos wäre etwa eine gegen einen echten Normativakt gerichtete (unzulässige) Individual-Nichtigkeitsklage bzw. eine auf den Erlass eines echten Normativakts gerichtete (unzulässige) Individual-Untätigkeitsklage. Aus dem allgemeinen Effizienzgebot folgt, dass die Erschöpfung von Rechtsbehelfen, die keine vernünftige Aussicht auf Erfolg bieten, keine Zulässigkeitsvoraussetzung der Grundrechtsbeschwerde sein kann.

In der Praxis wird man vom Beschwerdeführer erwarten können, dass er in seiner Beschwerdeschrift zugleich darlegt, welche anderweitigen Rechtsmittel er zur Abwehr der gerügten Grundrechtsverletzung vorab erfolglos ergriffen hat

---

erst „nach Erschöpfung aller innerstaatlichen Rechtsbehelfe" befassen kann („*local remedies rule*").

338 Udo Ostermann, aaO., S. 233.

bzw. dass *in concreto* kein anderweitiges Rechtsmittel mit vernünftiger Aussicht auf Erfolg zur Verfügung stand.

6.1.5.5.6. Sachliche Zuständigkeit des EuGH

In diesem Zusammenhang stellt sich die Frage der sachlichen Zuständigkeit des beschwerdeentscheidenden Gerichts im Verhältnis des EuGH zum EuG: Aufgrund der verfassungsrechtlichen Dimension der Grundrechtsbeschwerde erscheint es sachgerecht, von einem zweistufigen Instanzenzug (erster Rechtszug: EuG; Rechtsmittelverfahren: EuGH) abzusehen und den EuGH als Verfassungsgericht der Union im ersten und einzigen Rechtszug für zuständig zu erklären.

Andererseits ist der EuGH Rechtsmittelinstanz für Verfahren vor dem EuG. Damit wäre er zum einen für Grundrechtsbeschwerden als Eingangsgericht, zum andern für sonstige Individualklagen, mit denen ebenfalls Verletzungen von Grundrechten gerügt werden können, als Rechtsmittelgericht zuständig. Diese Doppelzuständigkeit könnte, sofern beide Verfahren gleichzeitig beim EuGH anhängig sind, eine Rechtssachenverbindung prozessökonomisch sinnvoll erscheinen lassen. Der EuGH würde dann mit ein und demselben Urteil sowohl über die Grundrechtsbeschwerde als auch über das Rechtsmittel entscheiden. Der Grundsatz der prozessualen Nachrangigkeit der Grundrechtsbeschwerde würde in diesem Falle zugunsten einer prozessualen Koinzidenz durchbrochen.

6.1.5.5.7. Rechtswirkungen des stattgebenden Urteils

Um einen effektiven Grundrechtsschutz zu erzielen, kann die Entscheidung über die Grundrechtsbeschwerde sich nicht auf ein abstraktes Urteil zur bloßen Inhaltsbestimmung gemeinschafts-/unionsrechtlich geschützter Grundrechte beschränken, wie das etwa der Fall des Vorabentscheidungsverfahrens ist. Die Grundrechtsbeschwerde muss vielmehr fallkonkret formuliert werden und ebenso fallkonkret entschieden werden. Mit anderen Worten, diese Beschwerde ist als Direktverfahren zu konzipieren und auszugestalten. Hinsichtlich mitgliedstaatlicher Grundrechtsverletzungen impliziert dieses Petitum, dass ggf. auch nationales Recht auf seine Grundrechtskompatibilität geprüft werden muss. Eine strikte Trennung zwischen Gemeinschaftsrecht und nationalem Recht in Bezug auf die Prüfungskompetenz des Beschwerdegerichts besteht, wie schon oben ausgeführt, insoweit nicht.

Die Wirkungen des beschwerdestattgebenden Urteils kommen üblicherweise im Tenor dieses Urteils zum Ausdruck. Dabei kann wiederum zwischen Grundrechtsverletzungen durch Gemeinschaftsorgane und -einrichtungen einerseits und durch Mitgliedstaaten und diesen zuzurechnende Einheiten und Stellen andererseits unterschieden werden. In beiden Fällen dürfte sich eine Anlehnung an das bestehende Klage- und Urteilssystems der Gemeinschaft empfehlen, und zwar mit folgender Maßgabe:

- bei Grundrechtsverletzungen durch Gemeinschaftsorgane und -einrichtungen könnte *mutatis mutandis* die Tenorierung stattgebender Urteile in Nichtigkeits- und Untätigkeitsverfahren übernommen werden (d.h. konstitutive Nichtigerklärung des grundrechtsverletzenden Akts bzw. Feststellung der Grundrechtswidrigkeit des inkriminierten Unterlassens, verbunden mit einer entsprechenden Rechtsbefolgungspflicht des Beklagten);
- bei Grundrechtsverletzungen durch Mitgliedstaaten und diesen zuzurechnende Einheiten und Stellen könnte *mutatis mutandis* die Tenorierung stattgebender Urteile in Vertragsverletzungsverfahren übernommen werden (d.h. Feststellung der Grundrechtswidrigkeit des inkriminierten Handelns oder Unterlassens, verbunden mit einer entsprechenden Rechtsbefolgungspflicht des Beklagten).

Hinsichtlich der Rechtsbefolgungspflicht bei deklaratorischen Urteilen ist zu beachten, dass der Inhalt dieser Pflicht zwar bereits in dem betreffenden Feststellungsjudikat eine Teilkonkretisierung erfahren kann, dass jedoch die Erfüllung der Rechtsbefolgungspflicht letztlich dem Beklagten selbst in eigener Verantwortung obliegt.

7. Schlussbetrachtung

Die kommunitären bzw. unionalen Grundrechte sind nach ihrer historischen Entstehung und Entwicklung in erster Linie Richterrecht; sie beruhen auf der fallbezogenen Judikatur des EuGH, durch die schrittweise eine konsistente Grundrechtsdoktrin herausgebildet wurde, wobei entsprechend dem wirtschaftlichen Schwerpunkt der EG/EU die ökonomischen Grundrechte im Vordergrund stehen. Der EuGH hat die Grundrechte, bereits vor dem kodifizierten Bekenntnis zu diesen Rechten in Art. 6 Abs. 2 EUV, als allgemeine Rechtsgrundsätze des Gemeinschaftsrechts aus den Rechtserkenntnisquellen der Europäischen Konvention zum Schutze der Menschenrechte und Grundfreiheiten und – im Wege der wertenden Rechtsvergleichung – der gemeinsamen Verfassungsüberlieferungen der Mitgliedstaaten hergeleitet. Mit der Proklamation der Charta der Grundrechte der Europäischen Union vom 7.12.2000 ist diese als weitere *fons cognoscendi* hinzugekommen. Sie wird, sollte der Lissaboner Reformvertrag in Kraft treten, zum ersten ausformulierten und rechtsverbindlichen Grundrechtskatalog der Europäischen Union werden. Damit wird sie zwar nicht formaler Bestandteil des reformierten Unionsvertrags, aber – über die Verweisung in Art. 6 Abs. 1 EUV (n. F.) – unmittelbar geltendes materielles Gemeinschaftsrecht. Im Hinblick auf die Schlussbestimmungen der Europäischen Grundrechtecharta und angesichts des Beharrungsvermögens der Rechtsprechung des EuGH sind allerdings auch nach Inkrafttreten des Lissabon-Vertrags keine sofortigen substanziellen Änderungen der europarechtlichen Grundrechtsgehalte zu erwarten.

Worin liegt also der Vorteil einer rechtsverbindlichen Kodifizierung? Die deutlichen Defizite, die aus der fehlenden Schriftlichkeit verbindlicher Grundrechtsnormen resultieren, liegen im Bereich der Rechtsklarheit und Rechtssicherheit und der damit verbundenen Hindernisse für die Vorhersehbarkeit und Kalkulierbarkeit des einschlägigen Rechts. Sie erstrecken sich auf Schutztatbestand, Geltungsumfang und Grundrechtsschranken. Vor allem die vom EuGH routinemäßig geltend gemachte Schrankenregelung der „dem Allgemeinwohl dienenden Ziele der Gemeinschaft" gibt Anlass zu Kritik. Sie belässt weite Ermessensspielräume, die auch durch die Schranken-Schranken der Verhältnismäßigkeit und der Wesensgehaltsgarantie nicht immer adäquat eingegrenzt werden können. Allgemeinwohlvorbehalte haben sicher ihre Berechtigung, sollten aber eindeutigen, konkret formulierten Regeln folgen. Hieran lässt es die Rechtsprechung des EuGH nicht selten ermangeln. Sie vermittelt den Eindruck, der EuGH verstehe sich in erster Linie als „Motor der europäischen Integration“ und räume im Zweifel den Belangen der Gemeinschaft Vorrang vor denen der Grundrechtsbetroffenen ein, womit eine echte Güterabwägung zwischen den Gemeinschaftszielen und den Individualschutzinteressen unterbleibt. Dieses Manko soll mit Inkrafttreten einer ausformulierten und verbindlich geltenden Grundrechtecharta behoben werden. Der erreichte Grundrechtsstandard der Gemeinschaft/Union soll dadurch sichtbar dokumentiert werden; der Einzelne soll der ihm zustehenden Rechte sicher sein können.

Durch das bloße Bekenntnis zu Grundrechten allein kann jedoch der Grundrechtsschutz auf Gemeinschafts-/Unionsebene noch nicht ausreichend gewährleistet werden. Ebenso wichtig sind effiziente Rechtsschutzmöglichkeiten, die dem Einzelnen gegen Grundrechtsverletzungen zur Verfügung stehen. Die Europäische Grundrechtecharta enthält – anders als die Europäische Menschenrechtskonvention – keine eigenen Bestimmungen über Rechtsschutz und Gerichtsbarkeit, so dass, auch im Falle ihres Inkrafttretens als rechtsverbindliches Unionsinstrument, bei Verletzungen kommunitärer/unionaler Grundrechtsverbriefungen nur die allgemeinen Rechtsschutzregeln der Gemeinschaftsverträge zur Anwendung gelangen. Reichen diese aus oder sind sie anpassungs- und ergänzungsbedürftig?

Das deutsche Grundgesetz eröffnet mit der Verfassungsbeschwerde (Art. 93 Abs. 1 Nr. 4 a GG) den Bürgern die Möglichkeit, ihre Grundrechte wirksam durchzusetzen. Die Verfassungsbeschwerde ergänzt den „einfachrechtlich“ garantierten Individualrechtsschutz und ist der einzige Weg, auf dem der Einzelne – nach Erschöpfung des nicht-verfassungsrechtlichen Rechtswegs – unmittelbar ein Verfahren vor dem Bundesverfassungsgericht einleiten kann. Im Gemeinschaftsrecht steht den Grundrechtsberechtigten, anders als in der deutschen Rechtsordnung, kein entsprechendes spezielles Verfahrensinstrument zur Verfügung. Andererseits reicht das bestehende Rechtsschutzinstrumentarium nicht aus, einen lückenlosen Individualrechtsschutz zu gewährleisten. Um Abhilfe zu schaffen, sollte zunächst der Rahmen der bestehenden Klagemöglichkeiten durch eine Öffnung der Zugangsvoraussetzungen zu diesen Verfahren ausgeschöpft werden. Dabei müsste in erster Linie der Zugang zur Gemeinschaftsgerichtsbarkeit für natürliche und juristische Personen erleichtert werden.

Diesbezüglich wird empfohlen, im Hinblick auf Verletzungen unionaler Grundrechte durch die Mitgliedstaaten das Vertragsverletzungsverfahren und im Hinblick auf solche Verletzungen durch die Gemeinschaft/Union die Nichtigkeits- und Untätigkeitsklage dem Schutzbedürfnis der Grundrechtsträger anzupassen. Die erstgenannte Klageart (Art. 226–228 EGV) sollte so umstrukturiert werden, dass die Klage auch von natürlichen und juristischen Personen (und nicht nur wie bisher von der Europäischen Kommission und den Mitgliedstaaten) erhoben werden kann. Nichtigkeits- und Untätigkeitsklage (Art. 231–233 EGV) andererseits wären derart zu modifizieren, dass sie von natürlichen und juristischen Personen auch dann in Anspruch genommen werden können, wenn diese durch die fragliche Handlung oder Unterlassung zwar unmittelbar, aber gleichwohl nicht notwendigerweise individuell betroffen sind.

Im Übrigen könnte das derzeitige kommunitäre Rechtsschutzsystem unverändert bleiben. Der Einführung einer kommunitären Grundrechtsbeschwerde wird nicht das Wort geredet. Für ein solches neues Verfahrensinstrument, das zudem gegenüber anderen Rechtsbehelfen mit gleicher oder ähnlicher Zielrichtung strikt subsidiär sein müsste, besteht unter den obigen Voraussetzungen kein Bedarf.

The Protection of Fundamental Rights in the Legal Order of the European Union, with emphasis on the institutional protection of those rights

Summary

The present study intends to make a contribution to the doctrine of the protection of fundamental rights in the European Union and, in doing so, particular emphasis is placed on the issues concerning the institutional (judicial) legal protection.

The study proceeds from an introductory presentation of the general importance of international fundamental rights in today's world, in which an alarming increase in intolerance, persecution and violence causes the political conflicts in vast regions of the world (Chapter 1).

In Chapter 2, the study addresses the deficit of comprehensive guarantees of fundamental rights in the written European Community or European Union Law.

As is well-known, the protection of fundamental rights of the individual is strongly enshrined in the constitutional orders of the EU Member States, as well as in the Convention for the Protection of Human Rights and Fundamental Freedoms of 4.11.1950 (European Convention on Human Rights, ECHR), to which all the EU Member States belong. On the other hand, till the adoption of the European Charter of Fundamental Rights on 7.12.2000, the EC/EU did not have any comprehensive catalogue of fundamental rights as such, which would have been comparable to the fundamental rights component of a democratic constitution under the rule of law. Moreover, neither the Community nor the Union is a con tracting party to the ECHR.

The Union Treaty (Maastricht Treaty of 7.2.1992), in Article 6(2), for the first time, made a general commitment to the respect for fundamental rights in the EU and, at the same time, specified the sources of law from which the EU's fundamental rights flow. These are applicable as unwritten general principles of the Community law, the substance and scope of which should be inferred from the ECHR and the constitutional traditions of the Member States. However, the Union Treaty lacks a self-contained catalogue of specified individual fundamental rights.

Therefore, the essence of the fundamental rights' issue under the Union law consists in ensuring that, irrespective of the much criticised lack of a fundamental rights catalogue in the Treaties, the protection of fundamental rights in the Community or Union does not fall short of the guarantees granted in the democratic constitutional orders of the Member States. The law-making judicature of the Court of Justice of the European Communities (ECJ) was left to cope with this task.

Accordingly, Chapter 3 is dedicated to the dogmatic foundations of the fundamental rights' case-law of the ECJ. It has, in its capacity as the guardian of Community law, gradually developed the fundamental rights by way of an evaluative comparison of laws; in doing so, it has clarified the validity of the fundamental rights as an integral part of the general principles of the Community law, as well as their hierarchical ranking in the structure of the Community or Union law and the restrictions on interferences with the values enshrined in the fundamental rights positions. With regard to the latter aspect, the Court has stated that the fundamental rights do not constitute unfettered prerogatives; they must rather be viewed in the light of the social function of the property and activities protected thereunder. The interferences with the fundamental rights positions must comply with three criteria:

- justification of interference by the objectives serving the general interest of the Community;
- proportionality of interference with regard to the pursued objective;
- guarantee of the substance ("essential content") of the protected right.

The emphasis of the initial case-law of the Court of Justice was naturally on the sources of law and the position of the fundamental rights in the overall structure of the Community law, while the substantive law definition of individual fundamental rights guarantees appeared little by little in the foreground. According to the predominant economic objectives of the Community, the fundamental rights guarantees, along with the economic and social reference, form the primary object of the initial case-law.

In an excursus, the tense relationship between the Community law and the national law is presented using the example of national oppositions against the primacy of the Community law in the area of the fundamental rights (in particular, the "Solange" case-law of the German Constitutional Court).

Further sections of Chapter 3 deal with the definition and classification of fundamental rights in the light of the case-law of the ECJ, the praetorially developed restrictions on fundamental rights and the limits of restrictions on fundamental rights, as well as the fundamental rights recognised by the case-law of the ECJ.

Another subject of the study (Chapter 4) is the European Charter of Fundamental Rights, which was solemnly proclaimed on 7.12.2000, but is, at present, – till the coming into force of the Lisbon Reform Treaty – still non-binding. It consists of 54 articles, which are divided into seven chapters: I – Human dignity;

II – Freedoms; III – Equality; IV – Solidarity; V – Citizens' Rights; VI – Justice; VII – General Provisions. The provisions of the Charter are mostly self-executing, i.e., they have been drafted so clearly and absolutely that they would be directly applicable in the event they become legally binding. However, various provisions of the Charter enshrine non-binding policy clauses and provisions (soft-law) or purely political objectives, the realisation of which depends on the financial or general economic and political conditions. Another differentiation pertains to "everyone's rights", i.e., the rights, which benefit not just the Union's citizens, and the "Union's citizens' rights", i.e., rights, which are linked to the citizenship of the Union.

A summary appraisal of the Charter of Fundamental Rights reveals its primary merits in that it has consolidated this totality of rights, which were dispersed over a plurality of national and international instruments, in a single document; it enshrines the key substance of the European acquis in the area of the fundamental rights. Another credit to the Charter of Fundamental Rights exists in the recognition of a certain number of "modern" rights, which round-off and supplement the "classic" rights – as they have been enshrined in the European Convention on Human Rights –. New rights of such a kind cover, for example, the data protection or the rights in the area of bioethics, which should meet the challenges of the modern information technology or the genetics. Another type of so-called modern rights results from the need for administrative transparency; it pertains, among others, to the access to documents of the Community institutions.

In the General Provisions (Article 51-54) of the Charter, their effects, especially the scope, scope of guaranteed rights, the level of protection and the prohibition of abuse of rights are stipulated. In doing so, particular attention is paid to the provisions under Article 51(1), according to which the Charter is addressed to the institutions and bodies of the Union with due regard to the principle of subsidiarity and to the Member States only when they are implementing Union law. The question remains open whether, under certain circumstances, even individuals could be considered as the addressees of the fundamental rights (so-called third-party effect, i.e., the horizontal effect of the fundamental rights). The restrictive provision of Article 52(1) is also openly discussed in detail, which largely reflects the doctrine of the ECJ concerning the preconditions and scope of possible restrictions on the fundamental rights recognised in the Community legal order.

Non-binding catalogues of fundamental rights already entail certain unmistakable advantages: they impart transparency and clearness, and are closer to the citizens and, thus, fulfil a beneficial leading and guiding role. But since no direct political or social capacity to make policy emanates from mere proclamations, they could only guarantee limited legal certainty and legitimation. The complete realisation of these objectives can only be achieved by legally binding documents.

In Chapter 5 of the study, therefore, a path to a legally binding catalogue of fundamental rights is analysed, whereupon two modalities are envisaged:

- an integration of the Charter of Fundamental Rights into the corpus of the Union law. It was originally thought to incorporate the Charter of Fundamental Rights into the "Constitution for Europe" – the plan finally failed in the meantime –; thus now the focus is on elevating the Charter to the rank of binding Union law by a cross-reference in the Lisbon Reform Treaty (Article 6(1) TEU, new version);
- parallel to that the petitum of an accession of the Union to the ECHR is represented in the political, as well as legal circles (cf. Article 6(2) TEU, new version).

Chapter 6 rounds-off with the institutional protection of fundamental rights, i.e., the basic principles of the system of legal protection in the Community and the Union with regard to its suitability for an efficient legal protection of fundamental rights guaranteed by the Community and/or the Union. On the basis of the postulate of the EC as a Community based on law, the roles and responsibilities of the institutional Community courts, the Court of Justice of the European Communities (ECJ) and the Court of First Instance of the European Communities (CFI), have been subjected to a critical analysis in this section. Within this scope, above all, the following types of procedures have been analysed in detail:

- Treaty infringement procedure (Article 226-228 TEC),
- actions for annulment and for failure to act (Article 230, 231 TEC or Article 232 TEC),
- action for liability of the Community (Article 235 in conjunction with Article 288(2) TEC),
- preliminary ruling procedure (Article 234 TEC).

The overview of the aforementioned types of actions shows that the existing system of protection of the fundamental rights in the Community or the Union is incomplete and, therefore, is in need of adjustment and supplementation. In this connection, with regard to the suitability of the actions for the protection of fundamental rights, differentiation is made, on the one hand, between the procedures, which, according to their function and structure, are not suitable for an autonomous protection of individual fundamental rights and, on the other hand, procedures, which could, in a modified form, be suitable for such a protection.

The following come under the former category (procedures, which, according to their nature, fail to qualify as autonomous instruments for protection against violations of fundamental rights):

- the action for liability of the Community: it aims for the mere compensation for the suffered damages, but leaves unaffected the improper conduct, which is contrary to the fundamental rights;
- the preliminary ruling procedure: the specific legal dispute is not decided in this incidental procedure. With regard to the protection of fundamental rights, it means that in the preliminary reference procedure only the bases of this protection in European Union law could be clarified in abstracto, however, the individual case-specific implementation remains reserved for the national trial court.

The following come under the latter category (procedures, which could, with certain modifications, be suitable as autonomous instruments for protection against violations of fundamental rights):

- the Treaty infringement procedure: in its present form and specificity, it is conceived as legal supervision proceedings against a Member State, which can only be initiated by the Commission or a (another) Member State and, as a result, does not have an individual rights-protecting character. This deficit could be eliminated in a fundamental rights-friendly manner by expanding the circle of plaintiffs in this type of procedure to the natural and legal persons, who, as the beneficiaries of the fundamental rights, demand the protection of their own rights;
- the actions for annulment and for failure to act: both types of actions are directed against the Community institutions or bodies. They raise problems concerning the protection of individual rights in case of actions brought by natural or legal persons, who have a right to bring legal proceedings only if they substantiate that they have been directly and individually concerned by the act at issue or the omission at issue;
- in order to guarantee a complete and comprehensive protection of fundamental rights, it would suffice to omit, in case of actions brought by natural or legal persons, the admissibility criterion of individual concern of the plaintiff, which excludes individual actions against genuine normative acts. However, the criterion of direct concern of the plaintiff, which implies the concern for one's own (fundamental) rights, could be thoroughly maintained.

It should be noted in this connection that the Lisbon Treaty, in Article 230(4) TEC, new version, confers on the natural or legal persons the right to bring actions for annulment against the regulatory acts, which are of direct – but not necessarily individual – concern to the plaintiff, and which do not entail any implementing measures.

A specific fundamental rights complaint as an instrument to strengthen the protection of individual rights would be unnecessary under these circumstances because the legal disputes concerning the fundamental rights in the Community/ Union could already be decided in the last-mentioned types of procedures. So that no additional procedural instrument for the protection of fundamental rights is required; the establishment of any such could, on the contrary, lead to undesirable overlapping of concurrent ways of action, which would be rather harmful than beneficial for the rationality and efficiency of the institutional protection of fundamental rights.

In conclusion (Chapter 7), the results, in particular, of the institutional protection of fundamental rights, are summarised and delved into further. In this regard, it is recommended to adapt the Treaty infringement procedure and the actions for annulment and for failure to act to the fundamental rights-holders' need for protection in such a manner that these legal actions can be brought by natural and legal persons in any fundamental rights-relevant situations. As for the rest, the present system of communitarian legal protection could remain unchanged.

Literaturverzeichnis

In dieses Schrifttumsverzeichnis wurden die wichtigsten der in der Studie aufgeführten Literaturhinweise aufgenommen. Bei Buchbeiträgen wird grundsätzlich nur der betreffende Sammelband, nicht die jeweiligen Einzelbeiträge angegeben. Letztere werden jedoch in den Fußnoten zusammen mit den bibliografischen Hinweisen auf den Sammelband, in dem sie abgedruckt sind, aufgeführt.

Alber, Siegbert, Die Selbstbindung der europäischen Organe an die Europäische Charta der Grundrechte, EuGRZ 2001, S. 349

Alber, Siegbert/ Widmaier, Ulrich, Die EU-Charta der Grundrechte und ihre Auswirkungen auf die Rechtsprechung. Zu den Beziehungen zwischen EuGH und EGMR, EuGRZ 2000, S. 497

von Arnim, Dorothee, Der Standort der EU-Grundrechtecharta in der Grundrechtsarchitektur Europas, Dissertation, Würzburg 2006

Blank, Michael, Soziale Grundrechte in der Europäischen Grundrechtecharta, 2002

Bleckmann, Albert, Staatsrecht II – Die Grundrechte, 3.Auflage 1989

Bleckmann, Albert, Die Rechtsquellen des Europäischen Gemeinschaftsrechts, NVwZ 1993, S. 824

Bleckmann, Albert/Pieper, Stefan Ulrich, Rechtsquellen, in: Manfred A. Dauses (Hrsg.), Handbuch des EU-Wirtschaftsrechts, Loseblattsammlung, Band I, B.I.

Brigola, Alexander, Das System der EG-Grundfreiheiten: Vom Diskriminierungsverbot zum spezifischen Beschränkungsverbot, Dissertation, Erlangen-Nürnberg 2004

Busse, Christian, Eine kritische Würdigung der Präambel der Europäischen Grundrechtecharta, EuGRZ 2002, S. 559

Calliess, Christian, Die Charta der Grundrechte der Europäischen Union – Fragen der Konzeption, Kompetenz und Verbindlichkeit, EuZW 2001, S. 261

Calliess, Christian, Kohärenz und Konvergenz beim europäischen Individualrechtsschutz. Der Zugang zum Gericht im Lichte des Grundrechts auf effektiven Rechtsschutz, NJW 2002, S. 3577

Calliess, Christian/Ruffert, Matthias (Hrsg.), EUV/EGV. Das Verfassungsrecht der Europäischen Union mit Europäischer Grundrechtecharta. Kommentar, 3. Auflage, 2007

Chwolik-Lanfermann, Ellen, Braucht die Europäische Union einen Grundrechtskatalog?, ZRP 1995, S. 126
Däubler-Gmelin, Herta, Eine europäische Charta der Grundrechte – Beitrag zur gemeinsamen Identität, EuZW 2000, S. 1
Daig, Hans-Wolfram, Nichtigkeits- und Untätigkeitsklagen im Recht der Europäischen Gemeinschaften – unter besonderer Berücksichtigung der Rechtsprechung des Gerichtshofs der Europäischen Gemeinschaften und der Schlussanträge der Generalanwälte, 1985
Dauses, Manfred A., Der Schutz der Grundrechte in der Europäischen Gemeinschaft, JÖR, Band 31, 1982, S. 1
Dauses, Manfred A., The Protection of Fundamental Rights in the Community Legal Order, ELR 1985, S. 398
Dauses, Manfred A., Empfiehlt es sich, das System des Rechtsschutzes und der Gerichtsbarkeit in der Europäischen Gemeinschaft, insbesondere die Aufgaben der Gemeinschaftsgerichte und der nationalen Gerichte, weiterzuentwickeln?, Gutachten zum 60. Deutschen Juristentag Münster 1994
Dauses, Manfred A., Das Vorabentscheidungsverfahren nach Artikel 177 EG-Vertrag, 2. Auflage 1995
Dauses, Manfred A., Grundrechte als Elemente einer Verfassungsordnung der Europäischen Union, in: Winfried Böttcher (Hrsg.), Europäische Perspektiven, 2002, S. 29
Dauses, Manfred A., Braucht die Europäische Union eine Grundrechtsbeschwerde?, EuZW 2008, S. 449
Dauses, Manfred A. (Hrsg.), Handbuch des EU-Wirtschaftsrechts, 2 Bände, Loseblattsammlung, 24. Ergänzungslieferung, Stand April 2009
de Búrca, Gráinne, The Drafting of the European Union Charter of Fundamental Rights, ELR 2001, S. 126
Denninger, Erhard, Menschenrechte und Staatsaufgaben – ein europäisches Thema, JZ 1996, S. 585
Eisner, Carolin, Die Schrankenregelung der Grundrechtecharta der Europäischen Union: Gefahr oder Fortschritt für den Grundrechtsschutz in Europa?, 2005
Everling, Ulrich, Das Vorabentscheidungsverfahren vor dem Gerichtshof der Europäischen Gemeinschaften, 1986
Everling, Ulrich, Brauchen wir „Solange III"?, EuR 1990, S. 195
Feger, Dieter, Die Grundrechte im Recht der Europäischen Gemeinschaften – Bestand und Entwicklung, 1984
Feger, Dieter, Die Normsetzung auf dem Gebiet der Grundrechte in den Europäischen Gemeinschaften – Der Europäische Gerichtshof (EuGH) als Rechtsetzungsorgan, DÖV 1987, S. 322

Gersdorf, Hubertus, Funktionen der Gemeinschaftsgrundrechte im Lichte des Solange II-Beschlusses des Bundesverfassungsgerichts, AöR 1994, S. 400
Golsong, Heribert, Nochmals: zur Frage des Beitritts der Europäischen Gemeinschaften zur Europäischen Menschenrechtskonvention, EuGRZ 1979, S. 70
Grabenwarter, Christoph, Die Charta der Grundrechte für die Europäische Union, DVBl 2001, S. 1.
Grabenwarter, Christoph, Auf dem Weg in die Grundrechtsgemeinschaft?, EuGRZ 2004, S. 563
Grabitz, Eberhard/ Hilf, Meinhard (Hrsg.), Das Recht der Europäischen Union, Kommentar, 5 Bände, Loseblattsammlung, 32. Ergänzungslieferung, Stand April 2007
von der Groeben, Hans/Thiesing, Jochen/ Ehlermann, Claus-Dieter (Hrsg.), Kommentar zum EU/EG-Vertrag, 4 Bände, 5. Auflage 1997
von der Groeben, Hans/Schwarze, Jürgen (Hrsg.), Vertrag über die Europäische Union und Vertrag zur Gründung der Europäischen Gemeinschaft, Kommentar, 4 Bände, 6. Auflage 2004
Hilf, Meinhard, Solange II: Wie lange noch Solange?, EuGRZ 1987, S. 1
Hilf, Meinhard, Ein Grundrechtskatalog für die Europäische Gemeinschaft, EuR 1991, S. 19
Hoffmann, Gunter M., Grundrechte in Europa – braucht Europa einen Grundrechtskatalog?, 1995
Iber, Andrea, Der Status der Grundrechtscharta im Gemeinschaftsrecht – Derzeitige Verbindlichkeit und Zukunftsperspektiven der Charta – insbesondere im Verfassungskonvent, ZEuS 2002, S. 483
Ipsen, Hans Peter, Europäisches Gemeinschaftsrecht, 1972
Jarass, Hans D., EU-Grundrechte, 2005
Jellinek, Georg, Allgemeine Staatslehre, 3. Auflage 1914, Abdruck 1966
Kenntner, Markus, Die Schrankenbestimmungen der EU-Grundrechtecharta – Grundrechte ohne Schutzwirkung?, ZRP 2000, S. 423
Kischel, Uwe, Die Kontrolle der Verhältnismäßigkeit durch den Europäischen Gerichtshof, EuR 2000, S. 380
Knecht, Matthias H., Die Charta der Grundrechte der Europäischen Union: Eine Würdigung der Entstehung und rechtsvergleichende grundrechtsdogmatische Analyse, 2005
Kommission der Europäischen Gemeinschaften, Mitteilung der Kommission zum Status der Grundrechtscharta der Europäischen Union, Brüssel, 11.10.2000, KOM (2000) 644 endgültig
Kühling, Jürgen, Grundrechtskontrolle durch den EuGH: Kommunikationsfreiheit und Pluralismussicherung im Gemeinschaftsrecht, EuGRZ 1997, S. 296
Lecheler, Helmut, Der Europäische Gerichtshof und die allgemeinen Rechtsgrundsätze, 1971

Lenz, Carl Otto/Borchhardt, Klaus-Dieter (Hrsg.), EU- und EG-Vertrag, Kommentar zu dem Vertrag über die Europäische Union und zu dem Vertrag zur Gründung der Europäischen Gemeinschaft, 4. Auflage 2006

Lindner, Josef Franz, Grundrechtsschutz gegen gemeinschaftliche Öffnungsklauseln – zugleich ein Beitrag zum Anwendungsbereich der EU-Grundrechte, EuZW 2007, S. 71

Magiera, Siegfried, Die Grundrechtecharta der Europäischen Union, DÖV 2000, S. 1017

Mahlmann, Matthias, Die Grundrechtecharta der Europäischen Union, ZEuS 2000, S. 419

Merten, Detlef/Papier, Hans-Jürgen, Handbuch der Grundrechte, 2004

Meyer, Jürgen (Hrsg.), Die Charta der Grundrechte der Europäischen Union – Berichte und Dokumentation, 2001

Meyer, Jürgen (Hrsg.), Kommentar zur Charta der Grundrechte der Europäischen Union, 1. Auflage 2003, 2. Auflage 2006

Meyer, Jürgen/Engels, Markus, Aufnahme von sozialen Grundrechten in die Europäische Grundrechtecharta?, ZRP 2000, S. 368

von Milczewski, Christine, Der grundrechtliche Schutz des Eigentums im Europäischen Gemeinschaftsrecht, 1994

Nettesheim, Martin, Grundrechtliche Prüfdichte durch den EuGH, EuZW 1995, S. 106

Nettesheim, Martin, Die Charta der Grundrechte der Europäischen Union: Eine verfassungstheoretische Kritik, Integration 2002, S. 35

Ostermann, Udo, Entwicklung und gegenwärtiger Stand der europäischen Grundrechte nach der Rechtsprechung des Europäischen Gerichtshofs sowie des Gerichts erster Instanz, Dissertation, Erlangen-Nürnberg 2008

o. V., Erläuterungen zur Charta der Grundrechte, 14.12.2007, ABl. 2007, C 303/17

Pache, Eckhardt, Die Europäische Grundrechtscharta – ein Rückschritt für den Grundrechtsschutz in Europa?, EuR 2001, S. 475

Pauly, Walter, Strukturfragen des unionsrechtlichen Grundrechtsschutzes, EuR 1998, S. 242

Pernice, Ingolf, Grundrechtsgehalte im europäischen Gemeinschaftsrecht – Ein Beitrag zum gemeinschaftsimmanenten Grundrechtsschutz durch den Europäischen Gerichtshof, 1979

Pernice, Ingolf, Gemeinschaftsverfassung und Grundrechtsschutz – Grundlagen, Bestand, Perspektiven, NJW 1990, S. 2409

Pernice, Ingolf, Eine Grundrechte-Charta für die Europäische Union, DVBl. 2000, S. 847

Pescatore, Pierre, Bestand und Bedeutung der Grundrechte im Recht der Europäischen Gemeinschaften, EuR 1979, S. 1

Philippi, Nina, Die Charta der Grundrechte der Europäischen Union, 2002
Radbruch, Gustav, Gesetzliches Unrecht und übergesetzliches Recht, SJZ 1946, S. 105
Reich, Norbert, Zur Notwendigkeit einer Europäischen Grundrechtsbeschwerde, ZRP 2000, S.375
Rengeling, Hans-Werner, Grundrechtsschutz in der Europäischen Gemeinschaft, 1993
Rengeling, Hans-Werner/Szczekalla, Peter, Grundrechte in der Europäischen Union – Charta der Grundrechte und allgemeine Rechtsgrundsätze, 2004
Ruffert, Matthias, Die Mitgliedstaaten der Europäischen Gemeinschaft als Verpflichtete der Gemeinschaftsgrundrechte, EuGRZ 1995, S. 518
Scheuing, Dieter, Zur Grundrechtsbindung der EU-Mitgliedstaaten, EuR 2005, S. 162
Schildknecht, Urs, Grundrechtsschranken in der Europäischen Gemeinschaft, 2000
Schilling, Theodor, Bestand und allgemeine Lehren der bürgerschützenden allgemeinen Rechtsgrundsätze des Gemeinschaftsrechts, EuGRZ 2000, S. 3
Schmittmann, Georg J., Rechte und Grundsätze in der Grundrechtecharta, 2007
Schmitz, Thomas, Die Grundrechtecharta als Teil der Verfassung der Europäischen Union, EuR 2004, S. 691
Scholz, Rupert, Wie lange bis „Solange III"?, NJW 1990, S. 941
Schwarze, Jürgen, Europäisches Verwaltungsrecht – Entstehung und Entwicklung im Rahmen der Europäischen Gemeinschaft, 2 Bände 1988
Stern, Klaus/Tettinger, Peter (Hrsg.), Kölner Gemeinschaftskommentar zur Europäischen Grundrechte-Charta, 2006
Streinz, Rudolf, Bundesverfassungsgerichtlicher Grundrechtsschutz und Europäisches Gemeinschaftsrecht, 1989
Streinz, Rudolf (Hrsg.), EUV/EGV, Vertrag über die Europäische Union und Vertrag zur Gründung der Europäischen Gemeinschaft, 2003
Tettinger, Peter J., Die Charta der Grundrechte der Europäischen Union, NJW 2001, S. 1010
Thiel, Jürgen Michael, Europa 1992: Grundrechtlicher Eigentumsschutz im EG-Recht, JuS 1991, S. 274
Voß, Reimer, Erfahrungen und Probleme bei der Anwendung des Vorabentscheidungsverfahrens nach Art. 177 EWGV, EuR 1986, S. 95
Weber, Albrecht, Die Europäische Grundrechtscharta – auf dem Weg zu einer europäischen Verfassung, NJW 2000, S. 537
Weber, Albrecht, Charta der Grundrechte der Europäischen Union, 2002
Zuleeg, Manfred, Zum Verhältnis nationaler und europäischer Grundrechte, Funktionen einer EU-Charta der Grundrechte, EuGRZ 2000, S. 511